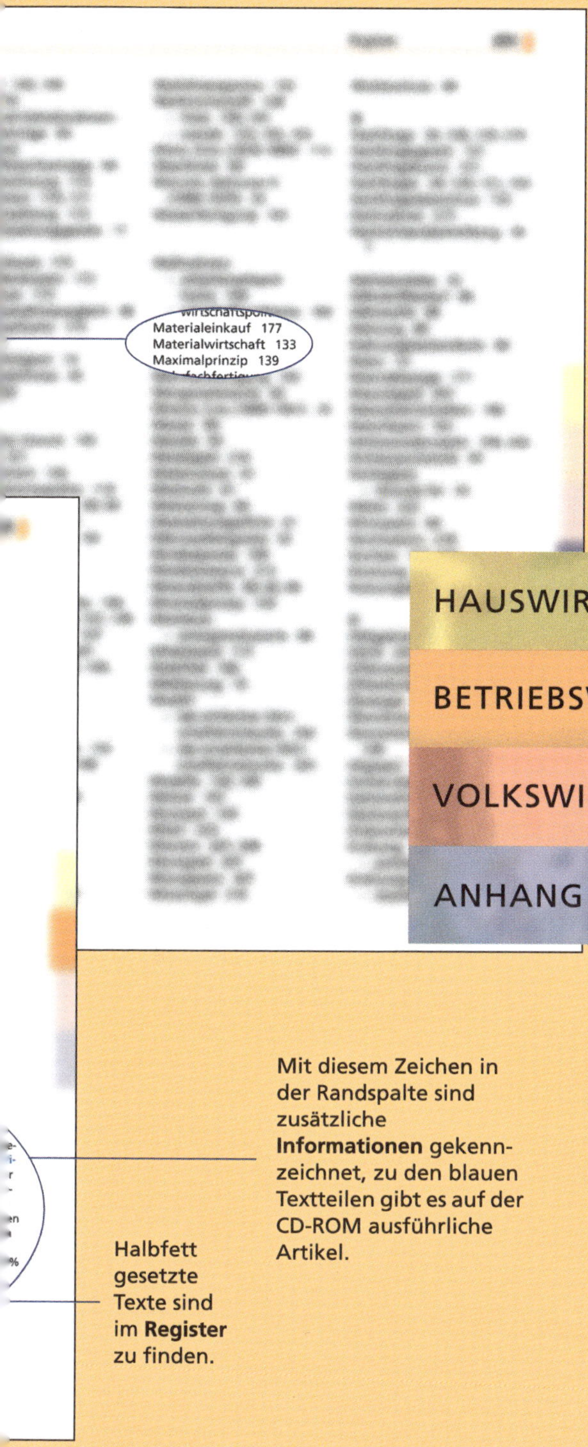

HAUSWIRTSCHAFT 1

BETRIEBSWIRTSCHAFT 2

VOLKSWIRTSCHAFT 3

ANHANG A

Mit diesem Zeichen in der Randspalte sind zusätzliche **Informationen** gekennzeichnet, zu den blauen Textteilen gibt es auf der CD-ROM ausführliche Artikel.

Halbfett gesetzte Texte sind im **Register** zu finden.

In der Reihe „Basiswissen Schule" sind erschienen:

Basiswissen Schule
Angewandte Informatik
276 Seiten
ISBN 3-411-71511-1

Basiswissen Schule
Informatik Abitur
440 Seiten
ISBN 3-411-71621-5

Basiswissen Schule
Astronomie
272 Seiten
ISBN 3-411-71491-3

Basiswissen Schule
Biologie
376 Seiten
ISBN 3-411-71481-6

Basiswissen Schule
Chemie
320 Seiten
ISBN 3-411-71471-9

Basiswissen Schule
Deutsch
288 Seiten
ISBN 3-411-71591-X

Basiswissen Schule
Geographie
416 Seiten
ISBN 3-411-71611-8

Basiswissen Schule
Geschichte
464 Seiten
ISBN 3-411-71581-2

Basiswissen Schule
Literatur
464 Seiten
ISBN 3-411-71601-0

Basiswissen Schule
Mathematik
390 Seiten
ISBN 3-411-71501-4

Basiswissen Schule
Mathematik Abitur
464 Seiten
ISBN 3-411-71741-6

Basiswissen Schule
Physik
360 Seiten
ISBN 3-411-71461-1

Basiswissen Schule
Physik Abitur
464 Seiten
ISBN 3-411-71751-3

Basiswissen Schule
Technik
264 Seiten
ISBN 3-411-71521-9

Basiswissen Schule
Wirtschaft
256 Seiten
ISBN 3-411-71531-6

Internet: www.schuelerlexikon.de

DUDEN

Basiswissen Schule

Wirtschaft

PAETEC Verlag für Bildungsmedien Berlin

Dudenverlag Mannheim · Leipzig · Wien · Zürich

Herausgeber
Dr. Sonja Huster
Prof. Dr. Dr. h.c. Adelgund Knüppel

Autoren
Alexander Baba
Dr. Sabine Baba
Prof. Dr. Dr. h. c. Adelgund Knüppel
Doz. Dr. habil. Hermann Könnig
Rolf Münchow, Halle
Doz. Dr. habil. Gerhard Rönnebeck
Erika Schönwald
Andrea Skandera
Bernd Wöhlbrandt

Die Autoren der Inhalte der beigefügten CD-ROM sind im elektronischen Impressum auf der CD-ROM aufgeführt.

Bibliografische Information der Deutschen Bilbliothek
Die Deutsche Bilbliothek verzeichnet diese Publikation in der Deutschen Nationalbibliografie; detaillierte bibliografische Daten sind im Internet über http://dnb.ddb.de abrufbar.

Der Reihentitel „Basiswissen Schule" ist für die Verlage Bibliographisches Institut & F. A. Brockhaus AG und PAETEC Gesellschaft für Bildung und Technik mbH geschützt. Das Wort **Duden** ist für den Verlag Bibliographisches Institut & F. A. Brockhaus AG als Marke geschützt.

Das Werk wurde in neuer Rechtschreibung verfasst.

Internet: www.schuelerlexikon.de

Redaktion: Dr. Sonja Huster (PAETEC GmbH)
Reihengestaltung: Britta Scharffenberg (PAETEC GmbH)
Umschlaggestaltung: Hans Helfersdorfer, Heidelberg
Layout und Zeichnungen: Katrin Bahro, Dieter Ruhmke (PAETEC GmbH), Olaf Boigk, Hannelore Menzel
Grafiken: Gabriele Lattke
Druck und Bindung: Těšínská tiskárna, Český Těšín

ISBN 3-89818-046-8 (PAETEC Verlag für Bildungsmedien)
ISBN 3-411-71532-4 (Dudenverlag)

Inhaltsverzeichnis

HAUSWIRTSCHAFT 1

1.1 Privater Haushalt als Wirtschaftseinheit

1.1.1 Statistische Ordnungsprinzipien

Allgemeine Begriffszuordnung

In amtlichen Statistiken wird als privater Haushalt erfasst:
- jede zusammenwohnende und eine wirtschaftliche Einheit bildende Personengemeinschaft,
- Personen, die alleine wohnen und wirtschaften.

Private **Haushalte** sind **wirtschaftliche Einheiten**. Sie sind durch Einnahmen und Ausgaben gekennzeichnet. Im Unterschied zu Unternehmen konsumieren die privaten Haushalte fast ausschließlich.

Private Organisationen ohne Erwerbscharakter (Vereine, Kirchen, Stiftungen, Wohlfahrtsorganisationen usw.) werden statistisch zu den **privaten Haushalten** gezählt, obwohl sie öffentliche Gelder in Anspruch nehmen.

Zum **privaten Haushalt** gehören:
- der Familienhaushalt
- der Anstaltshaushalt (z.B. Schulen, Bibliotheken).

Zum **öffentlichen Haushalt** zählen:
- der Bundeshaushalt,
- der Landeshaushalt,
- der Kreishaushalt und
- der Gemeindehaushalt.

Ordnungsprinzip Haushaltsgröße

Dieses statistische Prinzip richtet sich nach der *Anzahl* der in einem Haushalt lebenden Personen.

Man unterscheidet in
- Single-Haushalt und
- Mehrpersonenhaushalt (z.B. Ehepaare, Familien, Großfamilien, Wohngemeinschaften, Zweck- und Sympathiegemeinschaften).

Ordnungsprinzip Haushaltstypen

Dieses statistische Ordnungsprinzip richtet sich nach der *Anzahl* der in einem Haushalt lebenden Personen und ihrem erzielten *wirtschaftlichen Einkommen.*

Ausgewählte **Haushaltstypen** (Einkommensstichprobe 1998):

	Durchschnittseinkommen je Monat
Allein lebende Frauen	1 458 €
Allein lebende Männer	1 780 €
Paare ohne Kinder	2 993 €
Paare mit 1 Kind	3 098 €
Paare mit 2 Kinder und mehr Kindern	3 703 €
Allein Erziehende	1 755 €

Ordnungsprinzip Familie

In Deutschland gab es 2001 22,4 Mio. Familien (in der Statistik zählen auch Ehepaare ohne Kind als Familie) mit 63,4 Mio. Familienangehörigen.

Weitere Ordnungsprinzipien

Neben den erwähnten meist gebrauchten Prinzipien werden private Haushalte auch nach weiteren statistischen Merkmalen untersucht. Diese sind u.a. Anzahl der Personen, Verwandtschaftsgrad, Generationenzahl, Beruf (Tätigkeit) des Haushaltsvorstandes.

Die historische Betrachtung lässt weitere Ordnungsprinzipien zu. Hier wird die Art und Weise des (Haus-)Wirtschaftens in den Vordergrund gerückt.

i In den einzelnen historischen Etappen hat der private Haushalt als Wirtschaftseinheit deutliche Wandlungen erfahren.

Man unterscheidet
- die **geschlossene Hauswirtschaft**
  Hier wird vieles selbst angebaut bzw. produziert. Überschüsse werden im Naturaltausch abgegeben. Dieser Haushaltstyp war bis ins Mittelalter vorherrschend.
- Den **Selbstversorgerhaushalt**
  Hier werden die Nahrungsmittel selbst erwirtschaftet. Überschüsse werden durch Ware-Geld-Beziehungen abgegeben.
- den **Dienstleistungshaushalt**
  Konsumgüter werden durch Kauf erworben.
- den **Vergabehaushalt**
  Die im Haushalt anfallenden Dienstleistungen werden durch haushaltsfremde Personen erbracht.

1.1.2 Merkmale und Aufgaben des privaten Haushaltes

Allgemeine Merkmale

Der **private Haushalt** ist in erster Linie Stätte privaten Lebens. Er umfasst einzelne oder zusammenlebende Privatpersonen, die eine Lebens-, Wohn-, Wirtschafts-, Konsum- und Entscheidungsgemeinschaft bilden.

Die Anerkennung von *Normen* und *Regeln* des Zusammenlebens und die **Einkommenserzielung** sind wichtigste Voraussetzungen für den Fortbestand eines Haushaltes. Der private Haushalt sollte seinen Mitgliedern u.a. eine Unterkunft, Kleidung, Nahrung, Geborgenheit, Unterhaltung und Einrichtungen zur Nahrungszubereitung und -aufnahme, zum Reinigen, zum Schlafen und zur Erholung und Entspannung bieten.

Private Haushalte müssen im Verlauf eines Menschenlebens ständigen Veränderungen (Geburt, Weggang, Tod, Neuanschaffungen, Instandhaltung, Platzbedarf) angepasst werden.

Merkmal Wirtschaftseinheit

Der private Haushalt gilt als kleinste **Wirtschaftseinheit**. Er wird in starker Vereinfachung als „Stätte des Verbrauchs" beschrieben.

Konkreter und unter Einbeziehung des Modells des Wirtschaftskreislaufs wird der private Haushalt jedoch als
- Stätte des Verbrauchs,
- Stätte des Sparens und
- Stätte der Leistungserbringung beschrieben.

Begründet wird das durch die Rolle als
- Nachfrager von Konsumgütern zur bestmöglichen Bedürfnisbefriedigung und
- als Anbieter der Produktionsfaktoren Arbeit, Kapital und Boden zum Zwecke der Einkommenserzielung.

In der Regel produzieren private Haushalte nicht selbst. Jedoch nehmen Formen von Heimarbeit, allem voran die Telearbeit, immer mehr zu.

Funktion und Bedeutung des privaten Haushalts

Die Bedeutung des privaten Haushalts, des Zuhauses für den Menschen, ergibt sich aus folgenden Faktoren:
- er ist ein wichtiger Sektor im **Wirtschaftskreislauf**,
- er dient zur Erhaltung der **Arbeitskraft**,
- er ist entscheidend für die **Persönlichkeitsentfaltung**,
- er ist wichtig für die **Regeneration** der Menschheit durch Zeugung und Erziehung der heranwachsenden Generation,
- er ist Stätte der **Nächstenliebe** durch Ermöglichung individueller Pflege und Betreuung jüngerer, kranker und älterer Haushaltsmitglieder.

Aufgaben des privaten Haushalts

Die Aufgaben eines privaten Haushaltes sind vielschichtig und richten sich vor allem nach der Anzahl der Mitglieder. Es werden folgende Aufgaben unterschieden:
- Aufgaben der **Bedürfnisbefriedigung,** wie Lebenserhaltung, Befriedigung materieller und geistig-kultureller Bedürfnisse, Persönlichkeitsentfaltung,
- Aufgaben der Regeneration der körperlichen und geistigen Kräfte,
- Aufgaben der **Sozialisation** und
- Aufgaben der **Traditionsbewahrung**, wie Sitten und Gebräuche.

Diese Funktionen und Aufgaben werden sehr individuell erfüllt und wahrgenommen.

1.2 Gründung eines privaten Haushalts

1.2.1 Entscheidungskriterien für die Haushaltsgründung

Haushaltsform

Bei beabsichtigter Gründung eines Haushalts ist die Haushaltsform unter besonderer Beachtung der eigenen Persönlichkeit und des Bekanntenkreises zu wählen.

Drei Möglichkeiten stehen bei unverheirateten Personen im Vordergrund:
- Single-Haushalt,
- Wohngemeinschaft oder
- Wohnen im größeren Verbund.

Single-Haushalt heißt, man lebt in einer Wohnung allein.

Folgen sind, maximale Freiheit, maximale Eigenverantwortung, alles muss selbst organisiert werden. Es besteht die Gefahr der Vereinsamung.

In einer **Wohngemeinschaft** leben zwei oder mehrere Personen zusammen.

Folgen sind, geringe Wohnkosten, Probleme der gerechten Aufgabenverteilung, Probleme der gerechten Kostenverteilung, Miteigentum an gemeinsamen Investitionen, Probleme bei Einhaltung getroffener Vereinbarungen (z. B. Besucherregelung).

Wohnen im größeren Verbund heißt, es leben ein, zwei oder mehrere Personen in einem Raum, der Bestandteil eines Verbundes gleichartiger Räume und spezieller Gemeinschaftsräume ist.

Typisch sind Wohnheime und Internate. Folgen sind, Ein- und Unterordnung zu bestehenden Vorschriften und Regeln, eingeschränkte Zeitplanung, Alltagsarbeiten werden z. T. durch nicht zum Haushalt gehörende Personen erledigt, gleiche/ähnliche Interessenlage der Mitbewohner.

Wohneigentumsform

Die Entscheidung für eine bestimmte Eigentumsform wird besonders durch persönliche Zukunftspläne (Familienstand, beabsichtigte Wohndauer, Familiengründung, berufliche Entwicklung usw.) und die Finanzierbarkeit beeinflusst. Generell werden folgende Formen unterschieden:
- Fremdeigentum,
- genossenschaftliches Eigentum,
- Eigentumswohnung,
- Eigenheim auf Erbpachtland,
- Eigenheim auf Eigentumsland.

Eigentum: rechtliche Herrschaft über eine Sache. Im Rahmen der Gesetze kann der Eigentümer nach Belieben damit verfahren.
Besitz: tatsächliche Verfügung über eine Sache. Sie ist oft Auflagen des Eigentümers unterworfen.

Fremdeigentum: Das Wohnen erfolgt zur Miete, Die Wohnung gehört einer anderen Person oder einem Unternehmen. Es muss ein Mietvertrag abgeschlossen werden, der für beide Vertragspartner bindend ist. Vermietet werden unmöblierte oder möblierte Wohnungen.

Genossenschaftliches Eigentum: Durch Einzahlung von Geschäftsanteilen wird man Mitbesitzer am genossenschaftlichen Eigentum. Die genutzte Wohnung ist kein persönliches Eigentum. Im Gegensatz zum Fremdeigentum verfolgt die Genossenschaft nicht das Ziel der Gewinnerwirtschaftung. Der Mietpreis kann etwas günstiger sein. Zur Aufnahme in die Genossenschaft ist ein Mitgliedsantrag zu stellen. Wie beim Fremdeigentum wird ein Mietvertrag abgeschlossen.

Eigentumswohnung: Das Wohnen erfolgt in einer durch Kauf erworbenen Wohnung. Man ist Besitzer und Eigentümer einer in sich geschlossenen mietfreien Wohnung eines größeren Gebäudes mit mehreren Eigentums- bzw. Mietwohnungen. Über die Wohnung kann frei verfügt werden (Umbau, Weitervermietung), wenn es die anderen Wohnparteien nicht belästigt. Alle auf das Gebäude bezogenen Maßnahmen (Sanierung, Modernisierung) müssen mit allen Wohnparteien abgesprochen werden.

Eigenheim auf **Erbpachtland:** Das Wohnen erfolgt in einem durch Kauf erworbenen Haus, wobei das Haus Besitz und Eigentum ist. Für das Grundstück, dessen Nutzer man ist, wird ein in der Regel 99 Jahre laufender **Pachtvertrag** abgeschlossen.

Eigenheim auf **Eigentumsland:** Durch Kauf werden sowohl Gebäude als auch Grundstück erworben. Man ist von beidem Eigentümer und Besitzer und übernimmt alle Rechte und Pflichten.

Wohnumfeld (Standortfaktoren)

> Die Qualität einer **Wohnung** wird entscheidend von der Wohngegend beeinflusst.

Bei der **Wohnungssuche** sind vorrangig folgende Faktoren zu berücksichtigen:
- Arbeitsmarkt,
- Angebotsmärkte,
- Verkehrsanbindung,
- das soziale Umfeld,
- Kultur- und Sporteinrichtungen,
- Natur und Umwelt.

Arbeitsmarkt: Arbeitsplätze von Vater/Mutter, anderen Familienangehörigen, Arbeitsplatzpotential der Umgebung;
Angebotsmärkte: Verkaufseinrichtungen, Handwerksbetriebe, Post, Geldinstitution, Arzt, Zahnarzt, Apotheke u.a.
Verkehrsanbindungen: Öffentlicher Personennahverkehr, Autostraßen, Autobahnanbindung, Eisenbahnanbindung, Flughafen, Fahrradwege.
Soziales Umfeld: Nachbarschaft, Ämternähe, Kindergarten, Bildungseinrichtungen, Seniorenheime, Pflegestationen, Vereine.
Kultur- und **Sporteinrichtungen:** Jugendclubs, Kinos, Theater, Sportstätten, Kirchen, Schwimm-/Freibad.
Natur und **Umwelt:** Luft- und Wasserqualität, Lärmbelästigung, Wälder, Seen, Flüsse, Grünanlagen, Spielwiesen, Bebauungsdichte, Verkehrsdichte, Bevölkerungsdichte.

Wohnungsqualität

Bei der **Wohnungssuche** sind folgende Überlegungen in die Entscheidungsfindung einzubeziehen:
- Alter der Wohnung,
- der allgemeine Zustand der Wohnung (Wände, Fußböden, Fenster und Türen, Treppen, sanitäre Einrichtungen, Aufzüge),
- Etagenlage (Erdgeschoss kann z.B. höhere Heizkosten verursachen),
- Wohnfläche,
- Zimmerflächen, Zimmeranzahl,
- Heizungsart und Art der Warmwasserbereitung,
- natürliche Belichtung (Lage zur Himmelsrichtung, ausreichende Fensterfläche) und Belüftung,
- Wasser- und Stromanschlüsse, Waschmaschinenanschluss),
- Kommunikationsanschlüsse (Telefon, Kabelanschluss oder Satellitenanlage, Lage der Anschlüsse),
- Schall- und Wärmedämmung,
- Einhaltung der Sicherheitsnormen.

Maßnahmen gegen Einbruch- und Brandgefahr, Stabilität von Bauwerksteilen, Schutzeinrichtungen der elektrischen Anlage

1.2.2 Einrichtung einer Wohnung

Die **Wohnungseinrichtung** dient dem **Wohlbefinden** und drückt die **Individualität** aus. Damit fördert sie gleichzeitig die **Leistungsfähigkeit**.

Um dieses Ziel zu erreichen sind neben individuellen Ansprüchen vor allem gesundheitserhaltende und -fördernde Bedingungen zu beachten.

Zugfreie, leicht bewegte, sauerstoffreiche Luft

Das empfohlene **Raummindestvolumen** pro Erwachsene beträgt 20 m^3 und je Kind 10 m^3.

Wichtig ist die Vermeidung von Zugluft. Kurzes aber kräftiges Lüften sollte täglich mehrmals erfolgen.

Fenster gekippt, Rollladen geschlossen	Fenster gekippt,	Fenster halb geöffnet	Fenster ganz geöffnet	Durchzug
45 Minuten bis 3 Stunden	30 Minuten bis 2 Stunden	6 bis 12 Minuten	4 bis 7 Minuten	1,5 Minuten

Angenehme Wärme

Die empfohlenen **Raumtemperaturen** liegen zwischen 18 °C und 24 °C.

Bad	24 °C
Schlafzimmer	18 °C
Küche	20 °C
Wohnzimmer	20–21 °C

Eine Überhitzung führt zur Schwächung der körperlichen Abwehrkräfte. Dauerhafter Gebrauch von Hitzestrahlern rufen Reizungen der Schleimhäute, des Mundes und des Rachens hervor.

Angenehme Luftfeuchtigkeit

Achtung! Unter 30 % Luftfeuchte wird Staub flugfähig.

Die empfohlene **Raumluftfeuchtigkeit** liegt zwischen 40 und 60 %.

Zu feuchte Raumluft fördert Schimmel-, Fäulnis- und Schwitzwasserbildung und damit das Entstehen von Krankheitskeimen. Auswirkungen von zu trockener Luft entsprechen denen bei Überhitzung.

Ausreichende Helligkeit

Es wird **natürliches** und **künstliches Licht** unterschieden. Natürliches Licht fällt durch Wandöffnungen in die Wohnung.
Der Einsatz von künstlichem Licht erfolgt bewusst.

Allgemeine Beleuchtungsregeln:
- Es sollte eine ausgewogene Mischung aus allgemeiner und punktueller Wohnraumbeleuchtung verwirklicht werden.
- Lichtquellen dürfen nicht blenden.
- Schattenbildung insbesondere an Arbeitsplätzen, in Treppenaufgängen und Fluren vermeiden.
- Mögliche Gefahrenstellen immer ausreichend beleuchten.
- Einfache und schnelle Erreichbarkeit der Ein- und Ausschaltmöglichkeiten realisieren.
- Sicherheitsbestimmungen im Umgang mit elektrischem Strom beachten.

Beleuchtungsarten

- Hauptbeleuchtung
  Sie dient der Ausleuchtung der gesamten Umgebung. Das abgegebene Licht verteilt sich ungerichtet. Im Allgemeinen werden die Beleuchtungskörper an der Zimmerdecke angebracht.
  Die Hauptbeleuchtung wird vielfach mit dekorativen Leuchten gestaltet.
  Es ist darauf zu achten, dass der Ausleuchtungseffekt durch dekorative Form- und Farbgebung nicht eingeschränkt wird.

- Arbeitsbeleuchtung
  Sie dient der Beleuchtung von Arbeits- und Leseplätzen. Die Leuchte sollte in ausreichendem Abstand zur Person angebracht werden, sodass grelles Licht vermieden wird. Das abgegebene Licht verteilt sich gerichtet auf dem Arbeitsplatz und sollte keine störenden Schatten auf die Arbeitsfläche werfen.

Direktlicht ist ungefiltertes Licht, z.B. Tageslicht oder Licht von Strahlern ohne Lampenschirm.
Indirekte Beleuchtung liegt vor, wenn Lichtstrahlen an einer zweiten Oberfläche reflektiert werden, bevor sie das zu beleuchtende Objekt erreichen.
Streulicht ist diffuses Licht, das durch weißmattes Material gefiltert wurde.
Lux ist eine internationale Maßeinheit, die die auf eine Oberfläche auftreffende Lichtintensität beschreibt.

- Informationsbeleuchtung
  Sie dient der Beleuchtung von Orientierungs- oder Sicherheitshinweisen in größeren Gebäudekomplexen. Buchstaben, Symbole oder Grafiken können be- oder hinterleuchtet sein. Eine Erkennbarkeit aus größerer Entfernung muss gewährleistet sein.

- Effektbeleuchtung
  Sie dient zur Beleuchtung eines Blickfangs im Zimmer. Das können Pflanzen, besondere Gegenstände, Rundbögen und Nischen sein. Weit verbreitet ist die Verwendung von Strahlern/Spots.

- Dekorationsbeleuchtung
  Sie dient als zusätzliche Raumausstattung, um individuelle Akzente zu setzen. Die Lampen oder Leuchten besitzen ein besonderes Aussehen, das bei Lichtabgabe noch verstärkt wird. Beispiele sind Kronleuchter oder Tiffany-Lampen.

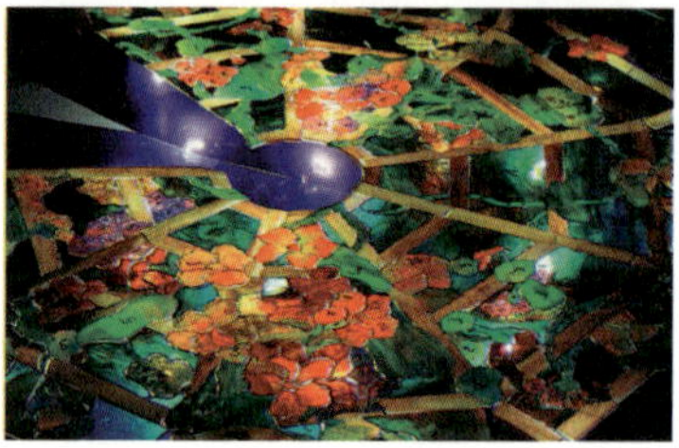

Einsatz von Farben und Mustern

Das Tageslicht setzt sich aus Wellen unterschiedlicher Länge zusammen. Durch Auffächerung des weißen Lichtes werden die **Spektralfarben** sichtbar.

In einem Prisma wird das weiße Licht gebrochen. Dadurch wird hinter dem Prisma ein prächtiges Farbband sichtbar.

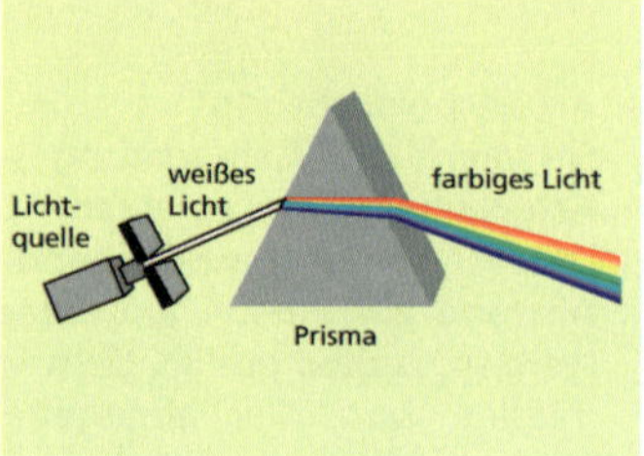

Die **Spektralfarben** sind Rot, Orange, Gelb, Grün, Blau und Violett. Gegenstände können bestimmte Farbanteile des Lichtspektrums verschlucken (absorbieren) und andere Farbanteile zurückwerfen (reflektieren). Dadurch erhalten die Gegenstände ihr farbiges Aussehen, denn unser Auge nimmt nur den reflektierten Lichtanteil wahr.

Werden alle **Farben** reflektiert, erscheint der Gegenstand weiß, werden alle Farben absorbiert, erscheint der Gegenstand schwarz.

Psychologische Wirkung von Farben und ihre Raumwirkung

Farben wirken auf den Menschen und erzeugen Wohlbefinden, Unlustgefühle, Aktivität oder Passivität. Farbgebungen können die Leistungsbereitschaft steigern oder/und die Gesundheit fördern.

Wirkung der Farben auf den Menschen:

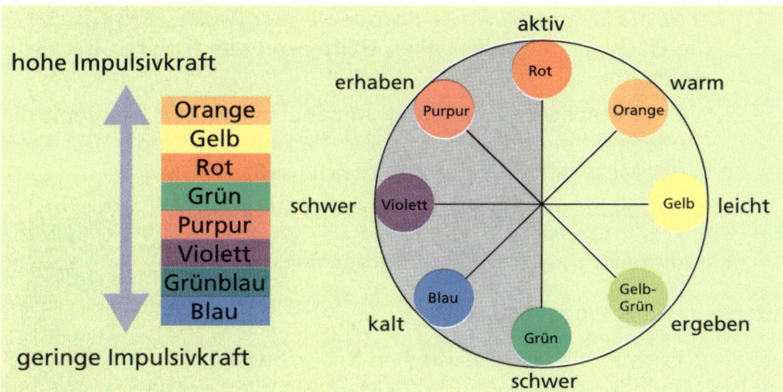

Warme Farben wirken aktiv, anregend.

Kalte Farben wirken passiv, beruhigend und verinnerlichend.

Grün wirkt generell nervenentspannend. Weiß ist die Farbe der absoluten Reinheit, Sauberkeit und Ordnung. Weiß spielt in der farbigen **Raumgestaltung** eine wesentliche Rolle, da es den Effekt hat, andere Farbgruppen voneinander zu lösen, zu neutralisieren und somit eine aufhellende und gliedernde Wirkung zu erzielen.

Die Gesamtwirkung der Farben ergibt sich aus der Kombination Farbe–Helligkeit–Ort.

Die Gesamtwirkung eines Raumes hängt neben den Farben und der Beleuchtung von weiteren Gestaltungselementen ab, z.B. Möbel, Raumtextilien, Pflanzen, Größe des Raumes, Bilder, Fußbodenart. Höhe und Schnitt des Raumes beeinflussen ebenso die Gestaltung.

Psychologische Wirkung von Mustern und ihre Raumwirkung

Bei der Verwendung von Mustern muss beachtet werden, dass das Auge optischen Täuschungen unterliegt. Entscheidend sind Kontraste, Breiten- und Höhenmuster oder ihr Verhältnis zueinander.

1

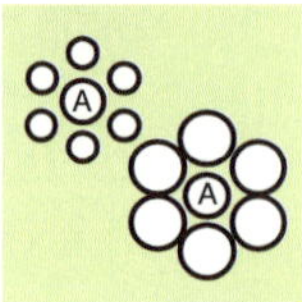

2

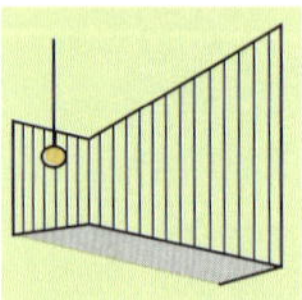

3

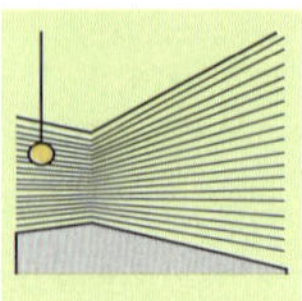

4

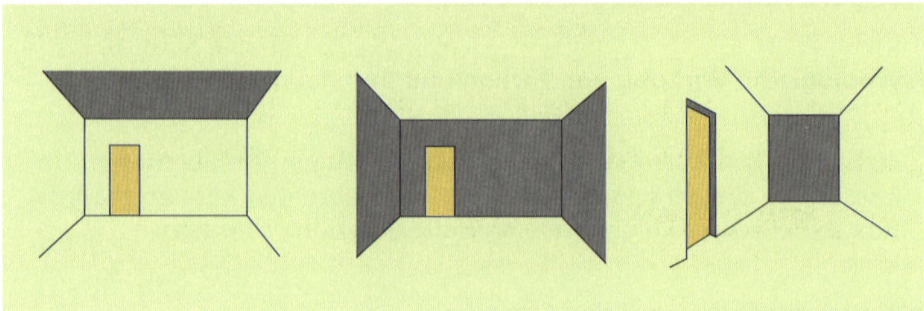

1. Schwarze Flächen und Körper wirken aus einiger Entfernung etwa 1/3 kleiner als weiße Körper gleicher Größe.
   Die Flächeninhalte der linken Hälfte sind identisch mit der rechten Hälfte.
2. Die maßstäbliche Darstellung umgebender Muster bestimmt die Größenerscheinung gleich großer Flächen und Körper. Der Kreis in der Mitte beider Figuren ist gleich groß.
3. Raumteilungsmuster mit dynamischer Wirkung
4. Raumteilungsmuster mit statischer Wirkung

Altersgerechtes Wohnen

Die Berücksichtigung von spezifischen Bedürfnissen und Verhaltensweisen der Mitwohngenerationen ist für ein harmonisches Miteinander sehr wichtig. Besonders auffällig ist, dass kleine Kinder sehr neugierig sind und nach allem greifen. Ältere Leuten reagieren langsamer. Manche Fähigkeiten sind eingeschränkt, wie das Laufen, Hören, Sehen. Diese Verhaltensweisen und Veränderungen sollten auch bei der Einrichtung der Wohnung beachtet werden.

- Treppensicherung (Absperrung der Treppenaufgänge mit Gittertüren bei kleinen Kindern, beidseitiges Geländer für ältere Menschen),
- Wohnungseingangstür (muss immer sicher schließen, Türgriff soll von kleinen Kindern nicht erreicht werden),
- rutschfeste Fußbodenbeläge,
- Vermeidung von Türschwellen,
- Spielzeug (immer in niedriger Höhe aufbewahren, Kinder müssen gefahrlos und selbstständig ihr Spielzeug erreichen können),
- Glastüren (sollten aus Sicherheitsglas bestehen, Glasfläche sollte mit Markierungen versehen werden),
- Haltegriffe für ältere Bewohner in Reichweite von Toilette und Badewanne.

!

In Einrichtungshäusern werden die verschiedenen Altersansprüche in Präsentationen berücksichtigt, z.B. Kinderzimmer, Junges Wohnen, ...

Planung der Installation und Möblierung

Für die Planung ist die Zeichnung eines **Grundrisses** notwendig. Wichtige Bauwerksteile müssen im Grundriss erkennbar sein.

Im Bauzeichnen werden sie z. B. so dargestellt:

– Wand

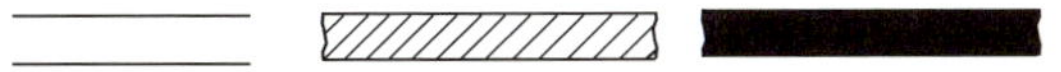

– Fenster

Einfachverglasung Doppelverglasung

– Tür

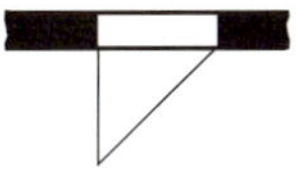

mit Schwelle

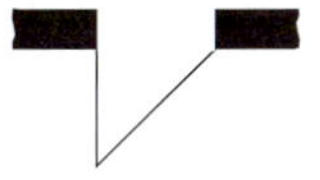

ohne Schwelle

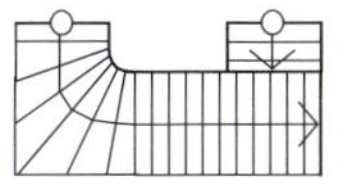

– Treppe

Grundriss einer Wohnung

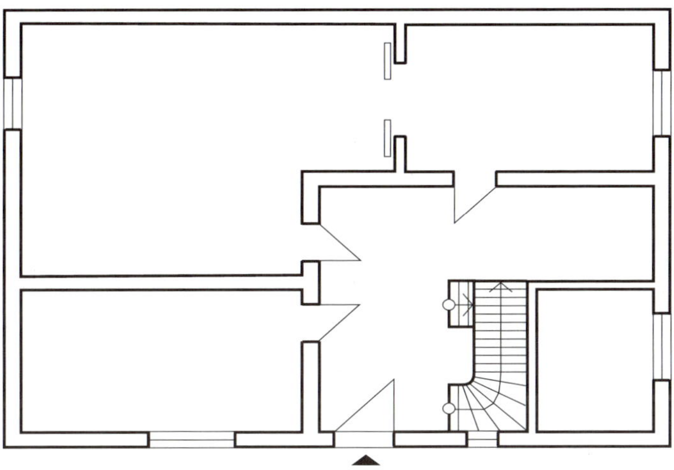

In den **Grundriss** der einzurichtenden Wohnung werden Möbel, sonstiges Inventar und Elektrogeräte eingezeichnet. Hierfür gibt es **Normen,** wie z.B. die DIN 40 717 für die Elektro-Installation.

Ausgewählte Symbole für die Darstellung von Wohnungseinrichtungen in Grundrissen:

Symbol; lat. symbolum = Kennzeichen; Sinnbild.

Symbole für Möbel

Schrank

Tisch

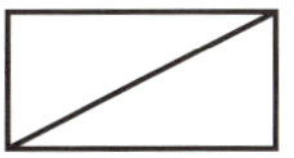

Bett

Stuhl

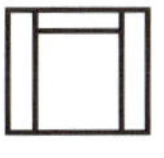

Sessel

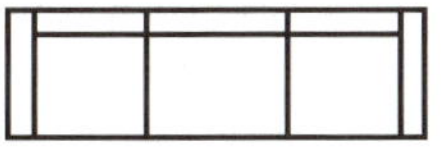

Dreisitzer (Couch)

Mit einer maßstabsgerechten Zeichnung sowie symbolhaften Darstellung der Einrichtung ist es möglich, ein erfolgreiches Beratungsgespräch zu führen. Das Durchspielen vieler Gestaltungsmöglichkeiten wird möglicherweise erleichtert. Außerdem unterstützt diese Methode den Vergleich mehrerer Preisangebote.

Symbole für sonstiges Inventar:

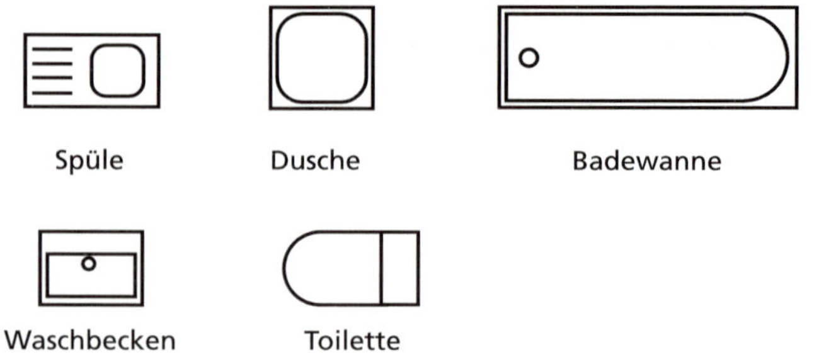

Symbole für Elektrogeräte:

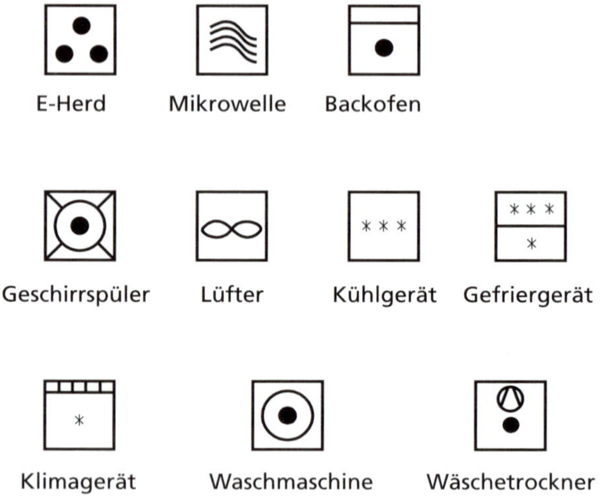

Symbole für elektrisches Installationsmaterial:

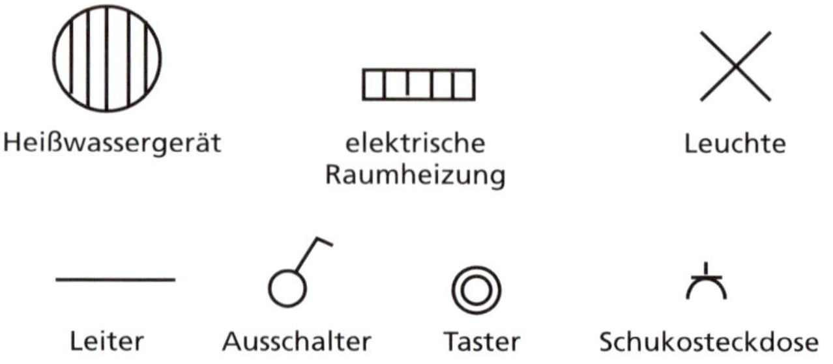

Diese Symbole können erweitert werden, müssen aber stets eindeutig erkennbar und normgerecht sein.

1.3 Führung eines privaten Haushalts

1.3.1 Aufgaben der Haushaltsführung

Ziele der Haushaltsführung

Haushaltsführung bedeutet, dass die Bedürfnisbefriedigung der mitwohnenden Personen so organisiert werden muss, dass die relative Knappheit der bereitstehenden Mittel (Betriebsmittel) einen optimalen Nutzen für die Haushaltmitglieder erbringt.

Ein gut funktionierender Haushalt zeichnet sich dadurch aus, dass sich an der gesamten Gestaltung des häuslichen Bereichs alle Familienmitglieder beteiligen.

In Abstimmung kann eine **Bedürfnis-Rangfolge** aufgestellt werden, die der Wichtigkeit der verschiedenen Bedürfniskategorien (Existenz-, Kultur- und Luxusbedürfnisse) entspricht.

Eine **moderne Haushaltsführung** stellt hohe Anforderungen an Können und Wissen der im Haushalt Lebenden. Moderne Haushaltsführung ist u.a. gekennzeichnet durch
- vorausschauendes Planen und Handeln,
- Beschaffen und Auswerten von Informationen,
- Diskutieren, Tolerieren und Akzeptieren,
- unvoreingenommenes und sachgerechtes Entscheiden,
- bedarfsgerechtes Einsetzen der vorhandenen Mittel des Haushaltes.

Betriebsmittel des Haushalts

Die **Betriebsmittel** eines privaten Haushalts sind:
- **Arbeit**(skraft)
  Geistige und körperliche Arbeit eines Menschen. Sie wird zum einen Unternehmen oder dem Staat zur Verfügung gestellt, um das Haushaltseinkommen (die Lebensgrundlagen) zu sichern, zum anderen um anfallende Hausarbeiten zu erledigen.
- **Geld** (Kapital)
  Für den Erwerb von Sachgütern und Dienstleistungen, die für die Befriedigung der Bedürfnisse notwendig sind, ist Geld als Tauschmittel notwendig. Eine kluge Haushaltsführung ist dadurch gekennzeichnet, dass ein Teil des zur Verfügung stehenden Geldes auch zur Vorsorge (z.B. Unfälle, Krankheit, Alter) genutzt wird.
- **Sachgüter**
  Hierzu zählen alle **Verbrauchs-** und **Gebrauchsgüter**, die der direkten oder indirekten Bedürfnisbefriedigung dienen.

Verbrauchsgüter des privaten Haushalts:
- Nahrungsmittel,
- elektrische Strom,
- Wasser ...

Gebrauchsgüter des privaten Haushalts:
- Kühlschrank,
- Fernseher ...

Ein besonderes Gebrauchsgut ist das Grundstück (der Boden), da es als Garten unmittelbar Verbrauchsgüter schaffen kann.

Aufgabenbereiche der Haushaltsführung

Der Haushalt und seine Aufgaben

Ökonomische Aufgaben

- Einkommen beschaffen
- Haushaltsmitglieder versorgen
- Finanzen planen
- Arbeiten planen
- Anschaffungen planen
- für Notfälle und Vorsorge planen

Soziale Aufgaben

- Werte und Normen vermitteln
- eingliedern in das soziale System der Gesellschaft
- Sorge für Schutz, Entspannung, Geborgenheit
- Partnerschaftliches Umgehen
- Haushaltsmitglieder betreuen, pflegen, erziehen

Ökologische Aufgaben

- Vermeiden von Luft-, Wasser- u. Bodenverunreinigungen
- Hausmüllvermeidung
- sparsamer Umgang mit Wasser und Energie

Hauptziel
Die Sorge um das Wohlbefinden jedes Haushaltsmitgliedes (ein Leben lang).

Streitkultur drückt sich darin aus, dass verschiedene Meinungen sachlich ausgetauscht werden ohne persönliche Verletzungen. Die Kraft des Arguments überzeugt, nicht die Lautstärke oder „Armkraft".

Die einzelnen Aufgabenbereiche bedingen sich gegenseitig. Sie bedürfen einer guten Organisation. Die **Haushaltsführung** ist so zu organisieren, dass *alle* Haushaltsmitglieder an der Erledigung der Aufgaben beteiligt werden. Hierbei sind neben den Interessen auch das Alter zu berücksichtigen sowie die Haushaltsmitglieder zum Ein- und Unterordnen in die Gemeinschaft zu befähigen. Ökologisches Verhalten sollte täglich vorgelebt und erfahren werden. Das Hauptziel ist durch eine zweckmäßige **Arbeitsteilung** zu verwirklichen. Dabei heißt „Sorge um das Wohlbefinden"ebenso Schaffen von Behaglichkeit, Geborgenheit, Offenheit, Toleranz, wie auch Konsequenz, Streitkultur oder Freiräume.

1.3.2 Haushaltsplanung

Inhalte der Haushaltsplanung

Durch die **Haushaltsplanung** müssen die Fragen „Was?", „Wer?", „Wann?", „Wie?" und „Womit?" im Voraus beantwortet werden.

Die Haushaltsplanung umfasst die Teilbereiche **Finanzplanung, Zeitplanung, Arbeitsplanung** und **Sachgüterplanung**.

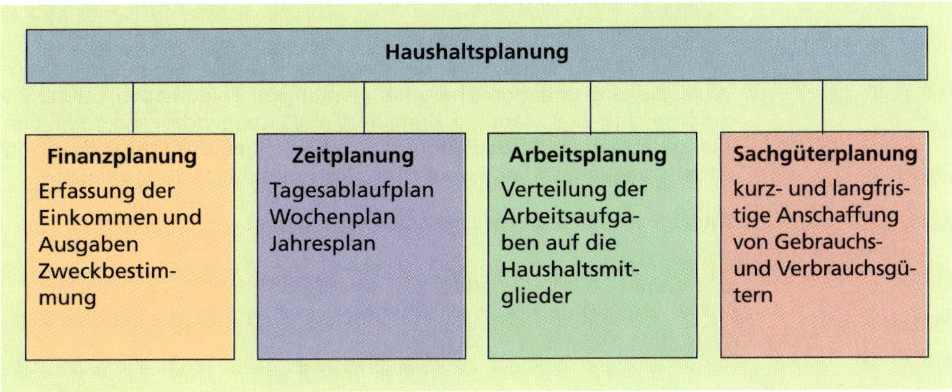

Finanzplanung

Den Schwerpunkt der Haushaltsplanung bildet die **Finanzplanung**.

Dem Betriebsmittel Finanzen (Geld, Kapital) muss größte Aufmerksamkeit geschenkt werden, da es die Grundlage zur Deckung aller Bedürfnisse bildet.

Grundsätzlich kann ein Haushalt nur so viel ausgeben, d.h. so viele Bedürfnisse decken, wie Einnahmen zur Verfügung stehen.

Im Fall der gehäuften Nichtbegleichung von Zahlungsaufforderungen offener Rechnungen im Verlauf eines größeren Zeitraumes spricht man von **Überschuldung**.

In vielen Fällen gibt es Überlappungen der Teilbereiche. Hier kann auch von einer **Projektplanung** gesprochen werden.

Überschuldung bedeutet in jedem Falle eine drastische Verschlechterung des erreichten Lebensniveaus. Sie widerspricht damit den Zielen der Haushaltsführung.

Um das Risiko einer Überschuldung weiter zu minimieren, sollten Reserven angelegt werden, die in Notfällen fehlende Finanzen kompensieren können. Der Abschluss entsprechender **Versicherungen** kann ebenfalls für Notfälle nützlich sein.

Die **Haushaltseinnahmen** können konsumtiv (Ausgaben mit verbrauchendem Charakter) oder nicht konsumtiv (Ausgaben mit investivem Charakter) verwendet werden.

Maßnahmen gegen **Überschuldung**
- sparsam leben, Ansprüche überdenken
- Ersparnisse auflösen
- mehr Einkommen erzielen
- Beratungsstellen aufsuchen

Planungsschritte

P L A N U N G
- Ermittlung des verfügbaren Einkommens
- Ermittlung aller feststehenden notwendigen Ausgaben
- Ermittlung des Überschussbetrages
- Ermittlung der Bedürfnisse der Haushaltsmitglieder
- Aufstellen einer Rangfolge
- Wahl der Mittel zur Bedürfnisbefriedigung

Wichtig für die Planung ist die Einbeziehung wahrscheinlicher Ereignisse, die eine umfangreichere Neuplanung zur Folge haben. Solche Ereignisse sind z. B.: längere Krankheit, stark steigende Preise, Einkommenserhöhungen, Pflegefall in der Familie, eigene Arbeitsunfähigkeit, Arbeitslosigkeit, Unfall, Erbschaften, Tod eines Haushaltsmitgliedes.

Musterbeispiele von Haushaltsplänen

Haushaltspläne können in mehreren Zeitebenen (Tages-, Wochen-, Monatsplan) und nach verschiedenen Inhalten (Finanzplan) aufgestellt werden.

Alle Aufgaben im Haushalt sollten gerecht verteilt und gewechselt werden.

Zeitplan für eine Woche

Zeit	Mo	Di	Mi	Do	Fr	Sa	So
5–7 Uhr	Schlaf	Schlaf	Schlaf	Schlaf	Schlaf	Schlaf	Schlaf
8–10 Uhr	Arbeitszeit	Arbeitszeit	Arbeitszeit	Arbeitszeit	Arbeitszeit	Schlaf	Schlaf
10–12 Uhr	Arbeitszeit	Arbeitszeit	Arbeitszeit	Arbeitszeit	Arbeitszeit	Hausarbeitszeit	Hausarbeitszeit
12–14 Uhr	Arbeitszeit	Arbeitszeit	Arbeitszeit	Arbeitszeit	Arbeitszeit	Hausarbeitszeit	Freizeit
14–16 Uhr	Arbeitszeit	Arbeitszeit	Arbeitszeit	Arbeitszeit	Arbeitszeit	Freizeit	Freizeit
16–18 Uhr	Hausarbeitszeit	Hausarbeitszeit	Hausarbeitszeit	Hausarbeitszeit	Hausarbeitszeit	Freizeit	Freizeit
18–20 Uhr	Freizeit	Freizeit	Freizeit	Freizeit	Freizeit	Freizeit	Freizeit
20–22 Uhr	Freizeit	Freizeit	Freizeit	Freizeit	Freizeit	Freizeit	Freizeit
22–24 Uhr	Schlaf	Schlaf	Schlaf	Schlaf	Schlaf	Freizeit	Schlaf
24–5 Uhr	Schlaf	Schlaf	Schlaf	Schlaf	Schlaf	Schlaf	Schlaf

Symbole (Beispiele)

Arbeitszeit Hausarbeitszeit Freizeit Schlaf

Musterbeispiel **Haushaltsbuch**

Datum	Einnahmen		Ausgaben								Summe der Ausgaben €	Kassenbestand €
	Bezeichnung	Betrag €	feste Ausgaben		Ernährung	Getränke	Kleidung	Hygiene	Sonstiges	davon unwichtig		
			Zweck	€								
	Übertrag											50,–
1.11.	Lohn	2500,–	Miete	500,–	23,–			5,80				
			Sparbuch	200,–							728,80	1821,20
3.11.			Telefon	57,50	130,–		35,–		3,–		225,50	1505,70
6.11.	Gutschrift	85,–	Unfallvers.	21,–	15,–	7,50		4,50			48,–	1547,70
9.11.					28,–			3,00	7,–		38,–	1509,70
10.11.		20,–			30,–	10,–						1499,70
15.11.							100,–					1399,70
20.11.					22,–	5,–						1372,70
25.11.		250,–										1622,70

Die Planungen können in nichtschriftlicher Form erfolgen. Die schriftliche Form ist jedoch günstiger, wenn wirklich eigene Reserven aufgespürt werden sollen. Gleichzeitig ermöglicht diese Form Vergleiche und Analysen.

Bewährt haben sich für die Finanzplanung das **Haushaltsbuch** und für die Zeitplanung der **Wochenzeitplan**.

Viele Aufgaben und Arbeiten im Haushalt wiederholen sich. Dabei fallen manche täglich, andere wöchentlich oder nur monatlich an. Alle Pläne sollten in regelmäßigem Abstand auf ihre Zweckmäßigkeit geprüft werden. Gleichzeitig sind in einem Mehrpersonenhaushalt sowohl die Interessen der Familienmitglieder zu berücksichtigen aber auch die gerechte Verteilung der Pflichten.

Gegenwärtig wird der Trend sichtbar, dass bestimmte Haushaltsarbeiten in den gewerblichen Dienstleistungsbereich verlagert werden, z.B. Textilreinigung und -pflege, Einkaufsdienste, Haus- und Betreuungsleistungen. Das schafft meistens Zeit, kann aber die Haushaltskasse stark belasten.

1.3.3 Haushaltseinnahmen

Haushaltseinnahmen: Gesamtheit alle dem Haushalt zufließenden finanziellen Beträge innerhalb eines bestimmten Zeitraumes.

Für die Deckung der **Bedürfnisse** benötigt der Haushalt ein regelmäßiges **Einkommen.** Von diesem Einkommen werden Güter oder Dienstleistungen gekauft oder in Anspruch genommen. Die jeweilige Höhe des Einkommens bestimmt die **Kaufkraft**.

Einkommensarten

Die **Haushaltseinkommen** werden in **monetäre** (Geldeinkommen) oder in **erweiterte Einkommensquellen** (Naturalien) unterschieden.

Die Haushalte verfügen über verschiedene Einkommen.

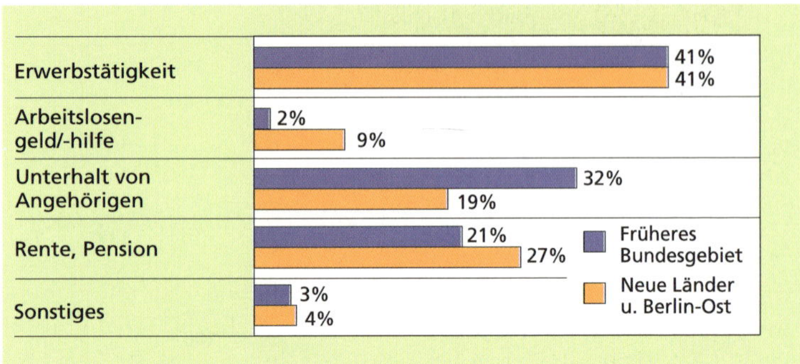

Einkommensverteilung

Die Höhe von **Einkommen** ist u. a. abhängig von der Anzahl der Einkommensbezieher und deren Nettoeinkommen, den beruflichen Qualifikationen der Haushaltsmitglieder, der Anzahl der zu versorgenden Haushaltsmitglieder, der Höhe der in Anspruch genommenen Sozial- und Versicherungsleistungen, der Höhe der Besitzeinkommen und von der allgemeinen wirtschaftlichen Lage (z.B. Belastungen aus indirekten Steuern).

Alle fünf Jahre wird durch das **Statistische Bundesamt** eine Einkommens- und Verbrauchsstichprobe (EVS) durchgeführt. Die Ergebnisse geben einen zuverlässigen Einblick in Zusammenhänge zwischen **Einnahmen, Ausgaben, Vermögensbildung** und Wohnverhältnissen der Haushalte in Deutschland.

Die Einkommens- und Verbraucherstichprobe von 1998 erfasste mehr als 50000 Haushalte. Diese Erhebung zeigte die nicht erreichte Gleichwertigkeit der Lebensverhältnisse im früheren Bundesgebiet und den neuen Ländern.

Die Ungleichheit wird bestimmt durch unterschiedliche Einkommens-, Vermögens- sowie Verbrauchslagen.

Monatliches Nettohaushaltseinkommen April 2001

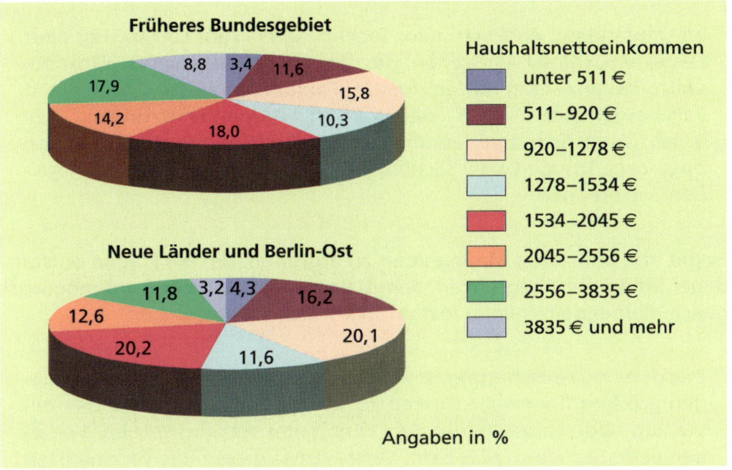

1.3.4 Haushaltsausgaben

Die Gesamtheit aller aus dem Haushalt abfließenden finanziellen Beträge sind die **Haushaltsausgaben**.

Die Höhe der **Haushaltsausgaben** wird von individuellen, traditionsgebundenen, sozialen, gesamtwirtschaftlichen Faktoren, aber auch von der Anzahl der Haushaltsmitglieder, deren Alter, Geschlecht sowie anderem beeinflusst.

Fixe Kosten sind im Haushalt alle Ausgaben, deren Höhe feststeht, die periodisch anfallen und die unbedingt beglichen werden müssen, wie Miete, Versicherungsbeiträge, Gebühren, Teilzahlungsbeträge oder Abonnements. Dabei ist es egal, ob sich die Mitglieder in der Rechnungsperiode im Haushalt aufhalten oder z.B. im Krankenhaus oder auf Urlaubsreise sind. **Variable Kosten** sind im Haushalt alle Ausgaben, deren Höhe nicht feststeht, wie Ausgaben für Ernährung, Hygiene, Kleidung, Möbel oder Hausrat (vgl. auch Haushaltsplan).

Ausgabenanteile

Die Ausgaben können nach dem **Bedürfnisgrad** oder nach der **Kostenart** unterteilt werden. Der Bedürfnisgrad wird beeinflusst vom **Grundbedarf** (z.B. Nahrung, Strom, Wasser, Miete) und **Wahlbedarf** (z.B. Urlaubsreise, Computerspiele, Champagner, Marken-Jeans).

Bei den Kostenarten gibt es die **fixen** und die **variablen Kosten**.

Möglichkeiten der Ausgabenminimierung

Ausgabenminimierung umfasst alle gezielten Überlegungen zur **Kostenverringerung.** Dies erfolgt vorzugsweise auf Basis eines Haushaltsplanes. Ziel ist die Erzielung eines Finanzüberschusses, der zusätzlich zur Bedürfnisbefriedigung oder zum Schuldenabbau eingesetzt werden kann.

Ausgabenminimierung darf nicht zu grundlegenden Veränderungen des erreichten Lebensstandards führen.

1.3.5 Vorsorge und Schadensminimierung

Im Umgang mit Personen oder Sachen können aus Unkenntnis oder fahrlässig Schäden entstehen, die die Lebens- oder Sachqualität beeinträchtigen. Man unterscheidet **Personenschäden** (Unfälle mit vorübergehenden oder dauerhaften Körperverletzungen, wie Bruch, Sturz, Schnittverletzung) und **Sachschäden** (Beschädigungen oder Zerstörungen von Sachen, z.B. Verbiegen, Verbeulen, Abreißen, Verbrennen).

Es gilt also frühzeitig Maßnahmen zu ergreifen, um die Folgen entstandener Schäden zu begrenzen, damit die Haushaltsführung auf möglichst gleich bleibendem Niveau fortgeführt werden kann.

Zweck einer **Versicherung** ist es, sich im Schadensfall vorsorglich gegen größere finanzielle Risiken zu schützen. Dabei wird immer ein **Vertrag** abgeschlossen, der den Versicherer verpflichtet, bei Vorliegen eines Schadensfalles beim Versicherten diesem die vereinbarten Leistungen zu gewähren.

Der Versicherte muss periodisch wiederkehrende **Beiträge** zahlen, die in ihrer Zahlungshöhe von den Versicherern dem aktuellen Schadensaufkommen angepasst werden.

Alle angebotenen Versicherungen lassen sich den **Sozialversicherungen** oder den **Individualversicherungen** zuordnen.

Die vom Staat vorgeschriebenen Sozialversicherungen sichern den Bürger überwiegend im Berufsleben ab. Gefahren, die ihn und seine Familie im Privatleben treffen können, sind nur wenig abgedeckt. Dieser Grund und auch das immer größer werdende Sicherheitsstreben veranlasst die privaten Versicherungsunternehmen, die Absicherung individueller Risiken anzubieten.

Individualversicherungen können persönliche Wünsche oder Bedürfnisse des einzelnen Versicherungsnehmers berücksichtigen.

Sie bieten, in der Sprache der Versicherungswirtschaft ausgedrückt, „Versicherungsschutz nach Maß".

Individualversicherungen kommen zustande durch Abschluss privatrechtlicher **Versicherungsverträge**. Träger sind meistens private Versicherungsgesellschaften, z.B. in der Rechtsform der AG oder der e.G., aber auch öffentlich-rechtliche Versicherungen.

Öffentlich-rechtliche Versicherung:	BfA Bundesversicherungsanstalt für Angestellte
Aktiengesellschaft (AG):	Allianz AG Aachener und Münchener AG

GmbH:	Assekuranz Schuck GmbH Aktiva GmbH
Genossenschaft:	Berufsgenossenschaften

Die Beiträge richten sich nach dem Risiko und der vereinbarten Leistung. Soziale Gesichtspunkte können weder bei den Beiträgen (Prämien) noch bei den Leistungen berücksichtigt werden.

Die **Prämie** ist der Beitrag, den ein Versicherter für einen bestimmten Versicherungsschutz zahlt. Die Annahme des Antrages und damit der Vertragsabschluss erfolgen durch Zustellung der **Police** = Versicherungsschein.

Individualversicherungen ergänzen bzw. verbessern den Versicherungsschutz der staatlichen Sozialversicherungen.

So kann eine Lebensversicherung als zusätzliche Altersversorgung dienen. Sie decken aber auch zahlreiche Risiken ab, die von der Sozialversicherung nicht erfasst werden, z.B. Haftpflicht, Vermögensverluste durch Brand, bestimmte Naturkatastrophen, Einbruch usw. Der Staat begünstigt den Abschluss von Personen- und Haftpflichtversicherungen. Die Prämien können bei der Lohn- und Einklommenssteuer als Vorsorgeaufwendungen anerkannt werden.

Versicherungsarten

Private Versicherungen sichern Personen bzw. Hinterbliebene (Personenversicherungen), sie ersetzen Sachschäden (Sachversicherungen) oder schützen vor Vermögensverlusten infolge von Ansprüchen anderer Personen (Vermögens(wert)versicherungen).

Individualversicherungen		
Personenversicherungen	**Sach- und Vermögensversicherungen**	
• Lebensversicherung • Berufsunfähigkeitsversicherung • Unfallversicherung • private Krankenversicherung • ...	• Feuerversicherung • Einbruch-/Diebstahlversicherung • Hausratversicherung • Reisegepäckversicherung • ...	• Kfz-Versicherung • Haftpflichtversicherung • Rechtsschutzversicherung • ...

Eine besondere Form der Rentenversicherung (Personenversicherung) ist die staatlich geförderte Rentenversicherung, die nach dem „Erfinder", dem ehemaligen Arbeitsminister W. Riester, als **„Riester-Rente"** bezeichnet wurde.
Bei dieser Versicherung erhält der Versicherte eine lebenslange garantierte Rentenzahlung. Die Beiträge zu dieser Versicherung werden mit einem Zuschuss in Höhe von 1 bis 4 % der Jahresbeitragssumme vom Staat gefördert.
Diese Versicherung kann sowohl als fondsgebundene Rentenversicherung oder als konventionelle Versicherung abgeschlossen werden.

Personenversicherungen

- **Lebensversicherung**
  Mit Abschluss einer Lebensversicherung hat die Familie bei Tod des Versicherten Anspruch auf die Auszahlung der Versicherungssumme. Außerdem kann sie eine Form der Altersversorgung des Versicherten sein. Er kann sich das angesammelte Kapital später einmalig oder als Rente auszahlen lassen. Damit wird die staatliche Rente aufgebessert, da aufgrund der „Rentenlücke" hier mit Abstrichen gerechnet werden muss.

Hauptformen der Lebensversicherung

Risikolebensversicherung
(Todesfallversicherung)

Versicherungsfall: Tod der versicherten Person

Leistung: Die Versicherungssumme wird nur fällig, wenn der Versicherte innerhalb des Versicherungszeitraumes stirbt.

Verwendung: Vorrangig zur Absicherung der Hinterbliebenen bis zum Aufbau einer anderen Versorgung

Erlebnisfallversicherung

Versicherungsfall: Ablauf des Versicherungsvertrages

Leistung: Die Versicherungssumme wird nur fällig, wenn der Versicherte den Ablauf des Vertrages erlebt.

Verwendung: Dient primär der Kapitalbildung, kommt in dieser Reinform jedoch äußerst selten vor

Gemischte Todes- und Erlebnisfallversicherung

Versicherungsfall: Tod des Versicherten oder Ablauf des Vertrages

Verwendung: Bietet Hinterbliebenen einen Schutz und dient der eigenen Altersvorsorge; häufigste Form in Deutschland

- **Berufsunfähigkeitsversicherung**
  Insbesondere für junge Menschen, welche die Wartezeit in der Rentenversicherung noch nicht erfüllen, kann es sinnvoll sein, sich gegen das Risiko einer Berufsunfähigkeit zu versichern. Schon bei teilweiser Berufsunfähigkeit durch Krankheit, Körperverletzung oder Kräfteverfall kann diese Versicherung in Anspruch genommen werden. Sie kann als selbstständige Versicherung angesehen werden, wird aber meist in Verbindung mit einer Lebensversicherung abgeschlossen.
- **Unfallversicherung**
  Während die gesetzliche Unfallversicherung den beruflichen Bereich abdeckt, schützt die private Unfallversicherung den restlichen Bereich (Straßenverkehr, Haushalt, Freizeit, Urlaub usw.). Eine private Unfallversicherung bietet meist:
  - Todesfallentschädigung (falls der Tod innerhalb eines Jahres nach dem Unfall eintritt),
  - Invaliditätsentschädigung (falls Invalidität innerhalb eines Jahres nach dem Unfall eintritt),
  - Tagegeld (Tagegeldsatz bei Arbeitsunfähigkeit),
  - Krankenhaustagegeld,
  - Genesungsgeld (Zahlung im Anschluss an einen unfallbedingten Krankenhausaufenthalt),
  - Übergangsentschädigungen (Entschädigung von Schwerverletzten).

i

2001 verunglückten im Straßenverkehr rund 462 000 Personen, davon 6 400 tödlich. Hauptursache war zu hohe Geschwindigkeit.

- **Private Krankenversicherung**
  Der privaten Krankenversicherung fällt im Rahmen der sozialen Sicherung die Aufgabe zu, den Versicherungsschutz für Personen zu übernehmen, die durch die Sozialversicherung nicht abgesichert sind oder die darüber hinaus abgesichert sein wollen, z. B.:
  - Krankenhauszusatzversicherung,
  - Krankenhaustagegeldversicherung,
  - Auslandsreisekrankenversicherung.

Sachversicherungen und Vermögensversicherungen

Feuerversicherung

Einbruchdiebstahlversicherung

- **Feuerversicherung**
  Hier werden Schäden ersetzt, die durch Brand, Blitzschlag und Explosionen entstanden sind.
- **Einbruchdiebstahlversicherung**
  Diese Versicherung leistet Ersatz für die Gegenstände, die entwendet oder bei einem Einbruch beschädigt oder zerstört worden sind.
- **Hausratversicherung**
  Mit dieser Versicherung soll Vorsorge getroffen werden für eintretende Schäden,z.B. durch Wasser, Feuer, Diebstahl.
  Versichert sind: Möbel, Teppiche, Bekleidung, Haushaltgeräte, Gardinen, Bücher, Schallplatten, Musikinstrumente, Bargeld, Wertpapiere, Sammlungen, Campingausrüstungen, Boote usw.
  Diese Gegenstände sind nur in Deutschland versichert.
- **Kfz-Versicherung**
  Sie umfasst neben der Kfz-Haftpflichtversicherung die Fahrzeugversicherung, die nach ihrem Umfang frei gewählt werden kann als
  - Teilkaskoversicherung oder
  - Vollkaskoversicherung.

  Die **Kfz-Haftpflichtversicherung** ist eine Pflichtversicherung für *alle* Motorisierten. Damit wird der Schadenersatz für das Verkehrsopfer garantiert. Der Schadenersatzpflichtige soll von den finanziellen Folgen des Schadens entlastet werden.

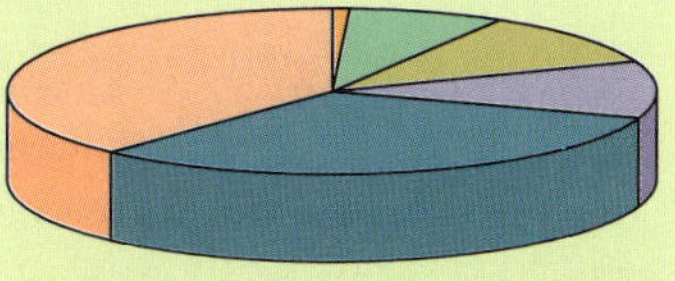

Von 309 517 Unfällen auf dem Weg zur Arbeit passieren

- 38,1 % mit dem Auto
- 31,5 % Fußgänger
- 11,2 % Radfahrer
- 8,0 % Motorradfahrer
- 0,7 % Bus
- 10,5 % Sonstige.

  Die **Teilkaskoversicherung** tritt für Schäden ein, die durch Brand, Diebstahl, Sturm, Hagel, Blitz, Zusammenstoß mit Haarwild, Glasbruch oder Kurzschluss entstanden sind.
  Die **Vollkaskoversicherung** deckt zusätzlich die Kosten für Unfallfolgen am eigenen Auto und für mutwillige Beschädigung. Der Versicherte darf allerdings nicht grob fahrlässig oder vorsätzlich gehandelt haben. Der Versicherte kann einen Teil seines Schadens selbst bezahlen (Selbstbeteiligung). Dadurch wird seine Prämie niedriger.
  Die **Kfz-Unfallversicherung** (Insassen-Unfallversicherung) bietet allen Insassen eines Kfz bei Unfällen Versicherungsschutz. Sie bezieht sich auf alle Unfälle, die durch die Benutzung eines Kraftfahrzeuges erfolgen.
  Die Versicherungsleistungen werden ungeachtet eventuellen Verschuldens des Versicherten erbracht (ausgenommen Vorsatz).

Kasko: Kurzform für Kaskoversicherung. Kasko: span. casco = Scherbe, zerbrochenes Stück

- **Haftpflichtversicherung**
  Ein Bürger haftet immer dann, wenn er als Privatperson einem anderen unabsichtlich einen Schaden zufügt, der aus den Gefahren des täglichen Lebens resultiert.
  Ist die Haftpflichtversicherung abgeschlossen, übernimmt die Versicherung die Zahlung des Schadens.

Haftpflicht- und Rechtschutzversicherung stellen Formen der Vermögensversicherung dar.

- **Rechtsschutzversicherung**
  Unter bestimmten Voraussetzungen übernimmt sie die Kosten der Prozessführung bei straf- und zivilrechtlichen Verfahren. Diese Kosten können sehr hoch sein, da Anwälte, Zeugen, Sachverständige und das Gericht nach der Gebührenordnung bezahlt werden müssen.

Empfehlungen für Versicherungen:

Die Wahl von abzuschließenden Versicherungen wird durch eine Vielzahl von Faktoren beeinflusst. Dazu zählen vor allem:
- das erreichte Lebensalter,
- der Familienstand,
- der Umfang an Eigentum, insbesondere Wohneigentum,
- die Wahrscheinlichkeit auftretender Gefährdungen, z.B. Wohnort oder ausgeübter Hobbys,
- Häufigkeit von Reisen/Auslandsreisen.

Welche Versicherungen sind nötig?

	Schüler	Auszu-bildender	Berufs-anfänger (Single)	Berufs-anfänger (verheiratet)
Unfallversicherung	☂	☂	☂	☂
Berufsunfähigkeitsversicherung		☂	☂	☂
Haftpflichtversicherung	**bei den Eltern**	▲	☂	☂
Lebensversicherung		▲	▲	☂
Hausratversicherung	**bei den Eltern**	**bei den Eltern**	☂	☂

☂ nötig; ▲ nicht unbedingt nötig

Viele Versicherungen sind als Paket, d.h. kombiniert abzuschließen. So ist die Hausratversicherung meistens mit der Haftpflichtversicherung gekoppelt. Auch die Berufsunfähigkeitsversicherung kann in Verbindung mit einer Lebensversicherung abgeschlossen werden. Auf jeden Fall gilt immer der Grundsatz: „So sicher wie möglich, so versichert wie nötig."

1.4 Privater Haushalt als Stätte des Verbrauchs

1.4.1 Bedürfnisstruktur

Bedürfnis ist das erlebte Mangelempfinden nach einer Sache oder einem Erlebnis.

Der amerikanische Psychologe **Abraham H. Maslow** unterteilte die Bedürfnisse in **primäre Bedürfnisse** (Grund-Bedürfnisse) und in **sekundäre Bedürfnisse.** (Bedürfnispyramide)

Möchte ein Mensch dieses Mangelempfinden abstellen, so spricht man von **Bedürfnisbefriedigung**.

Der Stellenwert von **primären Bedürfnissen** ist bei allen Menschen weitgehend gleich, während der Stellenwert bei den **sekundären Bedürfnissen** von vielen Faktoren abhängig ist (z. B. ereichte Entwicklungsstufe des Menschen, wirtschaftspolitische Verhältnisse, zivilisatorischer und technischer Fortschritt, natürliche Umweltbedingungen). (↗ 1.5.1)

Bedürfnishierarchie nach Maslow

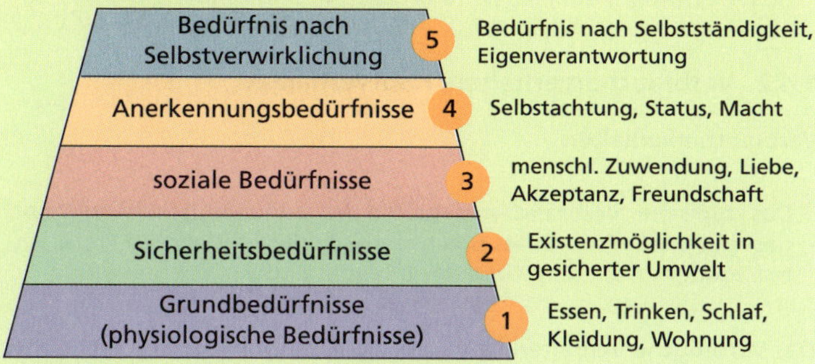

Die Bedürfnisse (1) und (2) werden als primäre Bedürfnisse bezeichnet.

Das Bedürfnis führt zu einer Aktivitätssteigerung oder Handlung, deren Ziel in jedem Fall die Beseitigung eines Mangels ist. Einem extrem starken Bedürfnis entspricht die Sucht.

Bedarf ist die Summe aller kaufkräftigen Bedürfnisse. In der Regel übersteigen die Möglichkeiten der Bedürfnisbefriedigung den Bedarf eines Menschen, sodass er immerwährend **Mangelzustände** wahrnimmt.

Alle Mittel zur Bedürfnisbefriedigung sind **Güter**. Diese werden unterteilt in **freie Güter** (von der Natur in einem Überfluss bereitgestellte Güter, mit denen jedoch verantwortungsbewusst umgegangen werden muss) und in **wirtschaftliche Güter** (von Menschen durch wirtschaftliche Tätigkeit erzeugte Güter, die immer wieder erzeugt werden müssen = knappe Güter).

Wirtschaftliche Güter sind:
- Sachgüter
- Dienstleistungen
- Rechte

Statt der Bezeichnung **Sachgüter** ist auch noch die Bezeichnung **„materielle Güter"** üblich, die dann in Güter erster Ordnung (unbehandelte Güter, wie Bananen oder Kartoffeln) und in Güter zweiter Ordnung (umgewandelte Güter, wie Mehl oder Stahl) weiter unterteilt werden.

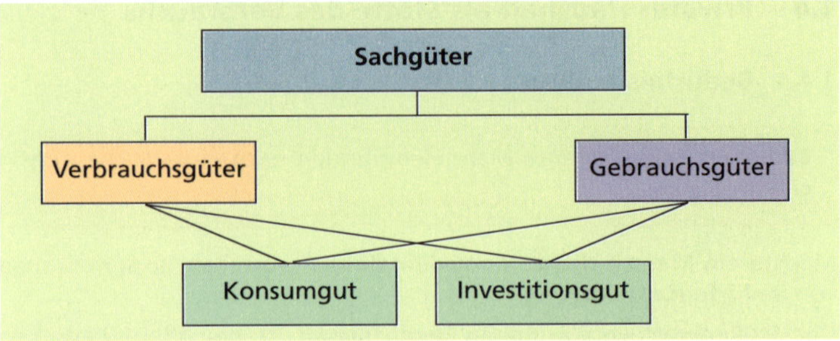

Nachfrage bedeutet, dass zum Gütererwerb Kaufkraft in Form von Geld aufgewendet werden muss.
Personen, die **Kaufkraft** aufwenden, sind **Nachfrager**.
Personen, die die erworbenen Güter zur Bedürfnisbefriedigung einsetzen, sind **Verbraucher** oder **Konsumenten**.
Hersteller, Händler, Vertreter, die ihre Waren bzw. Dienstleistungen dem Nachfrager anbieten und verkaufen, sind **Anbieter**.

1.4.2 Verbraucherverhalten, Kaufverhalten

Verbraucherverhalten

Das **typische Verbraucherverhalten** ist dadurch gekennzeichnet, dass der Wert eines Gutes sich nicht nach dem verlangten Preis richtet, sondern nach dem Grad der erlebten Bedürfnisbefriedigung.

Das Verbraucherverhalten ist darauf gerichtet, bei der Einkommensverwendung ein Maximum an persönlichem Nutzen zu erzielen. Weiterhin wird es durch die Verfügbarkeit der Güter beeinflusst.

Ausgaben der Deutschen für Medien vom verfügbaren Einkommen (in %)

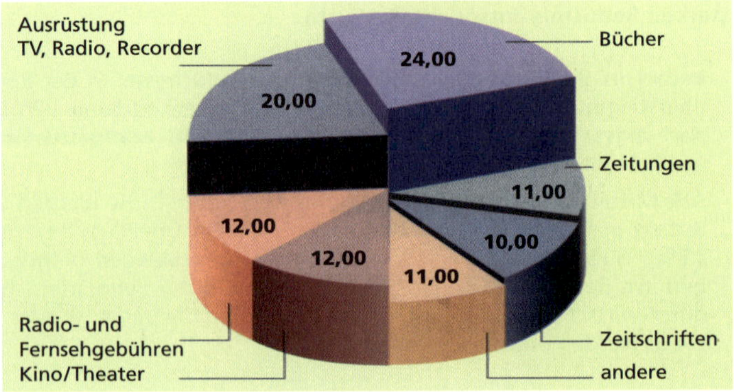

Das Verbraucherverhalten ist von mehreren Einflussfaktoren abhängig:

Einflussfaktoren auf das Verbraucherverhalten		
ökonomische Bedingungen (Einkommenshöhe, zu erwartender Nutzwert, Preis, Verfügbarkeit) und *wirtschaftspolitische Allgemeinbedingungen* (Wirtschaftspolitik, Arbeitsmarktsituation, Umweltpolitik)	*soziologische* Bedingungen (Gruppenzwänge, Traditionen, Modetrends, Werbung, Zeitdauer des erlebten Mangelzustandes)	*religiöse* Bedingungen (Traditionen, Feste, Verbot des Konsums bestimmter Güter)

Erforschung des Verbraucherverhaltens

Bedeutende wissenschaftliche Arbeiten stammen von HEINRICH GOSSEN, CARL MENGER, EUGEN VON BÖHM-BAWERK, FRIEDRICH VON WIESER und WILHELM RÖPKE.

Für die Vermarktung von Gütern ist die Erforschung des Verbraucherverhaltens ein wichtiger Faktor.

Erstes gossensches Gesetz/„Sättigungsgesetz":

Die Bedeutung der Befriedigung eines Bedürfnisses in einer Zeiteinheit nimmt um so mehr ab, je häufiger dieses Bedürfnis befriedigt wird (geringer werdender Nutzenzuwachs).

Zweites gossensches Gesetz/„Genussausgleichsgesetz":

Verteilung des Einkommens auf eine Vielzahl von Bedürfnissen, um einen höchsten Gesamtnutzen zu erzielen.

Verbrauchertrends

Cocooning; engl. cocoon = Kokon Verpackung, cocooning = Hülle

- **Cocooning** (Situation: Verbraucher igelt sich in seinen vier Wänden ein. Die Wohnung wird als Festung und Zentrum der Sicherheit aufgefasst. Folge: Gefragt sind Güter, die das Heim verschönern.)
- **Fantasy-Abenteuer** (Situation: Verbraucher hat den Wunsch nach Abwechslung. Er möchte ohne Risiko dem Alltagstrott entfliehen können. Folge: Gefragt sind Güter, insbesondere Dienstleistungen, mit exotischem oder folkloristischem Stil.)
- *Kleine Genüsse* (Situation: Verbraucher will sich verwöhnen/verwöhnen lassen. Folge: Gefragt sind Lebensverschönerer und Stimmungsaufheller zu Discountpreisen.)

Do it yourself = mach es selbst! wurde zum Schlagwort für die selbstständige Ausführung handwerklicher Arbeiten.

- *Aussteigen* (Situation: Verbraucher hat den Wunsch nach einem geruhsamen Leben ohne Stress. Folge: Gefragt sind Güter, die dem Wunsch nach mehr Heimarbeit, do it yourself und der Verwirklichung alternativer Lebens- und Arbeitsweisen Rechnung tragen.)
- *Möglichst lange leben* (Situation: Verbraucher hat den Wunsch, gesund zu leben. Folge: Gefragt sind gesunde Lebensmittel, aber auch Kosmetik, Heilmethoden und Fitnessgeräte.)
- *Der wehrhafte Verbraucher* (Situation: Verbraucher erhebt Protest gegen die Unmoral des Marktes, Folge: Gefragt sind Güter mit Qualitätskennzeichen, Beratertelefon und Service.)
- *99 Leben auf einmal* (Situation: Verbraucher hat den Wunsch nach mehr Entlastung, da die eigenen Bedürfnisse ständig steigen. Mehrfachjobs und Mehrfachverheiratungen hinterlassen im Gegensatz zum früher beständig verlaufenden Leben ihre Spuren. Folge: Gefragt sind Zeit sparende Serviceleistungen wie Fertiggerichte, Multifunktionsprodukte, Zustelldienste, Internetshopping.)

Kaufverhalten

Moderne Angebots- und Verkaufsformen wie **Online-Dienste** und **Internet** üben auch Einfluss auf das Kaufverhalten aus.

Das allgemeine **Kaufverhalten** wird maßgeblich durch die Höhe der vorhandenen Betriebsmittel des Haushaltes bestimmt. Generell ist jedoch vor jedem Einkauf zu überlegen, zu welchem Zweck, in welcher Menge und mit welcher Dringlichkeit etwas erworben werden sollte.

Arten des Kaufverhaltens

Kaufverhalten		
	rationelles Kaufen	→ gründliches Überlegen, Preisvergleich; größere Kaufgegenstände
	gewohnheitsmäßiges Kaufen	→ Routine, Tradition; Waren des tägl. Bedarfs
	impulsives Kaufen	→ keine Planung, kein Preisvergleich; Schlussverkäufe, Süßigkeiten
	sozialabhängiges Kaufen	→ keine Planung, kein Preisvergleich, teure Markenartikel – hohe Verschuldungsgefahr

Bewusstes Einkaufen

Aufgrund der Vielzahl angebotener ähnlicher Waren, fällt es vielen Verbrauchern schwer, eine bewusste Kaufentscheidung herbeizuführen.

Warenkenntnisse, Qualitätsmerkmale, technische Details, Bedienkomfort, Beratenlassen und viele andere oft spezielle Voraussetzungen sind nötig, um die richtige Wahl zu treffen. Daher erhält das *bewusste Einkaufen* einen immer höheren Stellenwert.

Formen:
- *umweltbewusst* (Papier statt Plastik, Glas statt Metall, Mehrweg statt Einweg, geringe Umverpackung, Angebote aus der Umgebung wahrnehmen/Transportwege, Haupterntezeit, recycelbare Verpackungen, Gütezeichen und Qualität vermindern Müllberge, Nachfüllpackungen);
- *ernährungsbewusst* (abwechslungsreich, kalorienarm, fettarm, keine/kaum Zusatzstoffe, Krebs erregende Stoffe meiden, ausgewogen/ballaststoffreich);
- *preisbewusst* (Angebotsvergleiche, Sonderangebote nutzen, Mengenangaben beachten – nicht immer sind Großpackungen auch billiger, Herkunft beachten, Mindesthaltbarkeitsdatum beachten, Einkauf nur mit Einkaufszettel, Geldbetrag kalkulieren und nicht übermäßig viel Geld mitnehmen, hohe Qualität vermindert in der Regel Reparaturen und hohe Betriebskosten);
- sonstige, z.B. modebewusst, qualitätsbewusst, bedarfsgerecht, zeitgünstig, sicherheitsbewusst.

Verkaufsförderung

Oberster Grundsatz bei Maßnahmen der **Verkaufsförderung** ist, dass der Kunde sich wohl fühlen muss. Kaufen muss zielgerichtet zum *Kauferleben* werden. Damit können Stammkunden gewonnen werden, die durch gewohnheitsmäßiges Kaufverhalten oft wieder kommen.

Maßnahmen der Verkaufsförderung sind u. a.:
- freundliche Verkaufsatmosphäre (Lichtverhältnisse, Raumtemperatur, gesunde Luft, angenehme Gerüche, sanfte Töne/ Musik, ansprechende Raumgestaltung mit einem Schuss Luxus, freundliches und fachkundiges Personal, übersichtliche Warenpräsentation]);
- gezielte Warenplatzierung (Griffhöhe, Grifftiefe, Überangebot suggerieren, einzelne Artikelplätze freihalten/„Hier hat schon ein Kunde gekauft"-Suggestion);
- Kundenlauf
- Waren, die seltener gebraucht werden, in die Eingangszone/Kunde muss durch die gesamte Verkaufseinrichtung; Sonderangebote in Bereichen mit kaum gekaufter aber wichtiger Ware, Kleinteile im Kassenbereich/Wartebereich zur Anregung des Spontankaufes, Aufstellen von Stolper- und Wühlkörben in den Gängen, damit der Kunde die Waren wahrnimmt, die nicht so viel gekauft werden);
- *Sonderangebote* (wechselndes Angebot, besondere Kennzeichnung, außerhalb des normalen Warensortimentes, deutliche Preisnachlässe, saisongerechte Sonderaktionen/Grillsaison, Weihnachtssaison, Gartensaison, Glühweinsaison) und
- Werbung.

Suggestion; franz. suggerer = einflüstern; Beeinflussung eines Menschen mit dem Ziel, ihn zu einem bestimmten Verhalten zu veranlassen

Kundenlauf

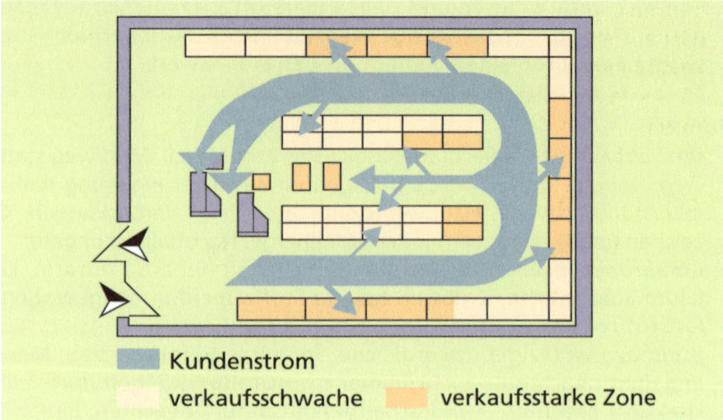

1.4.3 Verbraucherschutz

Stiftung Warentest: von der Bundesregierung 1964 ins Leben gerufen.

Die Warenvielfalt, die mannigfaltigen Produktmerkmale und die unterschiedlichen Qualitäten sind Ursache für einen komplizierten und aufwendigen Prozess der **Kaufentscheidung**.

Träger der Verbraucherpolitik

allgemeine Träger
- Bund- u. Länderparlamente
- Kommunen
- politische Parteien
- Gewerkschaften
- Arbeitgeberverbände
- Wirtschaftsverbände
- freiwillige Selbstkontrollorgane der Wirtschaft (z.B. Deutscher Werberat, Deutsches Institut für Normung).

spezifische Träger
- Verbraucherorganisationen (z.B. Mieterbund, ADAC)
- Verbraucherfremdorganisationen (z.B. Stiftung Warentest, örtliche Verbraucherzentralen)

Die Bundesregierung versucht mit ihrer Verbraucherpolitik die Stellung des Verbrauchers zu stärken.

Ziele der Verbraucherpolitik

- Information, Aufklärung und Beratung des Verbrauchers,
- Verbesserung der Rechtsposition des Verbrauchers (z.B. Schutz vor unlauteren Verkaufspraktiken, Schutz vor benachteiligenden Vertragsbedingungen, Schutz vor Irreführung);

- Förderung des Wettbewerbs zwischen den Anbietern,
- umfassender Schutz vor gesundheitlichen Gefahren, besonders bei Lebensmitteln,
- Förderung von umweltfreundlichen Produktionsverfahren und Produkten,
- Förderung verbraucherpolitischer Interessenvertretungen,
- Sicherung des Angebotes an preiswerten Nahrungsmitteln und preiswerten Wohnräumen.

Das maschinenlesbare Strichcodesystem ermöglicht die automatische Datenerfassung sowie die Weiterverarbeitung in EDV-Systemen und die eindeutige Identifikation von Produkten und Dienstleistungen.

9 783895 176197

Buch Verlag Artikel Prüfziffer

Träger der Verbraucherpolitik

Gesetze und Verordnungen zum Schutz des Verbrauchers

- *Gesetze zum Schutz der Marktstellung*
  - Gesetz zur Regelung des Rechts der Allgemeinen Geschäftsbedingungen:
    Legt die Allgemeinen Geschäftsbedingungen (AGB) fest.
  - Gesetz gegen den unlauteren Wettbewerb:
    Irreführende Angaben in Bezug auf den Verbraucher und auf Mitbewerber sind zu unterlassen.
  - Preisangabeverordnung:
    Alle Waren und Dienstleistungen müssen mit einem **Preis** gekennzeichnet werden.
  - Lebensmittelkennzeichnungsverordnung:
    Legt fest, welche Angaben auf der Verpackung eines Produktes enthalten sein müssen. Die Verordnung beschreibt auch Ausnahmefälle, z.B. ein fehlendes Mindesthaltbarkeitsdatum bei Salz, statt MHD steht die Bezeichnung „zu verzehren bis..." oder ein fehlendes Zutatenverzeichnis bei Lebensmitteln, die nur aus einer Zutat bestehen (Mehl). Freiwillige darüber hinausgehende Warenkennzeichnungen sind erlaubt.

Zur **Pflichtkennzeichnung** gehören: Verkehrsbezeichnung, Zutatenverzeichnis, Mindesthaltbarkeitsdatum (MHD), Mengenbezeichnung, Name und Anschrift des Herstellers.

  - Eichgesetz:
    Legt z.B. fest, wann und wie oft Waagen überprüft werden müssen, welche Messtoleranzen auftreten dürfen und welche Angaben bei loser Ware auf dem Wägebon enthalten sein müssen.
- *Gesetze zum Schutz der Gesundheit:*
  - bezüglich auf Produkte (Lebensmittelbedarfsgegenständegesetz, Arzneimittelgesetz, Eierverordnung, Hackfleischverordnung, Lebensmittelhygieneverordnung etc.)
  - bezüglich auf Produktionsverfahren (Abwasserbeseitigungsgesetz, Bundesimmissionsgesetz etc.)

Reklamationen sollen den Verbraucher vor Waren minderster Qualität oder vor Waren mit Mängeln schützen.
Bei schriftlichen Kaufverträgen sind die Reklamationsbedingungen genau festgelegt.

Reklamation; lat. reclamatio = Gegengeschrei, das Neinsagen. Im heute gebrauchten Sinne bedeutet Reklamation Rückforderung oder Beanstandung.

Bei einem Kauf ohne schriftlichen Kaufvertrag gilt der Kassenbon (Kassenzettel) als Nachweis über die vollzogene Veräußerung. Reklamationen können mündlich oder schriftlich erfolgen. Reklamationen beruhen auf Gewährleistungsansprüchen oder auf Garantieleistungen.

- **Gewährleistungsansprüche**:
  Muss der Verkäufer nach dem Bürgerlichen Gesetzbuch zwei Jahre ab dem Verkaufsdatum gewähren. Sie erfolgen in Form von Nacherfüllung (Nachbesserung oder Nachlieferung). Wird diese nicht erfüllt oder ist sie nicht möglich kann Rücktritt vom Vertrag (Geld zurück) oder Minderung erfolgen.
  Außerdem kann Schadenersatz beansprucht werden.
- **Garantieleistungen**:
  Der Hersteller kann zusätzlich zu der zweijährigen Frist der gesetzlich festgelegten Gewährleistungsansprüche eine Garantie für sein Erzeugnis geben. Diese Garantie ist freiwillig.

Verbraucherinformation und Verbraucherberatung ergänzen den Verbraucherschutz.
Es werden unterschieden Produktinformationen, Nutzen- und Gebrauchswertinformationen, Preis- und Folgekosteninformationen und Bezugsquelleninformationen.

Verbraucherberatungen bezwecken die Herbeiführung von Entscheidungen, z. B. welche technischen Systeme umweltfreundlicher sind oder wie man Garantieansprüche durchsetzen kann oder wie man Zahlungsschwierigkeiten überwindet.

Weitere Formen sind die Verbraucheraufklärung, Verbrauchererziehung und Verbraucherbildung. Verbraucherinformationen sind auch Voraussetzung für einen umfassenden Verbraucherschutz.

Freiwillige Warenkennzeichnung

Freiwillige Warenkennzeichnungen haben den Zweck, dass der Verbraucher solche zusätzlichen Informationen zum Produkt erhält, die eine Kaufentscheidung günstig beeinflussen.

Gütezeichen geben Hinweise auf die Qualität der Ware oder Dienstleistung.

Prüfzeichen geben Hinweise auf besondere Untersuchungen zu Sicherheits-, Umwelt oder Gesundheitsmerkmalen der Ware.

Warenzeichen geben Hinweise darauf, dass es bei dem gekauften Produkt um ein **Originalprodukt** eines allgemein bekannten Unternehmens handelt.

Die **Warenzeichen** dürfen nicht von anderen Unternehmen nachgemacht oder einfach übernommen werden. Warenzeichen werden in Zeichenrollen (z.B. beim Patentamt in München) eingetragen. Sie können international gelten. Diese sind immer an einem ® in einem kleinen Kreis erkennbar (steht für „registered trade mark“).

1.4.4 Verbraucher und Werbung

Ein Unternehmen muss marktorientiert geführt werden.

Alle Maßnahmen zur Herbeiführung von Kaufentscheidungen werden **Marketing** genannt. Die **Werbung** ist nur ein Instrument des Marketing.

Werbung umfasst alle Maßnahmen, um einen möglichen Käufer zu gewinnen, zu überzeugen und zum Kaufabschluss zu führen.

Ziele der Werbung

Werbung

Werbeziele:
- Bedarfsweckung
- Bedürfnissteuerung
- Produkteinführung
- Verbessereung der Bekanntheit
- Imagepflege
- Betreuung von Stammkunden
- Gewinnung von Neukunden

→ Steigerung des *Umsatzes*

→ Festigung der *Marktposition*

→ Erhöhung des *Gewinns*

Grundsätze der Werbung

Werbung weckt Erwartungen beim Verbraucher, die erfüllt werden müssen. **Werbemittel** sind die Darbietungsformen der Werbung. Sie enthalten die Werbebotschaft. **Werbeträger** sind die Transporteure für das Werbemittel.

Wichtige **Werbemittel** sind u. a.: Verkaufsgespräch (zugleich billigstes Werbemittel), Werbeveranstaltung (Sonderaktion, Werbevorführung, Verkostung, Tombola).
Wichtige **Werbeträger** sind u.a.: Zeitungen und Zeitschriften, Faltblätter, Fernsehen, Radio.

Werbemittel und Werbeträger treten immer gemeinsam auf, z. B. die Verkostung als Werbemittel und ein Becher als Werbeträger, in dem die zu verkostende Cola enthalten ist.

Jugendliche und Werbung

Jugendliche sind eine bevorzugte Zielgruppe der Werbenden. Gründe dafür sind u.a.:

- besitzen noch keine festen Kaufgewohnheiten,
- verhalten sich unkritischer gegenüber Neuem, da Lebenserfahrungen oft fehlen,
- beeinflussen das Kaufverhalten der Eltern und Freunde,
- unterliegen viel stärker so genannten Gruppenzwängen, da Partnerschaften oft noch gesucht werden
- handeln spontaner und
- praktizieren Markentreue über einen längeren Lebenszeitraum.

Die Online-Medien, hier vor allem das *Internet*, sind die neuesten und besonders von der Jugend genutzten **Werbeträger**. Trotzdem sind die **Werbeeinnahmen** für diesen Werbeträger noch relativ gering.

1998 wurden insgesamt 25,6 Mio. Euro erzielt. Im erstersten Halbjahr 2001 waren es 114,2 Mio Euro. Insgesamt setzte die Werbeindustrie 2001 31,5 Mrd. Euro – 5,1% weniger als 2000 um.

Werbestärkste Branchen in Deutschland 2001
(Bruttomedieninvestitionen in Mio. Euro)

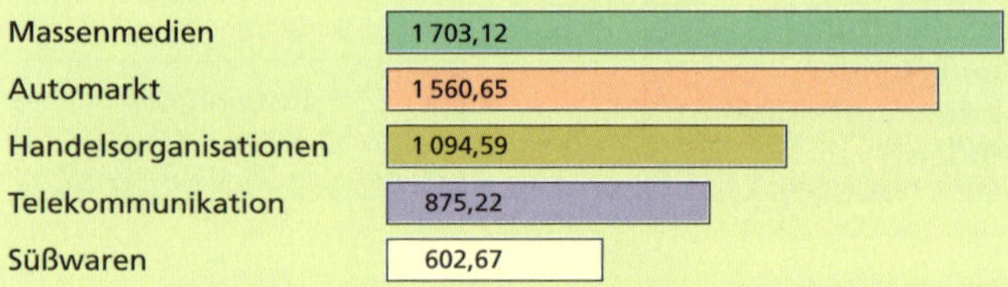

Service und Werbung im Einzelhandel
Das Institut für Handelsforschung Köln untersuchte Werbungs- und Service-Maßnahmen des Einzelhandels. Dabei steht im Einzelhandel die Kundenbindung im Vordergrund.
100 Befragte Einzelhändler haben folgende Rangfolge für die Kundenbindung bestimmt: (Evtl. Auswahl)
Service-und Zusatzleistung = 84
Schulung der Mitarbeiter = 80
Mitarbeitermotivation = 76
Spezielle Behandlung wichtiger Kunden = 62
Beschwerdemanagement = 47
Rabatt- und Bonussystem = 34
Internetservice = 25

Besonders mit Service-Leistungen versuchen die Einzelhändler ihr Kundenpotential zu erweitern. Dazu zählen z.B. Lieferungen frei Haus, die auch an den Wochenenden und in den Abendstunden erfolgen. Diese Leistung wird von Single-Haushalten sehr geschätzt. Der Kontakt zu den Kunden, wie Freundlichkeit und Kompetenz, wird in Mitarbeiterschulungen trainiert.

1.5 Sparen – Geldanlagen – Kredite

1.5.1 Materielle und geistig-kulturelle Bedürfnisse

Wirtschaftliches Handeln wird immer bestimmt durch die Entscheidung zwischen *Handlungsalternativen*.

Bei der Suche nach dem optimalen Verhältnis zwischen den eingesetzten Mitteln und dem gewünschten Zweck spielen **Bedürfnisse** eine entscheidende Rolle.

Es werden unterschieden **Grund-** oder **Existenzbedürfnisse** sowie **Kulturbedürfnisse** und **Luxusbedürfnisse**.

Die Unterscheidung zwischen Grund-, Kultur- und Luxusbedürfnissen ist nicht immer eindeutig. Ein Fernsehapparat war vor 45 Jahren Luxus, heute besitzen mehr als 95 % der Haushalte in der Bundesrepublik Deutschland einen Fernsehapparat.

Bedürfnisse (persönlicher Mangel)

Grundbedürfnisse	**Kulturbedürfnisse**	**Luxusbedürfnisse**
• Nahrung • Wohnung • Kleidung ...	• Bildung • Theaterbesuche • Bücher ...	• Schmuck • Luxuslimousine • Designermode ...

Die Deckung der Bedürfnisse erfordert finanzielle Mittel. Sparen, Geldanlagen, Vermögensbildung und Kredite stellen dabei wesentliche Finanzierungsquellen dar.

Die Summe aller kaufkräftigen Bedürfnisse nennt man **Bedarf**.

Die Menge der menschlichen Bedürfnisse ist unbegrenzt, die des Bedarfs, d.h. die zur Deckung der Bedürfnisse vorhandenen Güter, nicht.

Die Bedürfnisse sind nichts Feststehendes. Sie verändern sich und sind abhängig von bestimmten Faktoren:

Mensch	Umwelt	Zeit
• Alter • Geschlecht • Gesundheit • Beruf • Einkommen • Interessen ...	• Wohnort • Klima • Kulturkreis • wirtschaftliche Lage (Industriestaat, Entwicklungsland) ...	• Mode • gesetzliche Vorschriften • technischer Fortschritt ...

Neben diesen Bedürfnissen, die in der Regel durch Konsum befriedigt werden können, gibt es immaterielle Bedürfnisse. Es sind Bedürfnisse nach Kommunikation, nach Liebe, Vertrauen, Achtung. Sie werden auch soziale Bedürfnisse genannt.

Konsum; ital. consumo = Verbrauch

„Sparen ist die richtige Mitte zwischen Geiz und Verschwendung." THEODOR HEUSS

1.5.2 Spar- und Anlageformen, Vermögensbildung

Sparfähigkeit hängt von der Einkommenshöhe, der Einkommens- und Preisentwicklung ab. Hohe **Zinsen** fördern die Bereitschaft zum Sparen.

Sparmotive sind vom Lebensstandard, vom Vertrauen in die Wirtschaft und von persönlichen Zielvorstellungen abhängig. Der Sparer sollte sich eine finanzielle Mehrelastizität aufbauen.

Dabei werden unterschieden:

1. Zwecksparen: Teile des Einkommens werden zurückgelegt, um sich später etwas leisten zu können, z.B. Auto, Urlaubsreise, Möbel.
2. Vorsorgesparen: Absicherung gegen wirtschaftliche und soziale Notsituationen, z.B. Krankheit, Arbeitslosigkeit, vorzeitige Erwerbsunfähigkeit, Unfälle, Altersversorgung.
3. Vermögensbildung: Mit der Geldanlage wird ein Zinsgewinn erzielt. Zinsen gewähren als zusätzliches Einkommen mehr Sicherheit und Unabhängigkeit.

Zielstellung des Sparens

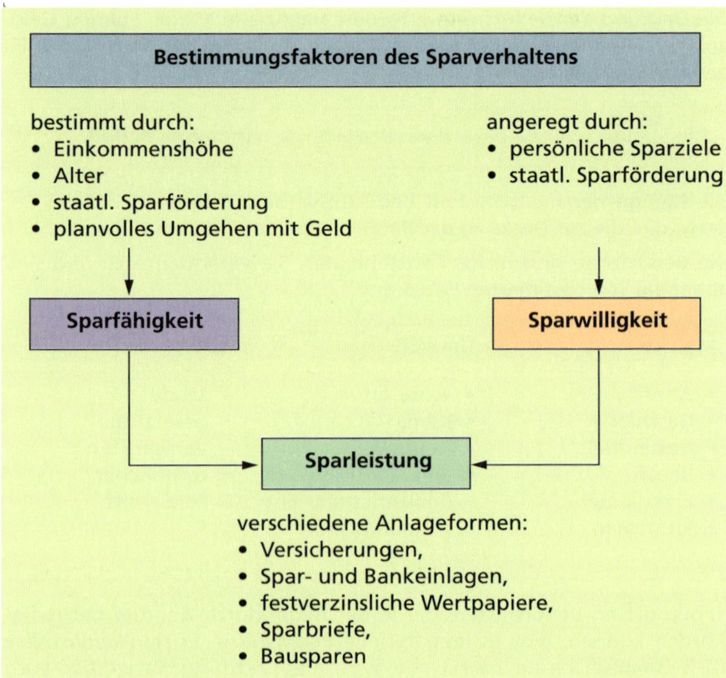

Anlagekriterien

Verfügbarkeit (Liquidität)	Ertrag (Rentabilität)	Sicherheit
Wie schnell kann das Geld für einen gewünschten Zweck bereitgestellt werden? (Kündigungsfristen, Laufzeit der Anlage beachten)	Welchen Ertrag (Rendite, Zinsen) wirft die gewählte Anlageform ab? (Zinssatz, Effektivverzinsung; staatliche Sparzulagen; Börsenkurse;)	Welches Risiko ist mit der gewählten Anlageform verbunden?

Liquidität; lat. liquidus = flüssig gemacht. In der Wirtschaft wird damit die Fähigkeit eines Unternehmens bezeichnet, seine Zahlungsverpflichtungen fristgerecht zu erfüllen.

Arten von Geldanlagen

Die Modelle, die von den Geldinstituten zur Geldanlage angeboten werden, sind vielfältig. Sie lassen sich auf einige Grundmodelle zurückführen.

Weitere Kriterien bei der Wahl der **Geldanlage** sind:
- Kosten bei Vertragsabschluss,
- Kosten bei vorzeitiger Kündigung,
- Einschätzung der wirtschaftlichen Entwicklung,
- Entwicklung der Verbraucherpreise u.a.

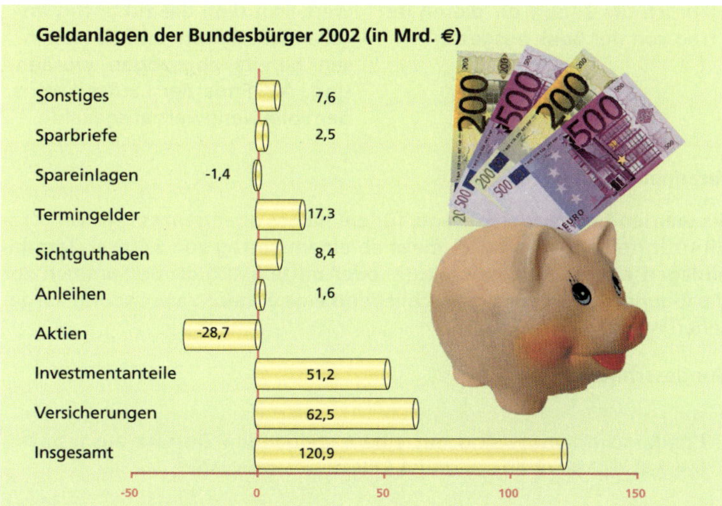

Spareinlagen – Sparkonto

Die am meisten verbreitete Form des Sparens ist die Einzahlung von Geld auf Sparkonten (Sparbuch) bei Banken, Sparkassen und bei der Post.

Spareinlagen sind die Grundlage jeder planvollen **Vermögensbildung.**

Spareinlagen sind:
- Einlagen mit gesetzlicher Kündigungsfrist (normale Spareinlage).
  Sie sind relativ liquide. Es können innerhalb von 30 Tagen bis zu 2 000 € ohne Zinsbelastung abgehoben werden. Zur Sicherheit vor Verlust kann ein Kennwort vereinbart werden.
- Einlagen mit vereinbarter Kündigungsfrist (6 Monate, ein, zwei oder vier Jahre) mit entsprechend höheren Zinsen.
  Wird Geld vor der Kündigungsfrist abgehoben, muss der Sparer Vorschusszinsen zahlen.

Sparbrief

Sparbriefe werden von Banken und Sparkassen ausgegeben. Sie „verbriefen" eine Forderung des Sparers an sein Kreditinstitut. Sparbriefe sind festverzinsliche **Wertpapiere.**

Die Laufzeit beträgt in der Regel 4–5 Jahre. Nach der Art der Verzinsung werden *zwei Typen* unterschieden.

Verzinslicher Sparbrief (Typ V)	Abgezinster Sparbrief (Typ A)
Für diesen Sparbrief zahlt der Sparer den Nennwert und erhält jährlich die Zinsen für diesen Betrag von der Bank ausgezahlt.	Bei diesem Sparbrief berechnet sich der Kaufpreis aus dem Nennwert, von dem die zukünftig anfallenden Zinsen und Zinseszinsen bereits abgezogen worden sind. Am Ende der Laufzeit wird der volle Nennwert ausgezahlt.

Termineinlagen

Sie werden für 30 oder 90 Tage, für ein halbes oder ganzes Jahr von Kreditinstituten angenommen, meist ab einem Betrag von 5 000 €. **Termineinlagen** eignen sich, wenn kurz- oder mittelfristig große Summen zur Verfügung stehen, für die anschließend eine andere Verwendung vorgesehen ist.

Bundesschatzbriefe

Bundesschatzbriefe sind mit einem steigenden Zinssatz ausgestattet, z. B. 2,0 % im ersten und 4,5 % im sechsten Jahr.

- Typ A (Zinsen werden jährlich ausbezahlt.)
- Typ B (Zinsen werden zunächst angesammelt und erst nach Ablauf der Anlagefrist zusammen mit dem Sparbetrag ausbezahlt.)

Bausparen

Ziel ist der Erwerb von Baugrundstücken sowie die Bildung und Modernisierung von Wohnungseigentum.

Der Vertrag wird über eine festgelegte Bausparsumme abgeschlossen. Von dieser Summe müssen in der Regel mindestens 40 % selbst angespart werden. Die Mindestlaufzeit hängt vom gewählten Tarif ab und beträgt mindestens 18 Monate. Bei Fälligkeit wird das angesparte Guthaben einschließlich Zinsen und Prämien ausgezahlt. Der Staat gewährt Prämien oder Steuervergünstigungen für Bausparer.

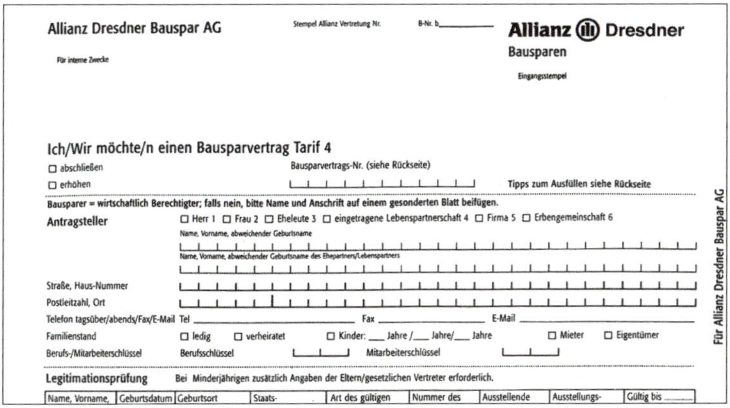
Allianz Dresdner Bauspar AG
Stempel Allianz Vertretung Nr.
B-Nr. b
Allianz Dresdner
Bausparen
Für interne Zwecke
Eingangsstempel

Ich/Wir möchte/n einen Bausparvertrag Tarif 4
☐ abschließen
☐ erhöhen
Bausparvertrags-Nr. (siehe Rückseite)
Tipps zum Ausfüllen siehe Rückseite

Bausparer = wirtschaftlich Berechtigter; falls nein, bitte Name und Anschrift auf einem gesonderten Blatt beifügen.

Antragsteller ☐ Herr 1 ☐ Frau 2 ☐ Eheleute 3 ☐ eingetragene Lebenspartnerschaft 4 ☐ Firma 5 ☐ Erbengemeinschaft 6
Name, Vorname, abweichender Geburtsname
Name, Vorname, abweichender Geburtsname des Ehepartners/Lebenspartners
Straße, Haus-Nummer
Postleitzahl, Ort
Telefon tagsüber/abends/Fax/E-Mail Tel ____ Fax ____ E-Mail ____
Familienstand ☐ ledig ☐ verheiratet ☐ Kinder: ___ Jahre /___ Jahre/___ Jahre ☐ Mieter ☐ Eigentümer
Berufs-/Mitarbeiterschlüssel Berufsschlüssel Mitarbeiterschlüssel

Legitimationsprüfung Bei Minderjährigen zusätzlich Angaben der Eltern/gesetzlichen Vertreter erforderlich.

Name, Vorname,	Geburtsdatum	Geburtsort	Staats-	Art des gültigen	Nummer des	Ausstellende	Ausstellungs-	Gültig bis ____

Für Allianz Dresdner Bauspar AG

Versicherungssparen

Einzahlungen in Lebens-, Ausbildungs- oder Aussteuerversicherungen, wobei die Vertragssumme im Todesfall, spätestens zum vereinbarten Termin einschließlich der Zinsen und Gewinnanteile ausbezahlt wird.

Wertpapiersparen

Mit geringen Geldbeträgen können Wertpapiere in Form von Investmentanteilen erworben werden. Das sind Aktien, Grundstücke oder festverzinsliche Wertpapiere. Wertpapiere haben einen aufgedruckten Nennwert und werden an der **Börse** (↗ 3.5.6) gehandelt. Je nach Konjunkturlage, Gewinnerwartung sowie Angebot und Nachfrage ergibt sich an der Börse ein vom Nennwert abweichender Kurswert.

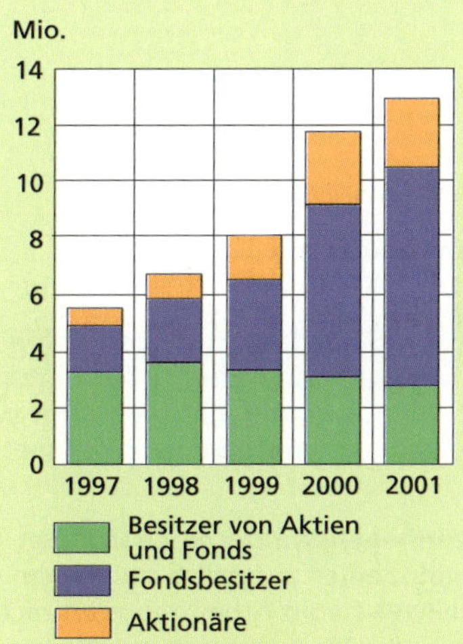

Quelle: Deutsches Aktieninstitut

Festverzinsliche Wertpapiere werden vom Staat (öffentliche Anleihen, Kommunalobligationen), von bestimmten Kreditinstituten (Pfandbriefe) oder Industrieunternehmungen (Industrieobligationen) ausgegeben.

Obligationen; lat. obligo = Verpflichtung, Gewähr (für etwas übernehmen).

Wertpapiere	
festverzinslich	**freiverzinslich**
= Gläubigerpapiere • Schuldverschreibungen (Hypothekenpfandbriefe, öffentliche Pfandbriefe u.a.), Industrieobligationen u.a.	= Teilhaberpapiere • Aktien, Investmentfonds
• Anspruch auf regelmäßige Zinszahlung (in gleichbleibender Höhe = festverzinslich) unabhängig von der Ertragskraft.	• Anspruch auf Gewinnanteil (= Dividende) je nach Wirtschaftslage des Unternehmens.
• Anspruch auf Rückzahlung gemäß Anleihebedingungen (in der Regel zum Nennwert). Vorheriger Verkauf an der Börse zum Kurswert möglich.	• Keine Rückgabemöglichkeit an die Firma, höchstens Verkauf an der Börse zum momentan gültigen Kurswert.
• Käufer wird Gläubiger des Unternehmens. Das dem Unternehmen zufließende Geld stellt Fremdkapital dar.	• Käufer wird Miteigentümer des Unternehmens. Das dem Unternehmen zufließende Geld stellt Eigenkapital dar.
	• Aus dem Mitgliedschaftsrecht ergibt sich ein Stimmrecht in der Hauptversammlung und ein Bezugsrecht bei der Ausgabe neuer Aktien.

Sparförderung

Der Staat fördert *längerfristige Geldanlagen* (vermögenswirksames Sparen) durch direkte Zuwendungen (Sparzulagen, Prämien, Steuervergünstigungen). Begünstigt werden vor allem Sparer mit niedrigem oder mittlerem Einkommen.

Vermögenswirksame Leistungen (VL) sind Geldleistungen, die der Arbeitnehmer zusätzlich zu seinem Gehalt erhält. Sie werden ganz oder teilweise vom Arbeitgeber erbracht und nur gezahlt, wenn ein entsprechender VL-Vertrag abgeschlossen wurde. Für die Anlage von VL gibt es folgende Möglichkeiten:
- Bausparvertrag
- Wertpapiersparen
- Versicherungssparen
- Banksparpläne

Arbeitnehmer mit einem Einkommen von bis zu 17 900 € jährlich können eine staatliche Arbeitnehmersparzulage von bis zu 48 € erhalten.

VL werden einkommensabhängig staatlich gefördert. Es handelt sich um die **Arbeitnehmersparzulage.**

1.5.3 Kredite, Darlehen, Hypotheken, Dispo-Kredit

Im *Kreditgeschäft* übergibt der Kreditgeber (Gläubiger) dem Kreditnehmer (Schuldner) befristet Geld unter der Voraussetzung, dass das Empfangene in der Zukunft mit Zinsen zurückerstattet werden muss.

Kredit; ital. credito = auf Treu und Glauben Anvertrautes

Eine *Kreditaufnahme* durch Personen wird notwendig bei vorübergehenden Zahlungsschwierigkeiten bzw. wenn geplante Anschaffungen vorgezogen oder günstige Angebote ausgenützt werden sollen.

Voraussetzung ist die volle **Geschäftsfähigkeit** des Kreditnehmers und bei Minderjährigen die Zustimmung des gesetzlichen Vertreters. Der **Kreditvertrag** ist eine Form des **Darlehensvertrages**. Es gelten die §§ 607 ff. des Bürgerlichen Gesetzbuches.

Kreditarten werden unterschieden nach:
- Kreditnehmer,
- Laufzeit
- Höhe und Verwendung,
- Sicherheiten u.a.

Im privaten Bereich werden Kredite zu Konsumzwecken aufgenommen. Statt für eine größere Anschaffung (z.B. Auto, Haushaltsgräte oder Wohnungseinrichtung) vorher das benötigte Geld anzusparen, wird ein Kredit aufgenommen. Er wird am Ende der Laufzeit in *einem* Betrag oder während der Laufzeit in **Raten** zurückgezahlt. Oft ist nur eine geringe Anzahlung zu erbringen.

Der Vorteil der **Kreditfinanzierung** besteht darin, dass der gekaufte Gegenstand *sofort* genutzt werden kann.

Für Arbeitnehmer und Verbraucher sind folgende Kreditarten die häufigsten:

Dispositionskredit (Dispo-Kredit)

Es wird mehr Geld benötigt als sich gerade auf dem **Giro-Konto** befindet. Um die anstehenden Zahlungen tätigen zu können, muss ein Dispositionskredit in Anspruch genommen werden.

Das Kreditinstitut erlaubt dem Inhaber eines Girokontos sein Konto bei Bedarf zu überziehen.

Vorteile für den Bankkunden:
- Es ist kein formeller Kreditantrag zu stellen.
- Besondere Sicherheiten werden nicht verlangt.
- Der Kredit wird nur nach Bedarf kurzfristig in Anspruch genommen.
- Zinsen fallen nur für den Zeitraum der Überziehung (Berechnung nach Tagen) und nur in Höhe des Überziehungsbetrages an.
- Mit der nächsten Einzahlung (z.B. Gehalt, Rente, BAföG) wird die Kreditsumme ganz oder teilweise getilgt.

Ratenkredite werden auch häufig als kurzfristige Kredite von Versandhäusern, über home-shopping, Teleshopping angeboten.

- Eine Gebühr fällt nur an, wenn das Kreditlimit (= Höhe des eingeräumten Kredits) überschritten wird.

Ratenkredit (Anschaffungskredit)

Dieser Kredit, auch Anschaffungsdarlehen genannt, dient vorrangig der Finanzierung *langlebiger Konsumgüter* mit hohem Gebrauchswert, z. B. Autos und Möbel.

- Die Laufzeit beträgt zwischen 6 und 72 Monaten und die Kredithöhe bis zu 25 000 Euro.
- Der Zinssatz bleibt über die gesamte Laufzeit konstant.
- Die Kreditsumme wird bar ausbezahlt oder dem Girokonto des Kreditnehmers gutgeschrieben.
- Die Zinszahlung und Rückzahlung (Tilgung des Darlehens) erfolgt in gleichbleibenden Monatsraten.

Hypothekendarlehen

Für die Finanzierung eines Hauses oder einer Eigentumswohnung werden von den Banken und Bausparkassen langfristige Kredite gegeben. Diese Kredite oder Darlehen werden durch eine Hypothek abgesichert.

> Als **Hypothek** wird die Belastung eines unbebauten oder bebauten Grundstückes mit einem Pfandrecht zur Sicherung einer Geldforderung bezeichnet.

Grundbuch: öffentliches Register, in das alle Grundstücke und deren Rechtsverhältnisse aufgenommen werden.
Disagio; ital. Abschlag, Differenz zwischen dem Nennwert und dem niedrigeren Ausgabewert vor allem bei Wertpapieren.
Damnum; lat. Verlust, Schaden; Differenz zwischen höherem Nennbetrag und niedrigerer Auszahlungssumme eines Darlehens, v. a. Hypothekendarlehen.
Schufa: Schutzgemeinschaft für allgemeine Kreditsicherheit e.V.; 1927 von den Kreditinstituten als Informationsdatenbank gegründet.

Der Kreditgeber sichert sich das Recht, das Grundstück versteigern zu lassen, wenn das Darlehen nicht vertragsgerecht zurückgezahlt wird. Die Hypothek wird in das **Grundbuch** eingetragen, welches von den Amtsgerichten geführt wird. Das Darlehen wird nicht zu 100 % ausgezahlt, sondern meist ein Abschlag (Disagio/Damnum) als Gebühr einbehalten.

Kreditsicherung

Das Kreditinstitut prüft vor Abschluss des Vertrags, ob der Kreditnehmer persönlich und sachlich in der Lage ist, den Vertrag ordnungsgemäß zu erfüllen. Dazu gehören:
- persönliche Zuverlässigkeit,
- feste Beschäftigung mit regelmäßigem Einkommen,
- Vorlage von Sicherheiten.

Auskünfte über die Kreditwürdigkeit erteilt auch die Schutzgemeinschaft für allgemeine Kreditsicherung **(Schufa).**

Lohn- und Gehaltsabtretung

Der Kreditnehmer verpflichtet sich, Teile seines Arbeitseinkommens oder seiner Sozialleistungsansprüche an das Kreditinstitut abzutreten. Der Arbeitgeber wird nur dann informiert, wenn der Kreditnehmer seinen Zahlungsverpflichtungen nicht vertragsgemäß nachkommt.

Sicherungsübereignung

Der Kreditnehmer überträgt dem Kreditinstitut vertraglich das Eigentum an der gekauften Sache, behält sie aber in seinem Besitz. Er darf sie auch nutzen (z. B. Auto-Kfz-Brief verbleibt beim Kreditgeber).

Bürgschaft

Bei der **Bürgschaft** haften weitere Personen (z. B. Ehegatte, Eltern oder Freund) für die Rückzahlung des Kredits, wenn der Schuldner seinen Verpflichtungen nicht vertragsgemäß nachkommt.
- Bei der *Ausfallbürgschaft* haftet der Bürge *nach* dem Schuldner, d. h., er haftet nur für den Teil der Schuld, der beim Hauptschuldner nicht eingetrieben werden kann.
- Bei der *selbstschuldnerischen* Bürgschaft haftet der Bürge *neben* dem Schuldner. Der Gläubiger kann die Zahlung von ihm verlangen ohne dass er sich zuvor an den Hauptschuldner halten muss.

1.5.4 Kreditvertrag und Kreditrisiken

Bei Abschluss eines Kreditvertrages gelten seit 1991 die Regelungen des Verbraucherkreditgesetzes:
- schriftlicher Abschluss des Kreditvertrages,
- Widerrufmöglichkeit innerhalb einer Woche,
- alle wesentlichen Angaben für den Kreditnehmer (Zins, Nebenkosten, Sicherheiten) müssen im Vertrag enthalten sein,
- Zinserhöhungen bei Dispo-Krediten müssen schriftlich mitgeteilt werden,
- Nebenentgelte und Vorabgebühren für Kreditvermittler sind unzulässig,
- bei von Banken finanzierten Ratenkäufen hat der Kreditnehmer das Recht, Raten zurückzubehalten, wenn bei mangelhafter Ware der Kaufpreis gesenkt werden soll.

Zusätzliche Absicherung bietet der Abschluss einer **Restkreditversicherung** bei Aufnahme eines Kredites. Dieser Vertrag übernimmt die Kredittilgung bei den genannten Ursachen.

Bei der Inanspruchnahme eines Kredits sind die Kreditrisiken zu beachten, um eine Überschuldung des Haushaltes zu vermeiden. (↗ 1.3.2)

Zum 01. 01. 2003 wurde das Verbraucherkreditgesetz aufgehoben. Wesentliche Vorschriften wurden ins Bürgerliche Gesetzbuch (BGB) überführt.

Vor Kreditabschluss beachten:	Ursachen der Verschuldung:	Hilfe bei Überschuldung:
• das Einkommen, • die Lebensgewohnheiten, • die weiteren Verpflichtungen (Miete, Versicherung usw.), • die Sicherheit des Arbeitsplatzes, • Ausgaben, die in diesem Zeitraum zusätzlich entstehen (z.B. Ausbildung der Kinder), • ...	• schwere Krankheit, • Unfall, • Berufsunfähigkeit oder • Tod, • ...	• Beratung mit dem Kreditgeber, • die Verbraucherberatung bzw. • die Schuldnerberatungsstellen, • ...

Kreditangebot von 10 000 €, Zinssatz 0,3 % p.m., Bearbeitungsgebühr 2 %, Laufzeit 48 Monate.
Ermittlung der Kosten in €
(0,3 pro Monat x 48 Monate x 10 000 €) : 100 = 1440,– €
zuzüglich Bearbeitungsgebühr
(2 x 10000) : 100 = 200,– €
Gesamtkosten = 1640,– €
Der *zurückzuzahlende Gesamtbetrag* = 11 640 €.
Die *monatliche Rate* beträgt 242,50 €, davon 208,33 € Tilgung und 34,17 € Zinsen.

1.5.5 Auswirkungen des Euro auf den privaten Haushalt

- 1957 Gründungsvertrag der Europäischen Wirtschaftsgemeinschaft
- 1968 Aufhebung aller Binnenzölle
- 1985 Einigung aller Mitgliedsstaaten, bis 1992 einen gemeinsamen Binnenmarkt zu schaffen.

Mit dem **Gemeinsamen Markt** werden gemeinsame Regeln und Bedingungen festgelegt, d.h., sowohl für die Verbraucher als auch für die Unternehmen gelten gleiche Rechte, Chancen und Pflichten.

Binnenmarkt

Mit der Schaffung des europäischen Binnenmarktes werden die Voraussetzungen für eine weitgehende Verschmelzung der Volkswirtschaften geschaffen.

Es geht um die Beseitigung aller Hindernisse, die dem freien Warenverkehr zwischen den EU-Ländern im Wege stehen.

Beseitigung materieller Hindernisse:
- Wegfall von Grenzkontrollen für Personen und Güter,
- Harmonisierung der Einreise-, Asyl-, Waffen- und Drogengesetze,
- Niederlassungs- und Beschäftigungsfreiheit für alle EU-Bürger in allen Mitgliedsländern,

– Anerkennung von Ausbildungs- und Berufsabschlüssen.

Beseitigung technischer Hindernisse:
- Anpassung von Produktionsvorschriften und Normen,
- Angleichung von Sicherheit-, Gesundheits-, Umwelt- und Verbraucherschutzbestimmungen,
- einheitliche Lebensmittelgesetzgebung bei Zusatz- und Konservierungsstoffen sowie bei Verpackung und Etikettierung.

Beseitigung steuerlicher Hindernisse:
- einheitlicher Prozentsatz für die Mehrwertsteuer (z.Z. von 0 % für Nahrungsmittel in Großbritannien bis 38 % für Luxusgüter in Italien),
- Vereinheitlichung der Verbrauchssteuer für Tabak, Alkohol usw.
- Freizügigkeit im Geld- und Kapitalverkehr,
- Entwicklung des Europäischen Währungssystems.

Beseitigung finanzieller Hemmnisse/Eurogeld

Geld und Wertpapiere dürfen hin- und her bewegt werden, z.B. von Deutschland nach Luxemburg. Der Wettbewerb um das knappe Kapital kann sich frei entfalten, Investoren können ihr Geld überall in den Staaten der EU anlegen. Private Anleger können sich europaweit ohne Schwierigkeiten Immobilien kaufen, z.B. ein Wochenendhaus in Spanien oder ein Ferienhaus in Dänemark.

Kosten für eine Arbeitsstunde in Staaten der EU (Auswahl)

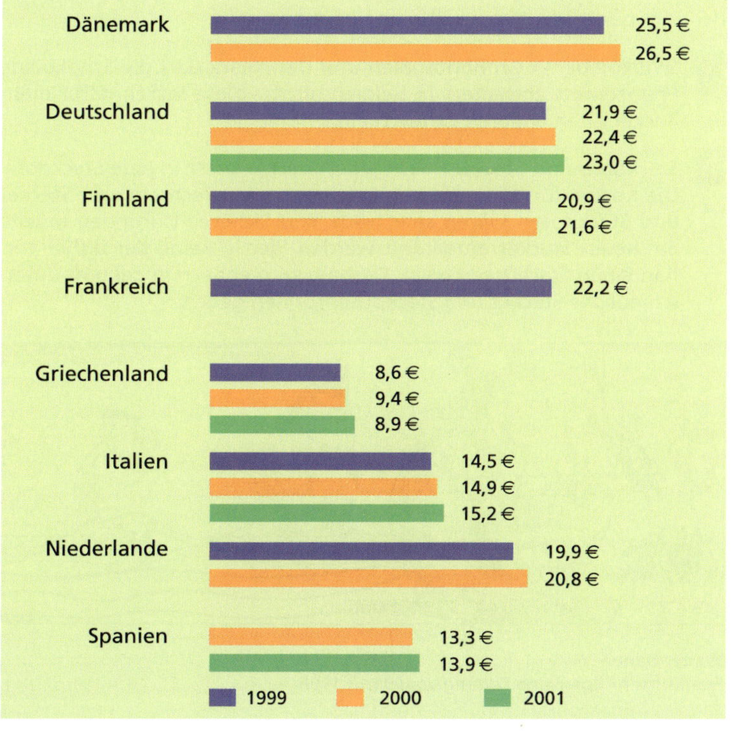

Trotz des Zusammenwachsens der europäischen Staaten war das Bezahlen bei Käufen im Ausland umständlich. Der Käufer musste sein eigenes Geld in Geld der Landeswährung umtauschen. Das kostet neben der Zeit auch noch Gebühren für den Umtausch.

Ein **Preis- und Kostenvergleich** wurde erschwert.

Mit dem Vorhaben, überall in Europa mit dem gleichen Geld bezahlen zu können, ist das erheblich einfacher (vgl. Tab. S. 53).

Erst durch die einheitliche Währung kann sich der gemeinsame Markt entfalten.

Freier Personenverkehr

Jeder Bürger kann sich innerhalb der Union frei bewegen. Er ist gleichzeitig Unionsbürger. Er kann in jedem Unionsland arbeiten und wohnen.

Jedes Unternehmen kann sich dort niederlassen, wo die besten Chancen bestehen.

Freier Austausch von Dienstleistungen

Zu den Dienstleistungen gehört auch das Erbringen von Transportleistungen (z.B. Spedition), das Gewähren von Versicherungsschutz oder die Abwicklung von Geldgeschäften.

Hemmnisse und ihre Wirkung

Da es in den EU-Staaten sehr unterschiedliche Bestimmungen gibt, die sich über Jahrhunderte entwickelt haben, müssen diese geändert, einander angepasst oder gegenseitig anerkannt werden.

Das im Juni 1985 durch die EU-Kommission ausgearbeitete **Weißbuch** zählt 279 Einzelregelungen auf, um das notwendige Maß an Gemeinsamkeiten zu schaffen. Insgesamt sind über 300 neue Gesetze erforderlich, um diese Hindernisse abzubauen.

Schokolade: In Großbritannien und Dänemark darf die Schokolade Pflanzenfett enthalten, in Belgien nicht – diese setzen dafür mehr Zucker als in anderen Ländern ein.

Steckdose und Stecker: Nicht jeder Stecker passt in jede Steckdose. Die Kosten für die Angleichung bzw. das Auswechseln aller Stecker und Steckdosen wären sehr hoch. Aus Sicherheitsgründen müsste ein neuer Stecker entwickelt werden, der in keine der bisher vorhandenen Steckdosen passt. Deshalb wird es auch in Zukunft unterschiedliche Stecker und Steckdosenformen geben.

Walter Hanel
Frankfurter Allgemeine Zeitung vom 31.12.1996

1.6 Vertragsrecht im privaten Haushalt

1.6.1 Privatrecht

Im privaten Haushalt regelt das **Privatrecht** die Rechtsbeziehungen der Personen untereinander.

Das Privatrecht gewährt Handlungsspielräume. Es ist größtenteils nachgiebiges Recht.

Das **Privatrecht** umfasst u.a.:
- Teile des Bürgerlichen Rechts,
- Familienrecht,
- Erbrecht,
- Handelsrecht,
- Teile des Arbeitsrechts,
- Urheberrecht.

Willenserklärungen, die bestimmte Rechtsfolgen nach sich ziehen, sind **Rechtsgeschäfte**.

Es werden einseitige und zwei- oder mehrseitige Rechtsgeschäfte unterschieden.

Ein zwei- und mehrseitiges **Rechtsgeschäft** ist ein **Vertrag.**

Mehrseitige Rechtsgeschäfte (Verträge)	Einseitige Rechtsgeschäfte
Willenserklärungen von mindestens zwei Personen • Kaufvertrag • Mietvertrag • Ausbildungsvertrag • Arbeitsvertrag	**Willenserklärung von einer Person** • Kündigung • Mahnung • Schenkung • Testament

Alle **Verträge** kommen durch schriftliche oder mündliche Übereinkunft zweier oder mehrerer Personen zustande.

Nach der Gültigkeit werden Rechtsgeschäfte unterschieden in:
- die Nichtigkeit der Rechtsgeschäfte und
- die Anfechtbarkeit der Rechtsgeschäfte.

Gründe für die Nichtigkeit	Gründe für die Anfechtbarkeit
• die Person(en) ist (sind) geschäftsunfähig • gesetzlich verbotene Handlungen • Verstoß gegen die guten Sitten • Missachtung der gesetzlichen Formvorschriften • ...	• Inhaltsirrtum • arglistige Täuschung • widerrechtliche Drohung • Erklärungsirrtum • ...

Beschränkt geschäftsfähig heißt, es ist möglich, Rechtsgeschäfte abzuschließen, die einen rechtlichen Vorteil bringen (z.B. Schenkungsannahme), Geschäfte, die mit dem Taschengeld abgeschlossen werden. (Siehe §110 **„Taschengeldparagraph“** im BGB.)

Die **Geschäftsfähigkeit** zum Abschluss von Rechtsgeschäften hängt vom Alter der Personen ab.

Geschäftsfähigkeit		
Minderjährigkeit		**Volljährigkeit**
Geburt	Vollendung des 7. Lebensjahres	Vollendung des 18. Lebensjahres
geschäftsunfähig	beschränkt geschäftsfähig	voll geschäftsfähig

1.6.2 Kaufvertrag

Folgende Punkte enthält ein schriftlicher **Kaufvertrag:**
- Art, Güte und Beschaffenheit der Ware
- Menge
- Preis
- Zahlungsbedingungen
- Lieferbedingungen
- Erfüllungsort
- Gerichtsstand
- Allgemeine Geschäftsbedingungen

Der **Kaufvertrag** ist der bedeutendste Vertrag unter den zwei- und mehrseitigen Rechtsgeschäften. Verkäufer und Käufer streben eine höchstmögliche Bedürfnisbefriedigung an.

Wie alle Verträge kommt auch der Kaufvertrag durch *Antrag* und *Annahme* zustande.

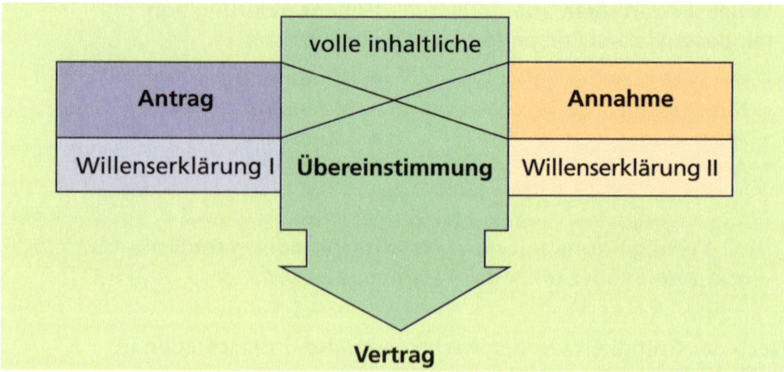

Für den Käufer und den Verkäufer entstehen aus dem Vertrag *Rechte* und *Pflichten*.

Pflichten und Rechte der Käufer und Verkäufer

Käufer	**Verkäufer**
Pflichten	
• Abnahme der Ware • Bezahlung des Kaufpreises	• Übergabe der fehlerfreien Ware • Übereignung der Ware, sodass Käufer Eigentümer wird.

Rechte	
• Erhalt der Ware im zugesicherten Zustand • Erhalt der Ware zum vereinbarten Termin	• Erhalt des Kaufpreises • Abnahme der Ware

Die übereinstimmenden Willenserklärungen zwischen Verkäufer und Käufer ergeben das **Verpflichtungsgeschäft**.

Erfolgen Lieferung und Bezahlung sowie Annahme von Ware und Geld, so wird dieser Teil des Rechtsgeschäftes **Erfüllungsgeschäft** genannt.

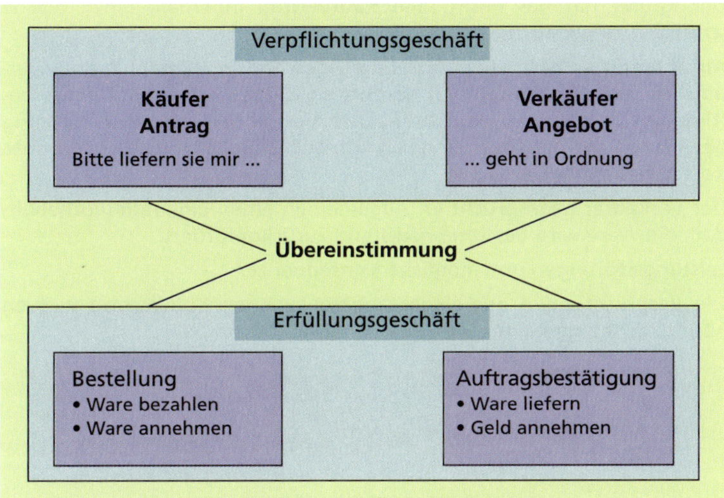

Kaufarten

Kauf auf **Probe:** Bestandteil des Versandhausgeschäftes. Entsprechend dem Katalog wird eine Ware „zur Ansicht“ bestellt, die bei Nichtgefallen unbezahlt zurückgeschickt werden kann.

Kauf nach **Probe/Muster:** Ebenfalls Bestandteil des Versandhausgeschäftes.
Entspricht die gesandte Ware nicht dem im Katalog angegebenen Muster, der Farbe und der Qualität, kann sie unbezahlt zurückgesandt werden.

Versandhausgeschäft: Die Ware wird anhand eines Katalogs ausgewählt und telefonisch, online oder schriftlich bestellt.
Die Art der Bezahlung kann der Käufer weitgehend selbst bestimmen. Der Käufer hat uneingeschränktes Rückgaberecht.

Häufige Zahlungsarten im Versandhandel:
- Kauf auf Rechnung
- Nachnahme bei Lieferung
- (Bankeinzug)

Zahlungsweise:

☐ innerhalb von 30 Tagen

☐ per Nachnahme

☐ in 2–12 Monatsraten

Vorteile für den Kunden sind die Lieferung per Haus und eine gewisse Zeiteinsparung.

Nachteile des Versandhandels sind mitunter die Wartezeit zwischen Bestellung und Lieferung und das nicht in Augenschein nehmen können der Ware.

Kauf auf **Abruf:** Der Käufer bestimmt den Liefertermin zu einem späteren Zeitpunkt.

Fixkauf: Käufer vereinbart vertraglich den exakten Liefertermin (Lieferung bis 13. Februar „fix"). Der Vertrag wird hinfällig, wenn die Fixklausel nicht eingehalten wird. Der Käufer kann Schadenersatz fordern.

Haustürgeschäfte liegen vor, wenn der Vertrag durch Werber
- in der privaten Wohnung (an der Haustür),
- am Arbeitsplatz,
- auf der Straße bzw. in öffentlichen Verkehrsmitteln,
- bei Veranstaltungen (z.B. Kaffeefahrten) zustande kommt.

Der Käufer hat das Recht, den Kaufvertrag innerhalb einer Woche schriftlich zu widerrufen.

Der **Ratenkaufvertrag** enthält:
- Barzahlungspreis
- Teilzahlungspreis
- effektiver Jahreszins
- Höhe, Anzahl und Fälligkeit der Raten
- Kreditsicherung
- Abschlussdatum
- Unterschriften

Abzahlungsgeschäft: Bei Abzahlungsgeschäften (Ratenkäufen) verpflichtet sich der Käufer, den Kaufpreis in Teilbeträgen über einen bestimmten Zeitraum zu entrichten. Dem Vorteil der sofortigen Nutzung der Ware steht der Nachteil der langfristigen Belastung sowie erhöhte Kosten gegenüber. (↗ 1.5.4)

Der Verkäufer beansprucht im Allgemeinen einen Eigentumsvorbehalt, d.h., die Ware wird bei Ratenrückstand zurückgefordert.

Leistungsstörungen und mögliche Konsequenzen

Die Verpflichtungen aus einem abgeschlossenen Kaufvertrag werden häufig nicht eingehalten.

Rechtsvorschriften im BGB zu folgenden **Kaufvertragsstörungen** (Auswahl):
- Mangelhafte Lieferung (§§ 459 ff),
- Lieferungsverzug (§§ 284 ff),
- Annahmeverzug (§§ 193 ff, 373 ff; 379 HGB) und
- Zahlungsverzug (§§ 279, 288).

Kaufvertragsstörungen können von beiden Parteien des Kaufvertrages verursacht werden.

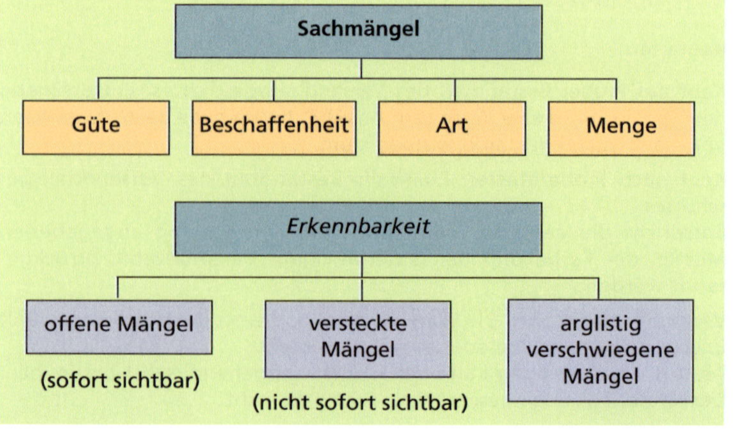

Verkäufer: – er liefert mangelhafte Ware (*mangelhafte Warenlieferung*)

– er liefert zu spät (*Lieferverzug*)

Käufer: – er nimmt die Ware zur vereinbarten Zeit am vereinbarten Ort nicht an (*Annahmeverzug*)

– er zahlt nicht rechtzeitig (*Zahlungsverzug*)

Der jeweils Geschädigte kann seine Rechte nach **Rechtsvorschriften** geltend machen.

Allgemeine Geschäftsbedingungen

Allgemeine Geschäftsbedingungen (AGB) sind die vorformulierten Bedingungen, die eine Vertragspartei der anderen bei Abschluss eines Vertrages stellt.

Allgemeine Geschäftbedingungen sind in der Regel das berühmt-berüchtigte „Kleingedruckte".

Der Kunde hat keinen Einfluss auf die Gestaltung der AGB. Meist wird er durch die Klauseln schlechter gestellt als nach den gesetzlichen Bestimmungen. Allerdings müssen die AGB den Anforderungen des AGB-Gesetzes entsprechen.

Wer einen Vertrag abschließt, sollte sich unbedingt genau über die AGB des Vertragspartners informieren. „Überraschungsklauseln", wie jeglicher Ausschluss der Haftung von Mängeln, dürfen nicht in den AGB enthalten sein.

Verbraucherschutz

Dem *Verbraucher* steht ein *breites Angebot* zur Verfügung:

- *Entscheidungshilfen* (besonders bei größeren Anschaffungen)
- *Rechtsbelehrungen, Rechtshilfen* (zur Wahrung seiner Rechte als Verbraucher)

Unterstützt werden diese *Hilfen* durch:

- den *„Bundesverband der Verbraucherzentralen und Verbraucherverbände"*
- die **Stiftung Warentest**
- die *regionalen* Verbraucherberatungen.

1.6.3 Überlassungsverträge

Werden Sachen zeitweise oder endgültig von einer Person auf eine andere übertragen, so nennt man diese Handlung **Überlassung.** Das sich daraus ergebende Rechtsgeschäft heißt **Überlassungsvertrag.**

Der Überlassungsvertrag regelt die entgeltliche oder unentgeltliche Überlassung beweglicher bzw. unbeweglicher Sachen zum Gebrauch.

Überlassungsverträge

- Darlehensvertrag
- Pachtvertrag
- Mietvertrag
- Leihvertrag

Darlehensvertrag (BGB §§ 607–610)

In einem **Darlehensvertrag** wird die entgeltliche oder unentgeltliche Überlassung von Geld oder anderen vertretbaren Sachen zum Verbrauch gegen Rückerstattung geregelt.

Da die Sache verbraucht ist, kann im Gegensatz zur Leihe nicht dieselbe Sache zurückgegeben werden, sondern *Sachen von gleicher Art, Güte und Menge*.

Entgeltliches Darlehen:
Schlosser Huber nimmt ein **Darlehen** (Kredit) der Sparkasse auf. Den Wert des Geldes muss er gegen Zahlung eines vereinbarten Zinses in vorgegebener Zeit zurückbezahlen.

Unentgeltliches Darlehen:
Paul will am Feierabend einen Ölwechsel an seinem Auto vornehmen. Da alle Geschäfte schon geschlossen haben, leiht er sich bei seinem Freund Stefan 4 l hochwertiges Motorenöl.
Paul muss Stefan gleichwertiges Öl in gleicher Menge zurückgeben.

Pachtvertrag (BGB §§ 581–597)

Der **Pachtvertrag** regelt zwischen Pächter und Verpächter die Überlassung von Sachen zum Gebrauch mit dem Recht auf Erwirtschaftung von **Ertrag** mit dieser Sache. Der zu entrichtende **Pachtzins** schließt für den Pächter auch Fruchtgenuss mit ein, d.h., Erträge aus dem gepachteten Gegenstand (z.B. Ernten, bei Jagdrecht Wild).

Der Pachtvertrag beinhaltet die entgeltliche Überlassung einer Sache. Auf die Pacht finden die meisten Gesetze der Miete Anwendung mit Ausnahme des *Fruchtgenusses*.

Mietvertrag (BGB §§ 535–580)

Ein **Mietvertrag** wird zwischen dem Vermieter und dem Mieter schriftlich abgeschlossen. Ein Mietvertrag kann
- bewegliche Sachen (z.B. Maschinen, Fahrzeuge) und/oder
- unbewegliche Sachen (z.B. Wohnräume, Grundstücke) zum Inhalt haben.

Mietvertrag
zwischen der.................................
und Frau ....
Wohnung: Weststraße 2
12487 Berlin
Wohnungsgröße: 55 m^2
Ausstattung: Küche, Bad, Diele, Abstellkammer
Fernwärmeheizung
Elektroherd
monatlicher Mietpreis: 450,– €

Für die Gestaltung des Mietvertrages herrscht wie für die anderen Verträge **Formfreiheit**.

Sowohl Mieter als auch Vermieter gehen Verpflichtungen ein:

Pflichten des Mieters	Pflichten des Vermieters
• **Mietzahlungspflicht** Er muss zum vereinbarten Termin den Mietzins entrichten.	• **Gebrauchsüberlassung** Er muss dem Mieter den ungestörten Gebrauch der Mietsache überlassen und in vertragsgemäßem Zustand halten.
• **Fürsorgepflicht** Er muss den Vermieter über aufgetretene Mängel unterrichten.	• **Erhaltungspflicht** Bei Auftreten von Mängeln muss der Vermieter die Beseitigung veranlassen.
• **Duldungspflicht** Er muss Vermieter und Handwerker den Zugang zur Wohnung (Mängelbeseitigung, Besichtigung) ermöglichen.	• **Fürsorgepflicht** Er muss den Mieter über evtl. Gefahren oder Beeinträchtigungen, z.B. durch Baumaßnahmen, informieren.

Bestimmungen des **Mieterschutzes:**
- Mieter besitzen einen Kündigungsschutz (abhängig von Mietdauer und persönlichen Bedingungen).
- Mieter haben einen Schutz vor überhöhten Mietpreisforderungen.

Informationen über **Mietrecht:**
- Verbraucherberatungsstellen
- Gemeinde- oder stadtverwaltung
- Mietbund

Leasingvertrag (BGB §§ 598 ff.)

Ein spezielles Mietverfahren langlebiger Wirtschaftsgüter wird als **Leasing** bezeichnet.

Der **Leasingvertrag** ist eine besondere Form des Mietvertrages. Der Leasing-Geber muss ein Gewerbetreibender sein, der Leasing-Nehmer kann sowohl Unternehmer als auch Privatperson sein.

Der *Vertragsabschluss* erfolgt meistens über *Leasinggesellschaften*. Diese sind zwischen dem Leasing-Nehmer und der Produktionsfirma. (↗ 2.4.5)

leasing; engl. „das Mieten", „das Pachten".

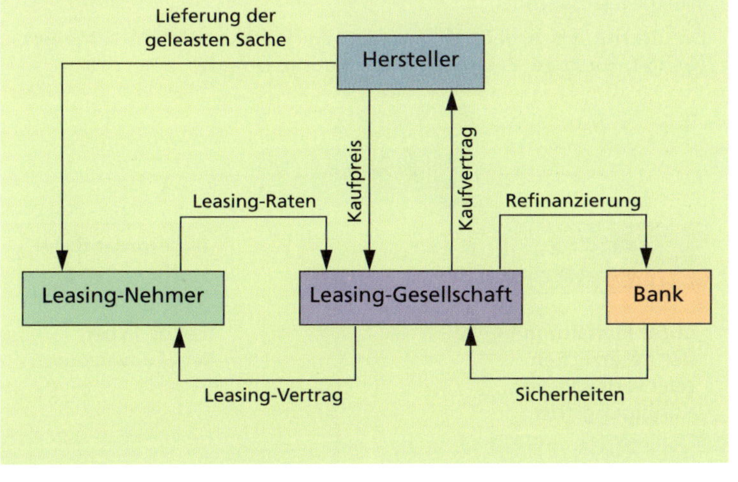

Leihvertrag (BGB §§ 598–605)

> Der **Leihvertrag** regelt die unentgeltliche Überlassung einer beweglichen Sache zum Gebrauch für eine bestimmte Zeit mit Rück- bzw. Freigabe derselben Gegenstände (z.B. Leihverpackung).

1.6.4 Arbeitsvertrag (Dienstvertrag)

Der Arbeitsvertrag begründet das rechtliche Verhältnis zwischen Arbeitgeber und Arbeitnehmer.

> Der **Arbeitsvertrag** ist ein *privatrechtlicher Vertrag* zwischen Arbeitgeber und Arbeitnehmer.

Arbeitnehmer: Personen, die sich verpflichten, Arbeit zu leisten. Sie werden unterschieden in:
- Angestellte (Personen, die kaufmännische, büromäßige oder sonstige vorwiegend geistige Arbeit leisten);
- Arbeiter (Personen, die nicht Angestellte sind, also nicht nur Personen, die überwiegend körperliche Arbeit leisten, sondern auch Kellner, Büroboten, Straßenbahner u.a.)

Arbeitgeber: jede Person, die eine andere Person beschäftigt und diese durch Arbeit abhängig macht.

Er hat sich aus dem Dienstvertrag des BGB entwickelt.

Vor dem Abschluss des Arbeitsvertrages sind zwischen Arbeitgeber und Arbeitnehmer folgende Punkte zu klären:
- Vergütung;
- Urlaubsgeld, dreizehntes Monatsgehalt, Weihnachtsgeld;
- Urlaubsdauer;
- tägliche und wöchentliche Arbeitszeit;
- genau beschriebenes Arbeits- und Aufgabengebiet;
- Unterstellungsverhältnisse, Eingliederung in die vorhandene Betriebsorganisation;
- Kündigungsfristen.

Mit jedem Arbeitsvertrag ergeben sich für die Arbeitgeber und die Arbeitnehmer *Pflichten* und *Rechte*.

> Die **Pflichten** des Arbeitnehmers sind die Rechte des Arbeitgebers (Dienstleistungen, Verschwiegenheit, Einhaltung des gesetzlichen Wettbewerbsverbots).
>
> Die **Rechte** des Arbeitnehmers sind die Pflichten des Arbeitgebers (Gehalt, Fürsorge, Zeugnis, Weiterbildung, Urlaub).

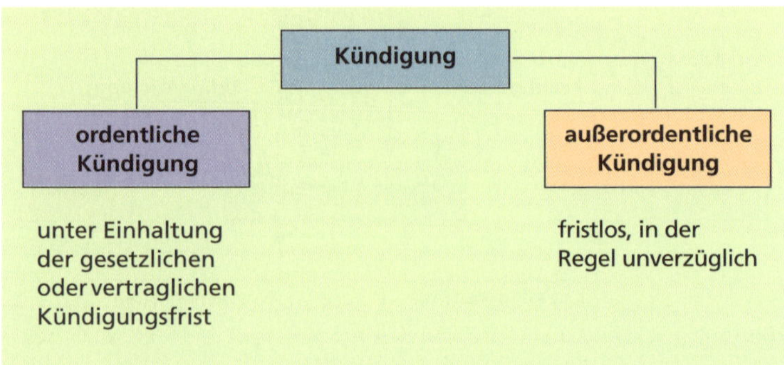

Kündigungsschutz

Eine **Kündigung** muss sozial gerechtfertigt sein. Es müssen Gründe vorliegen, die in der Person des Gekündigten liegen oder sie muss durch betriebliche Erfordernisse bedingt sein.

Besonderen **Kündigungsschutz** haben folgende Personen:
- Betriebsratsmitglieder und Jugendvertreter
- werdende und stillende Mütter
- Schwerbehinderte (mind. 50 % Behinderung)
- Wehr- und Zivildienstleistende
- Auszubildende
- langjährige Mitarbeiter

Tarifverträge

Tarifverträge sind *kollektive Arbeitsverträge.* Sie regeln einheitliche MindestLöhne und Mindestarbeitsbedingungen für die Arbeitnehmer ganzer Wirtschaftszweige.

Voraussetzung für die **Tariffähigkeit** ist der Zusammenschluss von Arbeitgebern und Arbeitnehmern zu entsprechenden Organisationen (↗ 3.1.1).

Die Verbände von Arbeitgebern und Arbeitnehmern bezeichnet man auch als **Sozialpartner**.

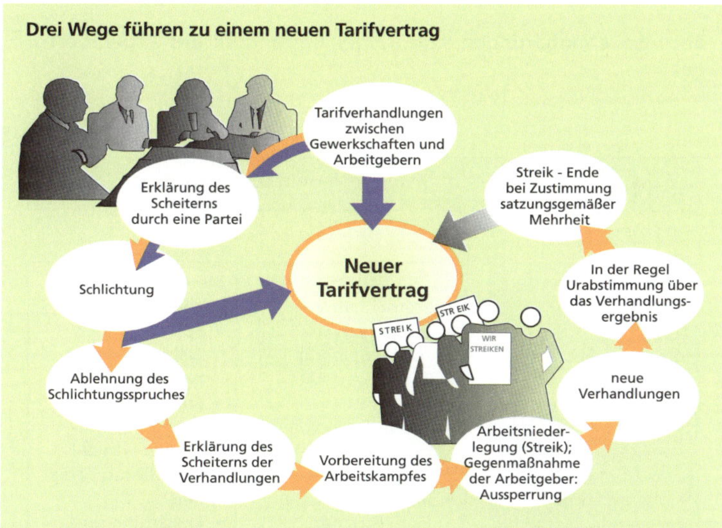

Das Tarifrecht wurde in Deutschland 1918 erstmals gesetzlich geregelt. Heute gilt in Deutschland das Tarifgesetz von 1969 mit den dazu gehörenden Änderungen vom 29. 10. 1974.

Arbeitszeugnis: Beim Ausscheiden aus dem Arbeitsverhältnis muss der Arbeitgeber dem Arbeitnehmer auf dessen Wusch ein Zeugnis ausstellen.
Das einfache Zeugnis enthält nur die Namen von Arbeitgeber und -nehmer sowie Art und Dauer der Beschäftigung.
Das qualifizierte Zeugnis enthält zusätzlich Angaben zu Führung und Leistung.

Die schriftlichen Tarifvereinbarungen werden zwischen den **Gewerkschaften** und Arbeitgebern (Firmentarif) bzw. **Arbeitgeberverbänden** (Verbandstarif) abgeschlossen
Tariflohn: Der im Tarifvertrag vereinbarte Lohn darf überschritten, niemals unterschritten werden.

Während der Laufzeit von **Tarifverträgen** herrscht **Friedenspflicht.**
Es dürfen wegen tariflich geregelter Angelegenheiten keine Arbeitskampfmaßnahmen (Streik, Aussperrung) angedroht bzw. durchgeführt werden.

Tarifverträge werden nach *Inhalt* und *Laufzeit* unterschieden.

Tarifverträge

Manteltarifverträge	**Lohn- und Gehaltsrahmentarifverträge**	**Lohn- und Gehaltstarifverträge**
• Urlaub • Arbeitszeit • Mehrarbeit • ...	regeln Tarifgruppen: • Bezeichnung der Tarifgruppen • Zuordnung der Tätigkeit zu den Tarifgruppen • Grundsätze der Arbeits- und Leistungsbewertung	regeln Löhne und Gehälter in den einzelnen Tarifgruppen.

Betriebsvereinbarungen

Um den täglichen Arbeitsablauf reibungslos zu gestalten, werden von Arbeitgebern und Betriebsräten generelle Regelungen im Betrieb geschaffen (Schriftliche Abschlüsse nach dem **Betriebsverfassungsgesetz**).

Betriebsvereinbarungen sind *immer* Bestandteil des Arbeitsvertrages.

Betriebsvereinbarungen regeln üblicherweise

die *notwendige Ordnung* im Betrieb: • Arbeitszeit, • Pausen, • Überstunden, • Urlaub, • Akkord- und Richtlohnsätze, • neue Entlohnungsmethoden.	das Verhalten des Arbeitnehmers: • Tragen von Schutzkleidung, • Rauch- und Alkoholverbot, • Behandlung von Maschinen, Werkzeug, Material, • Benutzen sozialer Einrichtungen.	die Aufgaben des Betriebsrates: • Sprechstunden während der Arbeitszeit, • Freistellung der Betriebratsmitglieder von der beruflichen Tätigkeit, • Errichtung und Verwaltung sozialer Einrichtungen.

1.6.5 Ausbildungsvertrag

Der **Berufsausbildungsvertrag** gehört zu den Arbeits- und Besoldungsverträgen.

Der **Ausbildungsvertrag** ist ein Vertrag zur Ausbildung mit privatrechtlichem Charakter und mit Verankerung im **Berufsbildungsgesetz**. Er wird zwischen dem Ausbildenden und dem Auszubildenden (bei Minderjährigen dem gesetzlichen Vertreter: Mutter, Vater, Vormund) geschlossen.

Für den Vertrag wird ein Vordruck verwendet. Der Vertrag muss von der Industrie- und Handwerks- bzw. Handelskammer in das Verzeichnis der Berufsausbildungsverhältnisse eingetragen werden.

Bei Streitigkeiten ist das *Arbeitsgericht*, innerhalb des Betriebes ist bei Beschwerden der *Betriebs- oder Personalrat* zuständig.

Ab fünf Jugendlichen im Betrieb kann entsprechend dem Betriebsverfassungsgesetz eine Jugendvertretung gebildet werden.

1.6.6 Sonstige Verträge

Hierzu zählen die Verträge zur sozialen Absicherung (↗ 1.3.5) und die **Betätigungsverträge**.

Die allgemeingültigen Aussagen zu den Betätigungsverträgen sind im BGB enthalten.

Betätigungsvertrag

Betätigungsverträge haben das Verrichten bestimmter Arbeit durch den Unternehmer gegen Entgelt zum Inhalt.

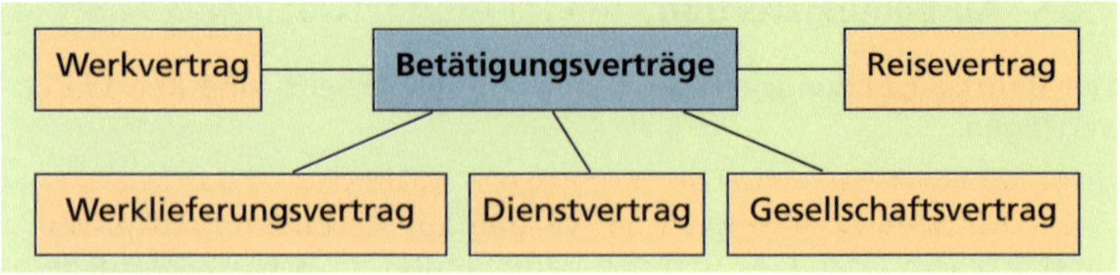

Werkvertrag

In einem Werkvertrag verpflichtet sich der Unternehmer zur Herstellung oder Veränderung eines bestimmten *Werkes*, der Besteller zur Entrichtung der vereinbarten Vergütung. Im Unterschied zum Dienstvertrag ist im Werkvertrag ein Erfolg (Werk, Ergebnis) zu erbringen, *nicht* eine Tätigkeit.

Werklieferungsvertrag

Im Gegensatz zum Werkvertrag erbringt der Unternehmer eine Leistung gegen Bezahlung, indem er das benötigte Material selbst besorgt. Er ist Besitzer der Ersatzteile bzw. Materialien, deshalb ähnelt dieser Vertrag einem Kaufvertrag.

Dienstvertrag

Ein Dienstvertrag ist meistens ein Arbeitsvertrag. (↗ 1.6.4)

Er beinhaltet das Erbringen einer Leistung gegen Entgelt. Die Arbeitsleistung ist vom Erfolg unabhängig. Je nach Lohnform wird die geleistete Stunde (Stundenlohn/Gehalt) oder die bearbeitete Stückzahl pro Stunde (Akkordlohn) bezahlt.

Gesellschaftsvertrag

Dieser Vertrag regelt die *Rechtsverhältnisse* der *Gesellschafte*r untereinander. Während bei Gesellschaften des bürgerlichen Rechts (GbG) und bei Personengesellschaften (OHG, KG) die Abfassung des Vertrages grundsätzlich formfrei ist, bedarf er bei der GmbH der notariellen Form.

Bei *Aktiengesellschaften* und *Genossenschaften* wird der Gesellschaftsvertrag durch die **Satzung** ersetzt.

Reisevertrag

In diesem Vertrag muss der Reiseveranstalter dem Reisenden eine Gesamtheit von Reiseleistungen (= Reise) erbringen.

Die Reiseunternehmen bieten mit dem Reisevertrag Reiserücktrittsversicherungen an. Manche Unternehmen empfehlen ein Komplettpaket einschließlich Reisekrankenversicherung.

Maklervertrag

Der Maklervertrag regelt die Vermittlung eines Hauses oder eines Grundstückes. Die Vergütung des Maklers erfolgt als Provision. Der Vergütungsanspruch besteht nur dann, wenn durch die Tätigkeit des Maklers ein Kaufvertrag zustande kommt.

Provision; ital. provvisione = Vorsorge; Kaufmannssprache: Vergütung für Besorgung oder Vermittlung von Geschäften.

1.7 Sozialisationsaufgaben im privaten Haushalt (Familie)

1.7.1 Familie als Erziehungsgemeinschaft

Die **Familie** ist die bedeutsamste Gruppe der menschlichen Gesellschaft, die nachhaltigste Erziehungsgemeinschaft für den Menschen. Pflege und Erziehung der Kinder sind das natürliche *Recht* der Eltern und die erste ihnen obliegende *Pflicht*.

Unter dem Begriff **Familie** wird das Zusammenleben von Eltern (Ein-Eltern- und Zwei-Eltern-Familie) mit ihren Kindern verstanden. Ehepaare ohne Kinder sowie Alleinlebende (Single) stellen eine spezifische Lebensform dar.

Eltern leisten viel in der Erziehung und Betreuung ihrer Kinder, auch über die Familie hinaus im Kontakt mit den familienergänzenden Einrichtungen und der Schule.

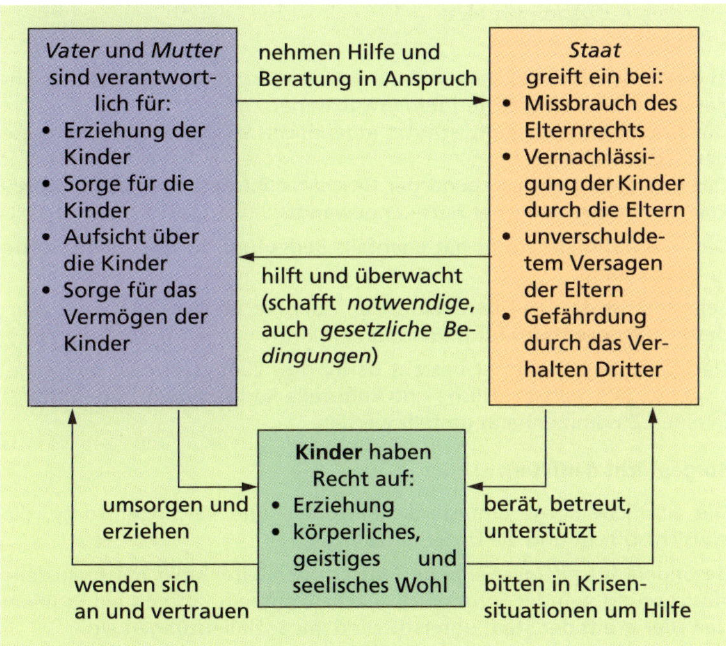

Bis zur Volljährigkeit vertreten die Eltern ihre Kinder in allen Rechtshandlungen.

Die Rechte der Kinder und Jugendlichen sind in der Verfassung verankert. Als Grundrechtsträger haben Kinder einen unmittelbaren Anspruch darauf, dass der Staat eingreift, wenn ihr Wohl gefährdet ist.

Familienergänzende Einrichtungen können sein:
Krippe, Kindergartengarten, Hort, Selbsthilfeeinrichtung, Heimerziehung, Einrichtungen der Jugendhilfe

Grundgesetz Artikel 6 (Auszug):
1) Ehe und Familie stehen unter dem besonderen Schutz der staatlichen Ordnung.
2) Pflege und Erziehung sind das natürliche Recht der Eltern und die zuvörderst ihnen obliegende Pflicht. Über ihre Betätigung wacht die staatliche Gemeinschaft.
3) Gegen den Willen der Erziehungsberechtigten dürfen Kinder nur aufgrund eines Gesetzes von der Familie getrennt werden, wenn die Erziehungsberechtigten versagen oder wenn die Kinder aus anderen Gründen zu verwahrlosen drohen.

Das Jugendamt als staatliche Einrichtung unterstützt z.B. junge minderjährige Mütter.
Minderjährige Mütter haben oft noch keine stabile Partnerschaft – ebenso geht es den minderjährigen Vätern. Beide befinden sich in der Mehrzahl noch in der schulischen Ausbildung oder haben gerade eine Lehre begonnen. Die Eltern sind nicht bereit bzw. nicht in der Lage, die jungen Mütter zu unterstützen.
Das Projekt „Betreutes Wohnen" gibt den Müttern jede Hilfe, betreut auch die Kinder, sodass der jeweilige Schulabschluss erreicht werden kann.
Grundlage für das Recht auf Hilfe ist das Kinder- und Jugendhilfegesetz.

Aus dem Wächteramt des Staates folgt auch eine strukturelle Verantwortung zur Schaffung kindgerechter Lebensbedingungen.

Ein alter Leitsatz der Erziehung, der auch heute noch gilt, lautet: „Ein Kind braucht so viel Freiheit wie möglich und so viel Führung wie nötig."

Das **Erziehungsziel** ist die seelisch-geistige Entfaltung des mündigen Menschen, der aus eigener Einsicht und aus freiem Entschluss handeln kann, der fähig ist, Bindungen einzugehen und seine Kräfte für soziale Aufgaben einsetzt.

In der Bundesrepublik Deutschland werden Straftaten Jugendlicher anders behandelt als gleiche Taten Erwachsener.
Das Jugendgerichtsgesetz schützt jugendliche Straftäter mit einem abgestuften Rechtssystem.
Das Recht wird entsprechend der Geschäftsfähigkeit und Strafmündigkeit mit unterschiedlicher Härte angewandt.

Das *internationale Recht* hat ebenfalls Bedeutung für die **Kinderrechte** in Deutschland.

Seit 1992 ist das UN-Übereinkommen über die Rechte des Kindes (Kinderrechtskonvention) für Deutschland in Kraft.

Der besondere Verdienst besteht darin, dass zum erstenmal politische, zivile, soziale, wirtschaftliche und kulturelle Rechte aus Sicht des Kindes in einen Zusammenhang gestellt werden.

Sorgepflicht der Eltern

Die elterliche Sorge umfasst die Personen- und Vermögenssorge, die Aufsichtspflicht und die Unterhaltspflicht.

Besonders für *alleinerziehende Mütter* oder *Väter* stellt die finanzielle Absicherung, um der Sorgepflicht nachzukommen, oftmals ein Problem dar. Hier greift der Staat unterstützend mit Sozialleistungen ein.

Gesetzliche Sozialleistungen sind:

- Kindergeld
- Erziehungsrente je nach Bedarf
- Waisenrente
- Erziehungsgeld bei keiner vollen Erwerbstätigkeit
- Elternzeit

Erziehungsgeld	**Elternzeit**
für Mütter **und** Väter • die ihr Kind selbst betreuen und • keine oder keine volle Erwerbstätigkeit ausüben	für Mütter **oder** Väter • die ihr Kind nach Ablauf der Mutterschutzfrist selbst betreuen wollen und • Arbeitnehmer sind
Höhe des Erziehungsgeldes 307 € monatlich für die Dauer von 24 Monaten nach der Geburt des Kindes oder alternativ 460 € monatlich für die Dauer von 12 Monaten	Dauer der Elternzeit im Anschluss an die Mutterschutzfrist bis zu 3 Jahren nach der Geburt
Vom 7. Monat an richtet sich das Erziehungsgeld nach dem Einkommen.	Während der Elternzeit besteht grundsätzlich **Kündigungsschutz.**

Frauen-, Mutter- und Erziehungsschutz

Traditionen, aber auch *Vorurteile* behindern insbesondere Frauen, ihre Fähigkeiten in die wirtschaftliche und gesellschaftliche Entwicklung einzubringen.

Der Anteil der erwerbstätigen Frauen beträgt 44 %. 2001 lag der Anteil der Schulabgängerinnen mit Hochschulreife bei 55 %, der der Universitätsabsolventinnen bei 46 %.
Hinzu kommt, dass die erreichten Abschlussnoten der Frauen im Durchschnitt besser sind als die der Männer.

Im Berufsleben, insbesondere in den mittleren und oberen Führungsebenen, finden diese Ergebnisse bisher keine Entsprechung.

Eine weltweite Untersuchung nach vier Merkmalen (Anteil der Frauen an Parlamentssitzen, an Verwaltungsbeamten/innen und Manager/innen, an Facharbeitern/innen und Technikern/innen sowie am erzielten Einkommen) ergibt folgende Rangfolge:

Rang	**Land**	**Rang**	**Land**
1	Schweden	7	Kanada
2	Norwegen	8	Deutschland
3	Dänemark	11	USA
5	Finnland	26	Italien
6	Island	38	Japan

Mit gesetzlichen Maßnahmen und Förderprogrammen versucht der Staat, Frauen und Müttern die Gleichstellung im Beruf und in der Gesellschaft zu erleichtern.

Gesetzliche Regelungen:

- Verordnung über gefährliche Arbeitsstoffe
- Unfallverhütungsvorschriften
- Kündigungsschutz
- Arbeitszeitordnung
- Mutterschutzgesetz
- Leistungen der Krankenkassen
- Einbeziehung der Kindererziehungszeiten in die Rentenversicherung

1.7.2 Familie und das Generationenproblem

„Das Leben in und mit der Familie bietet die Möglichkeit einer **Kultur der Geschlechter- und Generationensolidarität.** Sie zu entwickeln, in vielfältigen Formen zur Ausgestaltung zu bringen und lebbar für Junge und Alte, Männer und Frauen, Behinderte und Kranke zu machen, ohne Vorteile und Nachteile für das eine oder andere Geschlecht, die eine oder andere Personengruppe, ist Aufgabe von **Familienpolitik** als Gesellschaftspolitik." (Aus dem fünften Familienbericht, Bonn 1994)

Zusammenleben in der Familie

Eine gute Familiengemeinschaft entsteht nicht von selbst. Für jede Form familialen Lebens ist die **Generationen- und Geschlechtersolidarität** Grundvoraussetzung und existentielle Aufgabe.

Regeln für das Zusammenleben sind keine starren Ge- und Verbote, sondern sollten als Richtlinien für alle gelten:
- Rücksicht aufeinander nehmen,
- Verständnis füreinander aufbringen,
- miteinander sprechen,
- eigene Gefühle ausdrücken,
- Schwierigkeiten gemeinsam lösen,
- sich gegenseitig anerkennen,
- über Aufgaben und Ziele sich gemeinsam einigen...

Generationen und ihre Probleme

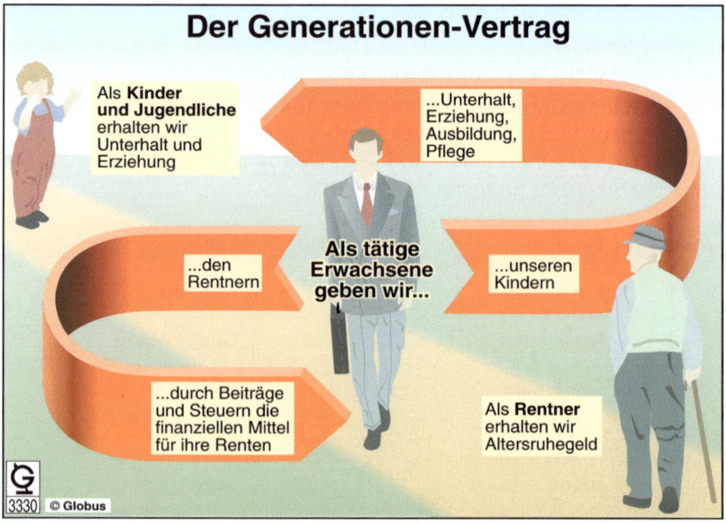

Probleme zwischen den einzelnen Generationen hat es immer gegeben. Sie entstehen zwangsläufig aus dem Zusammenleben von Menschen verschiedenen Alters. Unterschiedliche Ansichten und Verhaltensweisen entwickeln sich entsprechend der persönlichen Eigenart, dem Erfahrungsschatz, der Bildung, der jeweiligen Lebensphase, u.a.

Der **Generationenvertrag** ist eine unausgesprochene und nicht schriftlich festgelegte Vereinbarung zwischen den Generationen, nämlich der Beitrag zahlenden und der Rente empfangenden Generation.

Inhalt dieser Vereinbarung ist die Verpflichtung der heutigen Generation zur Beitragszahlung in der Erwartung, dass die nach ihr folgende Generation in gleicher Weise mit ihren Beiträgen die **Rente** finanziert.

Mit Erreichen der Altersgrenze wird durch die **gesetzliche Rentenversicherung** je nach Anzahl der Arbeitsjahre und der Höher der Beiträge eine Rente gezahlt. Die allgemeine Altersgrenze liegt in Deutschland beim 65. Lebensjahr, unter bestimmten Bedingungen jedoch bereits beim 60. oder 63. Lebensjahr.

Problem: Im Jahr 2010 nähert sich die Zahl der Rentenempfänger derjenigen der Beitragszahler. Die Zeit ist absehbar, wo ein Beitragszahler für mehr als einen Rentner einzustehen hat.

Rente ist die Bezeichnung für eine regelmäßige in der Höhe festgelegte Geldleistung, die durch Gesetz oder/und Vertrag begründet sein kann.

Durch Gesetz ist die Rente aus der gesetzlichen Rentenversicherung bestimmt, durch Vertrag, wenn ein Unternehmen eine vertraglich zugesicherte Pension zahlt.

Hilfsbedürftig oder pflegebedürftig sind Personen, die wegen einer körperlichen, geistigen oder seelischen Krankheit oder Behinderung für die gewöhnliche und regelmäßig wiederkehrende Verrichtung täglicher Aufgaben auf längere Zeit (mindestens sechs Monate) oder auf Dauer in erheblichem Maße der Hilfe bedürfen.

Durch die Familienmitglieder können folgende Hilfen gegeben werden:

bei der Körperpflege, bei der Ernährung, bei der Mobilität, bei der hauswirtschaftlichen Versorgung.

Bei Pflegebedürftigkeit erhält der Versicherte Leistungen der sozialen **Pflegeversicherung**.

Für die Art der Leistung gibt es innerhalb der Pflegeversicherung drei Stufen:

Pflegestufe	Häusliche Pflegehilfe: Pflegesätze bis zu einem Wert	Pflegegeld
I erheblich pflegebedürftig	384 €	205 €
II Schwerpflegebedürftigkeit	921 €	410 €
III Schwerstpflegebedürftigkeit	von 1432 € in Härtefällen bis 1918 €	665 €

Die Pflegeversicherung wurde am 1.1.1995 eingeführt. Es besteht Versicherungspflicht nach dem Prinzip „Pflegeversicherung folgt Krankenversicherung“. Mitglieder der gesetzlichen Krankenversicherung sind also im Regelfall in der gesetzlichen Pflegeversicherung versichert.

1.8 Rationelles Arbeiten im Haushalt

Der Haushalt als kleinste Wirtschaftseinheit unterliegt gleichermaßen den Anforderungen des rationellen Arbeitens und Handeln wie sie in betriebswirtschaftlichen und volkswirtschaftlichen Strukturen realisiert werden.

1.8.1 Arbeit und Leistung

Die Wissenschaft, die sich mit der **Arbeitslehre** beschäftigt, ist die Ergonomie.

griech. ergon = Arbeit, nomos = Gesetz. Die Forschungen zielen darauf, die **Arbeitsgeräte** und **Arbeitsprozesse** so zu gestalten, dass die Leistungsfähigkeit des Menschen optimal ausgenutzt wird, ohne dass gesundheitliche Beeinträchtigungen entstehen. Bereits 1857 wurde der Begriff „Ergonomie" erstmals verwendet durch den Polen **WOJCIECH JASTRZEBOWSKI** für die Bezeichnung eines Wissensgebietes ähnlicher Zielsetzung. Der Begriff konnte sich jedoch nicht durchsetzen.

Die **Ergonomie** kann sowohl sozialwissenschaftlich orientiert sein (Organisations-, Arbeitslehre) als auch ingenieurmäßig, d.h., sie gibt Regeln für die technische Gestaltung von Arbeitsplätzen und Arbeitsmitteln.

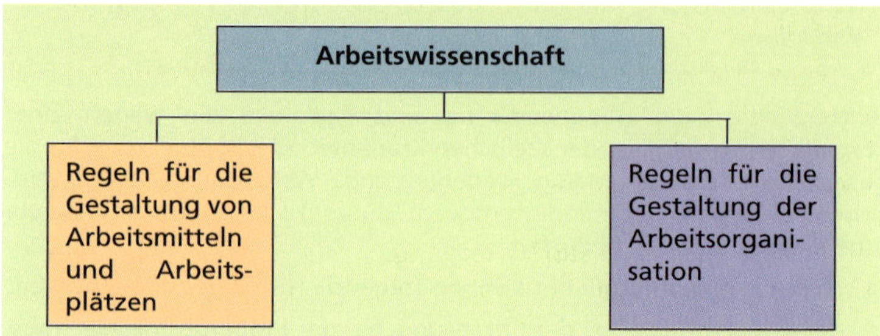

Eine Gruppe von Wissenschaftlern hat 1949 das Kunstwort „Ergonomie" gebildet und damit einen neuen Wissenschaftszweig benannt. Die systematische Erforschung der Fähigkeiten und Eigenschaften des Menschen hinsichtlich des Umgangs mit technischen Geräten verfolgt das Ziel, konkrete Angaben und Vorschläge für die technische Gestaltung von Werkzeugen, Geräten und Maschinen zu machen. Es werden *Muskelarbeit* und *geistige Arbeit* unterschieden. Beide Arbeitsformen finden in der Regel kombiniert statt.

Muskelarbeit	
statische Arbeit (Haltearbeit)	**dynamische Arbeit (Bewegungsarbeit)**
• Wäsche, Gardinen aufhängen • Einkaufstasche tragen • Tablett halten … ↓ schnelle Ermüdung der Muskulatur durch schlechte Durchblutung	• Staub saugen • Teig kneten • Fenster putzen … ↓ Muskulatur wird besser durchblutet und ermüdet nicht so schnell

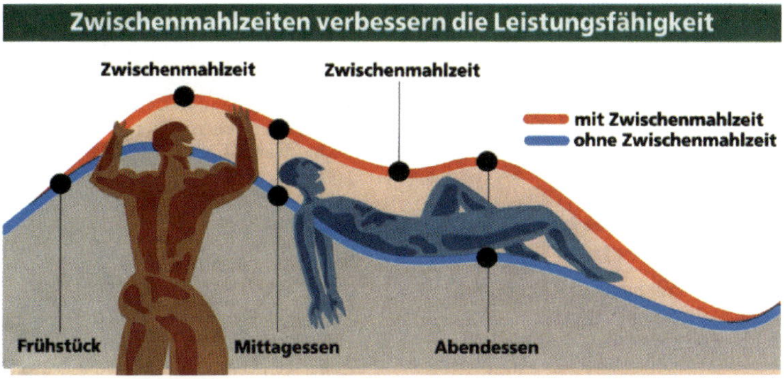

Die **Leistungsfähigkeit** unterliegt innerhalb eines Tages natürlichen Schwankungen, die sich in der **Leistungskurve** widerspiegeln.

Verschiedene Möglichkeiten zum Ausgleich des Leistungstiefs:

- schwere Arbeiten in den Vormittagsstunden erledigen, leichtere am Nachmittag,
- einseitige Arbeiten vermeiden, zwischen statischer und dynamischer Arbeit wechseln,
- für ausreichende Sauerstoffversorgung, Beleuchtung und ein optimales Raumklima in den Arbeitsräumen sorgen,
- regelmäßige Pausen einlegen und dies zur Entspannung nutzen, z.B. ins Freie gehen, Mahlzeiten einnehmen, Gymnastikübungen machen,
- mehrmals täglich kleinere Mahlzeiten einnehmen, ausreichend trinken,
- geregelter Schlaf,
- Ausgleichssport in der Freizeit.

1.8.2 Ergonomische Grundsätze für die Gestaltung von Arbeitsplätzen

Zehn REFA-Leitsätze für die Hauswirtschaft

Der *REFA-Fachausschuss für Hauswirtschaft* im Verband für Arbeitsstudien und Betriebsorganisation e.V. hat aus den 24 REFA-Leitsätzen zur Arbeitsgestaltung in der Industrie die Leitsätze für die Hauswirtschaft abgeleitet.

Leitsatz 1:

Geräte, Arbeitsmittel und -materialien sollen am Arbeitsplatz stets übersichtlich und griffbereit aufbewahrt werden.

REFA = Reichsausschuss für **Arbeitszeitstudien**
1924 gegründet als Reichsausschuss für Arbeitszeitermittlung, ab 1936 Reichsausschuss für Arbeitsstudien, REFA e.V.; es ist ein gemeinnütziger Verein von Rationalisierungsfachleuten und Unternehmen mit Sitz in Darmstadt. Aufgaben sind u.a. Förderung der Grundlagenforschung und der Ausbildung von Fachleuten auf dem Gebiet von Arbeitsstudien.

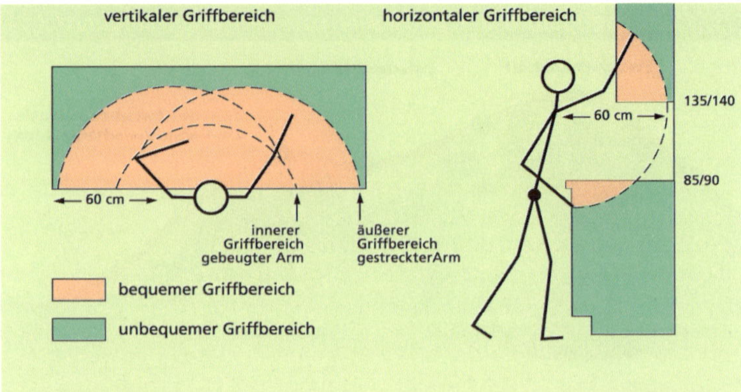

Leitsatz 2:

Ausführung der Arbeiten in richtiger Höhe und möglichst bequemer Haltung erspart unnütze Anstrengung.

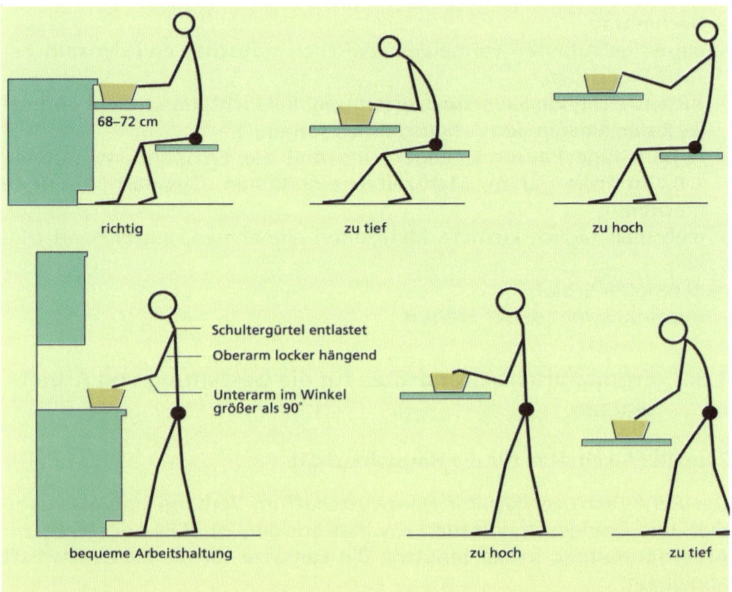

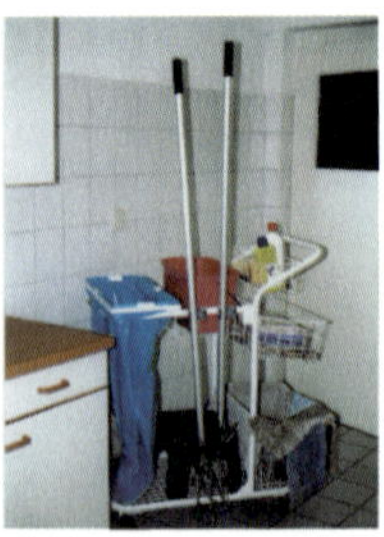

Leitsatz 3:

Das Tragen schwerer Lasten kann oft durch Fahren oder durch einfache Tragevorrichtungen wesentlich erleichtert werden.

Leitsatz 4:

Jeder Arbeitsplatz soll dem Bewegungsablauf der Arbeit und dem arbeitenden Menschen so weit wie möglich angepasst werden und nicht mehr und nicht weniger Raum einnehmen als für die ungehinderten und bequemen Ausführungen der Arbeit nötig ist.

Der Hauptarbeitsplatz in der Küche sollte sich zwischen Herd und Spüle befinden und 60 bis 90 cm breit sein. So ist der Abstand vom Herd zum Wasserhahn nicht zu groß und andererseits bietet die Arbeitsfläche genügend Raum für die Vorbereitungsarbeiten.

Leitsatz 5:

Arbeitsplatz und Betriebsmittel sind so zu gestalten, dass Verletzungen praktisch unmöglich sind und der Arbeitende sich nicht dadurch gehemmt fühlt, dass er Verletzungen befürchten muss.

Der Fußboden in der Küche sollte mit rutschsicherem Material gestaltet sein, um Stürze zu vermeiden.

Leitsatz 6:

Gute und regelmäßige Belüftung, richtige Temperatur und Luftfeuchtigkeit vermindern die Ermüdung des Arbeitenden. Außerdem sollten Dünste, Staub und Abfälle möglichst umgehend und unmittelbar beseitigt werden, sofern ihre Entstehung nicht vermieden werden kann.

Beim Arbeiten in der Küche sollte öfters das Fenster geöffnet werden.

Eine Dunstabzugshaube funktioniert nur dann richtig, wenn der Filter regelmäßig gewechselt bzw. gereinigt wird.

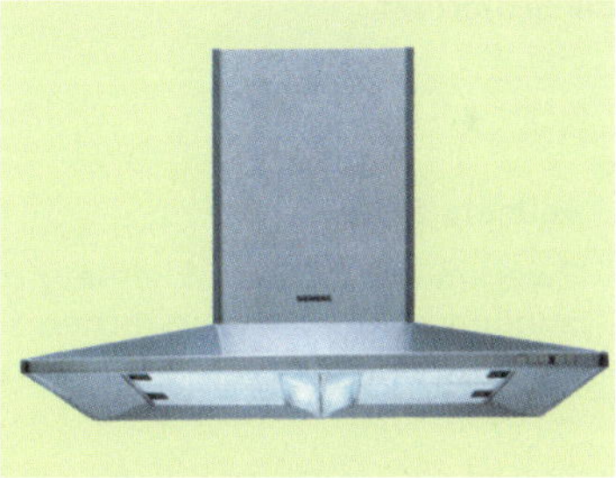

Leitsatz 7:

Arbeitsmittel, Gebrauchsgegenstände und Geräte sowie Möbel müssen im Haushalt wiederholt gereinigt werden. Auf Möglichkeiten leichter und gründlicher Reinigung sollte deshalb geachtet werden.

Bei der Anschaffung von Geschirr und Besteck sollte darauf geachtet werden, dass es spülmaschinengeeignet ist. Anderenfalls wird das Dekor des Geschirrs mit der Zeit beschädigt und auf dem Besteck bilden sich Beläge. Kücheneinrichtungen sollten abwaschbare Oberflächen haben. Holz darf nicht mit gesundheitsschädigenden Stoffen behandelt sein.

Leitsatz 8:

Griffe an Geräten und Maschinen sollen handgerecht geformt sein.

Der Griff eines Messers sollte so geformt sein, dass die Hand einen sicheren Halt hat und beim Schneiden nicht versehentlich unter die Klinge gerät. Dazu dient eine ausgeformte Griffmulde mit Fingerschutz.

Leitsatz 9:

Gute Beleuchtung des Arbeitsplatzes und eine geeignete Farbgebung im Arbeitsraum erleichtern die Arbeit und erhöhen die Sicherheit.

Ein Arbeitsplatz ist dann gut beleuchtet, wenn das Tageslicht von der Seite oder von vorn kommt. Helle Wände und Decken sowie Arbeitsplatzbeleuchtung erleichtern die Hausarbeit und unterstützen die Sicherheit.

Leitsatz 10:

Zweckmäßige Arbeitskleidung schützt den Arbeitenden vor Verletzungen oder gesundheitlichen Schäden und ist damit eine wichtige Voraussetzung für das Erzielen guter Leistungen.

Arbeitskleidung im Haushalt sollte waschbar sein und genügend Bewegungsfreiheit gewährleisten. Das Schuhwerk soll bequem und rutschfest sein. Haushaltshandschuhe gibt es in verschiedenen Ausführungen. Sie sollten griffsicher sein, gutes Tastempfinden haben und einen guten Komfort durch Baumwollbeflockung aufweisen.

Arbeitsplanung

Für rationelles Arbeiten ist die Planung der Arbeitszeit eine wichtige Voraussetzung.

Vorteile der Arbeitsplanung:
- Überblick über die Arbeitsaufgaben,
- Vermeidung von Stress, Hektik und Verspätungen,
- Vermeidung von Versäumnissen.

Die **Arbeitszeit**, die vom Beginn bis zum Abschluss einer Arbeit benötigt wird, gliedert sich in mehrere Teilzeiten.

Rüstzeit: Zeit zum Vorbereiten und Nachbereiten einer Arbeit (Bereitstellen von Arbeitsmitteln, Umrüsten von Geräten oder Maschinen, Reinigen und Aufräumen des Arbeitsplatzes).

Erholungszeit: Ausgleich von Ermüdungserscheinungen.

Verteilzeit: Unterbrechungen der Arbeit (Telefonanruf o. Ä.).

Tätigkeitszeit: Ausführung der Arbeit.

Wartezeit: Sie ist für den Fortgang der Arbeit notwendig, die arbeitende Person muss aber nicht tätig sein (Backzeit für den Kuchen, Laufzeit der Waschmaschine).

Ergonomische Regeln zur Erstellung eines Arbeitsplanes

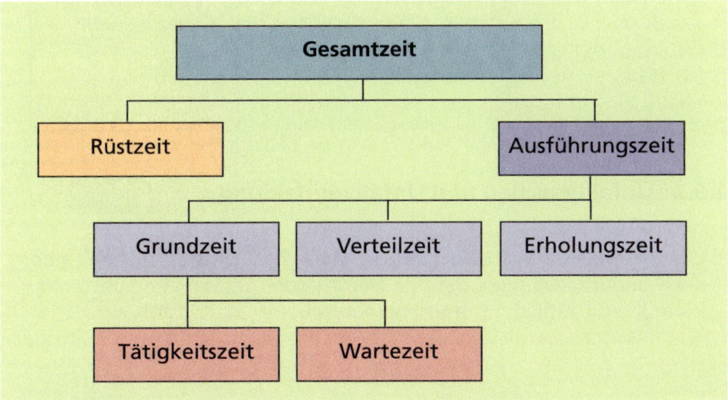

- Dringende und körperlich schwere Arbeiten immer zuerst einplanen.
- Feststehende Termine beachten (z.B. Mahlzeiten).
- Die Arbeitszeit und die benötigten Arbeitsmittel planen.
- Wartezeiten können zur Ausführung anderer Tätigkeiten genutzt werden.
- Mehrere Pausen einplanen.

Das menschliche Leistungsvermögen (Muskelkraft, Ausdauer, Herzleistung, Atemvolumen, Sauerstoffaufnahmefähigkeit) kann mit einem Ergometer gemessen werden.

1.9 Hygiene und Unfallschutz

1.9.1 Hygienemaßnahmen im Haushalt

Hygiene; griech. hygiena = **Gesundheitslehre.**
Hygieia, griechische Göttin der Gesundheit, Tochter des Asklepios

Hygiene ist im Wesentlichen die vorbeugende Krankheitsbekämpfung durch Ausschalten schädlicher Umwelteinflüsse.

Im Haushalt gibt es verschiedene Bereiche, in denen hygienisches Arbeiten besonders wichtig ist, um die Gesundheit aller im Haushalt lebenden Personen zu schützen. Dazu gehören die Räume, in denen Lebensmittel gelagert und zubereitet werden (Küche, Speisekammer) sowie die Sanitärräume (Bad und WC).

Hygienemaßnahmen im Haushalt erstrecken sich auf alle hauswirtschaftlichen Tätigkeitsfelder: Nahrungszubereitung, Wohnungsreinigung, Tier- und Pflanzenpflege, Krankenpflege, Säuglings- und Kinderpflege, Betreuung u.a.

Maßnahmen der persönlichen Hygiene bei der Nahrungszubereitung

persönliche Hygiene
- Hände waschen
- lange Haare zusammenbinden
- saubere Kleidung
- ...

Lagerung von Lebensmitteln
- Vorratsräume und -schränke regelmäßig reinigen
- Kontrolle auf Schädlingsbefall
- ...

Zubereitung von Speisen
- Arbeitsflächen sauber halten,
- Handtücher, Geschirrtücher öfter wechseln
- ...

1.9.2 Unfallursachen und Unfallvermeidung

Unachtsamkeit und **Leichtsinn** sind häufige Unfallursachen. Aber auch bauliche Mängel, defekte Geräte oder gefährliche Substanzen können zu Unfällen im Haushalt führen.

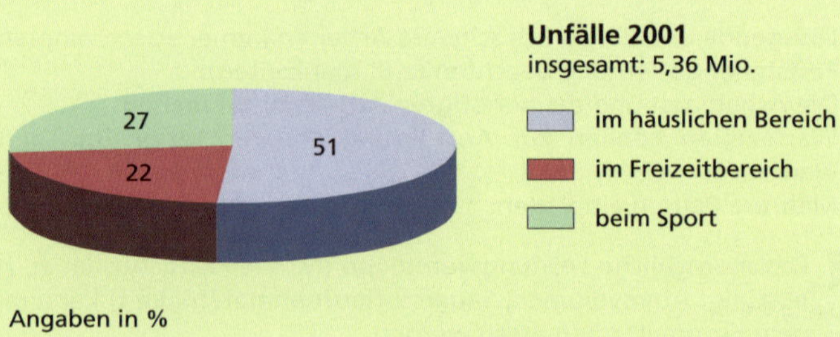

Unfallursachen und ihre möglichen Vermeidungen

Unfallart	mögliche Ursachen	Möglichkeiten zur Vermeidung
Stürze	• nasse oder glatte Fußböden	• rutschfeste Schuhe • Fußböden trocken wischen
	• ungeeignete Steighilfen	• Sicherheitsleitern benutzen
Verbrennungen/ Verbrühungen	• heiße Töpfe oder Pfannen	• Topflappen benutzen • Schutzgitter für Kinder am Herd
	• überhitztes Fett	• Fritteuse mit Temperaturregulation verwenden
Vergiftungen/ Verätzungen	• Aufbewahrung giftiger Substanzen in Lebensmittelflaschen	• Chemikalien in Originalverpackungen lagern, Sicherheitsverschlusskappen
	• giftige Pflanzen (Pilze)	• fachkundige Beratung
	• Medikamenteneinnahme durch Kinder	• Aufbewahrung in einer Hausapotheke
Schnittwunden	• Scherben	• mit Handfeger und Schaufel beseitigen
	• falscher Umgang mit Küchenmessern	• geeignete Messer • sichere Aufbewahrung
Unfälle durch elektrischen Strom	• für Kinder erreichbare Steckdosen	• Kindersicherungen
	• Reparaturversuche an Elektrogeräten	• nur vom Fachmann ausführen lassen

Um dem Verbraucher Sicherheitshinweise zu geben, sind auf den Typenschildern von Elektrogeräten bzw. auf Verpackungen von Gefahrenstoffen Symbole vermerkt.

Ausführliche Hinweise zur Funktionsweise und Handhabung sind in den Gebrauchsanweisungen enthalten.

Gefahrensymbole

1.10 Vollwertige Ernährung

1.10.1 Zusammensetzung der Nahrung

Nahrungsbestandteile und ihre Wirkung im menschlichen Organismus

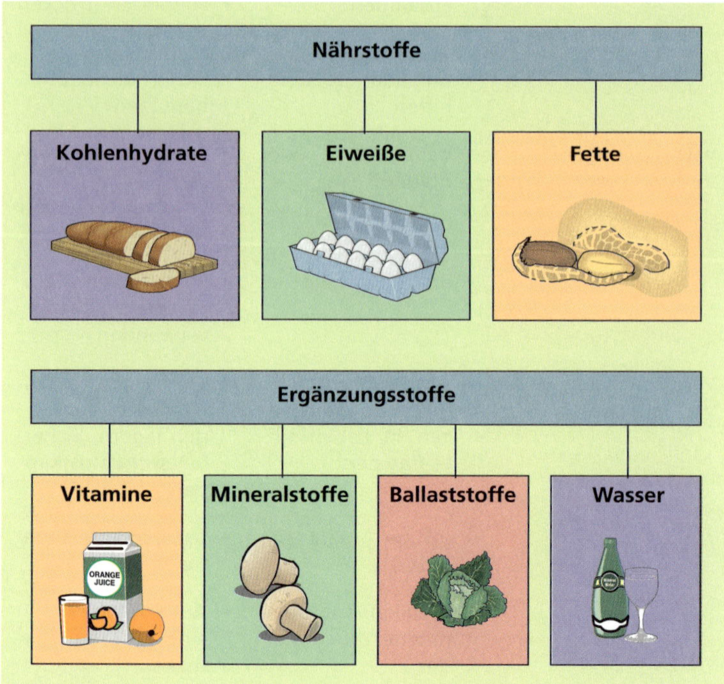

Wirkung der Nahrungsbestandteile im Organismus

Energie	Baustoff	Wirkstoff
Kohlenhydrate Fette Eiweiße	Eiweiße Mineralstoffe Wasser Fette	Vitamine Mineralstoffe Ballaststoffe
↓	↓	↓
versorgen den Körper mit Energie	sorgen für das Wachstum und die Erneuerung der Körperzellen	steuern die Lebensfunktionen

Kohlenhydrate (Saccharide)

Kohlenhydrate sind die wichtigsten Energielieferanten. Ihr Energiegehalt beträgt 17 KJ je Gramm. Sie entstehen durch Fotosynthese in den Pflanzen.

In tierischen Lebensmitteln sind kaum Kohlenhydrate enthalten

In pflanzlichen Lebensmitteln kommen die Kohlenhydrate in Form von Stärke, Zellulose und verschiedenen Zuckerarten (z.B. Traubenzukker, Fruchtzucker, Rübenzucker) vor.

Grundbausteine der **Kohlenhydrate** sind die Einfachzucker (Monosaccharide). Aus diesen Grundbausteinen setzen sich die Zweifachzucker (Disaccharide) und die Vielfachzucker (Polysaccharide) zusammen.

Eiweiße (Proteine)

Grundbausteine der **Eiweiße** sind 20 verschiedene **Aminosäuren**, von denen acht essentiell sind.

Essentielle Aminosäuren sind lebensnotwendige Stoffe, die aber im menschlichen Körper nicht gebildet werden können. Sie müssen also täglich mit der Nahrung aufgenommen werden.

Die essentielle Aminosäure, die am wenigsten in einem Nahrungseiweiß vorhanden ist, wird als begrenzende (limitierende) Aminosäure bezeichnet. Sie bestimmt die **biologische Wertigkeit** des betreffenden Eiweißes.

Die **biologische Wertigkeit** gibt an, wie viel Gramm körpereigenes Eiweiß aus 100 g Nahrungseiweiß gebildet werden können.

Milcheiweiß besitzt eine biologische Wertigkeit von 91 %. Das bedeutet, aus 100 g Milcheiweiß können im menschlichen Organismus 91 g körpereigenes Eiweiß synthetisiert werden.

Protein; griech. proteios = erstrangig. Damit wird auf die besondere Bedeutung der **Eiweiße** für die menschliche Ernährung hingewiesen, denn Eiweiße sind die einzige Nährstoffgruppe, die Stickstoff enthält.

Fette

Fette sind auch Baustoffe in Körperzellen. Sie sind mit einem Energiegehalt von 39 kJ die energiereichsten Nährstoffe. Im menschlichen Körper wird Fett, das nicht unmittelbar als Energiequelle genutzt wird, als **Depotfett** im Unterhautfettgewebe gespeichert.

Pflanzliche Lebensmittel haben eine geringere biologische Wertigkeit als tierische Lebensmittel. Für eine gesunde Ernährung ist auch hier die Kenntnis der biologischen Wertigkeit wichtig (Käse 85 %, Möhren 36 %). Fette, Öle und Wachse sind Lipide. Sie befinden sich vor allem im Speichergewebe der Pflanzen oder Fettgewebe der Tiere.

Lipid; griech. lipos = Fett

Die Nahrungsfette werden nach ihrer Herkunft unterschieden.

tierische Fette			pflanzliche Fette		
Schwein/ Geflügel	Rind Schaf	Fisch	aus den Samen	aus den Früchten	aus den Keimen
↓	↓	↓	↓	↓	↓
Schmalz	Milchfett Talg	Tran	Sonnenblumenöl Rapsöl Leinöl	Olivenöl Kokosfett Distelöl Nussöl	Maiskeimöl

Besonders die Fettsäuren in Fischölen können der Bildung von Blutgerinseln und Ablagerungen in den Blutgefäßen vorbeugen.

Der ernährungsphysiologische Wert eines Fettes ist abhängig von seinem Gehalt an essentiellen Fettsäuren. Dabei handelt es sich um mehrfach ungesättigte Fettsäuren, z.B. die Linolsäure und die Linolensäure. Diese lebensnotwendigen Verbindungen sind besonders in pflanzlichen Fetten oder im Fischöl enthalten.

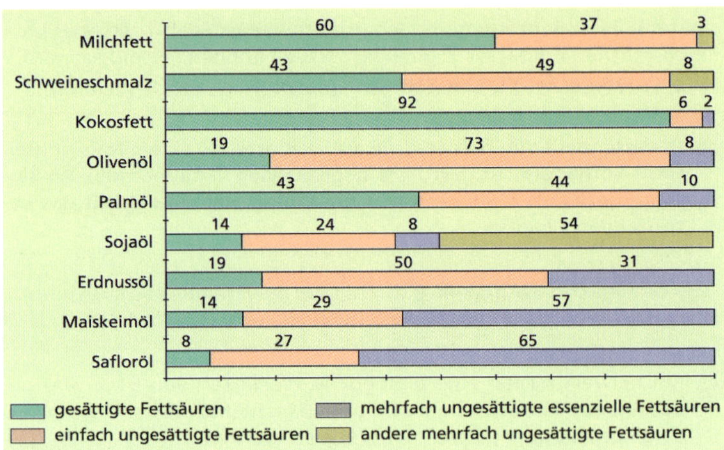

Tierische Fette und fettreiche tierische Lebensmittel weisen oft einen hohen Gehalt an Cholesterin auf.

Cholesterin ist eine fettähnliche Verbindung (Fettbegleitstoff), die im menschlichen Organismus für die Bildung von Gallensäuren und Hormonen sowie für den Aufbau von Zellmembranen benötigt wird. Besonders bei älteren oder übergewichtigen Menschen ist der Cholesterinspiegel im Blut häufig erhöht. Das ist eine der Hauptursachen für die Entstehung von Arteriosklerose, bei der sich Cholesterin an den Wänden der Blutgefäße ablagert. Das hat ein erhöhtes Risiko für Bluthochdruck, Herzinfarkt und Schlaganfälle zur Folge. Fett ist gleichzeitig Geschmacksträger und unterstützt die Nahrungsaufnahme (Vitamine). Ein gewisser Fettanteil im Fleisch verbessert die Konsistenz und damit den Geschmack.

Mineralstoffe

Mineralstoffe sind anorganische Nahrungsbestandteile. Bisher sind 22 Mineralstoffe bekannt, die der menschliche Organismus benötigt.

Täglich scheidet der Mensch ca. 15–20 g Mineralstoffe aus, die ersetzt werden müssen.

Die Mineralstoffe werden in **Mengenelemente** und **Spurenelemente** eingeteilt.

Mineralstoffe	
Mengenelemente	**Spurenelemente**
Natrium, Kalium, Calcium, Chlor, Phosphor, Magnesium	Eisen, Iod, Kupfer, Fluor, Zink, Mangan, Cobalt, Molybdän, Nickel, Selen, Chrom, Arsen, Silicium, Zinn, Vanadium

Wirkung der Mineralstoffe im Organismus
- Sie sind Bestandteile des Skeletts und der Zähne.
- Sie sind Elektrolyte, die die physikalischen und chemischen Eigenschaften der Körperflüssigkeiten beeinflussen.
- Sie sind Bestandteile von Hormonen, Vitaminen und Enzymen.

Ausgewählte Mineralstoffe und Spurenelemente und ihre Wirkung

Mineralstoff	Wirkung	Vorkommen	Tagesbedarf	Mangelerscheinungen
Mengenelemente				
Calcium	Aufbau von Knochen und Zähnen, Erregbarkeit von Muskeln und Nerven, Blutgerinnung	Milch und Milchprodukte, grüne Gemüse	0,9 g	Krämpfe, Knochenentkalkung (Rachitis, Osteoporose)
Kalium	Regulierung des osmotischen Druckes, Aktivierung von Enzymen, Erregbarkeit von Muskeln und Nerven, Herztätigkeit	Getreide, Kartoffeln, Obst, Gemüse	3–4 g	Muskelschwäche, Störungen der Herztätigkeit
Magnesium	Aktivierung von Enzymen, Erregbarkeit von Muskeln und Nerven	grüne Gemüse	0,35 g	Krämpfe, Wachstumsstörungen, Verkalkung der Blutgefäße
Natrium	Regulierung des osmotischen Druckes, des Wasserhaushaltes	Kochsalz	2–3 g	keine

Kaliumiodid (KI) wird in Medikamenten und in Spuren als Zusatz in Speisesalz gegen Kropfbildung verabreicht. Gegen Mangelerscheinungen sollte unbedingt Iodsalz verwendet werden.

Spurenelemente				
Eisen	Bestandteil von Hämoglobin und Myoglobin, Sauerstofftransport	Leber, Fleisch, Eigelb, Obst, Gemüse	10–15 mg	Abgeschlagenheit, Konzentrationsschwäche, Anämie
Iod	Bestandteil des Schilddrüsenhormons	Fisch, Milch, Fleisch	200 µg	Schilddrüsenunterfunktion, Kropfbildung
Mangan	Aktivierung von Enzymen	Getreide, Hülsenfrüchte, Leber	2–5 mg	sehr selten

Vitamine

Vitamine sind essentielle Bestanteile der Nahrung. Sie werden nur in sehr geringen Mengen benötigt, haben aber viele Funktionen im Organismus zu erfüllen.

Die Einteilung der Vitamine erfolgt nach ihrer Löslichkeit in fettlösliche und wasserlösliche Vitamine. Bei der Nahrungszubereitung ist das zu berücksichtigen.

Ölzugabe bei verschiedenen Gemüsearten wie Blattsalat (A und E), Möhre (A), damit die Vitamine aufgeschlossen werden.

Fettlösliche Vitamine: Retinol (A), Calciferol (D), Tocopherol (E), Phyllochinone (K)

Wasserlösliche Vitamine: Thiamin (B1), Riboflavin (B2), Pyridoxin (B6), Cobalamin (B12), Ascorbinsäure (C), Biotin, Folsäure, Niacin, Pantothensäure

Bei einer abwechslungsreichen und **vollwertigen Ernährung** wird der tägliche *Bedarf an Vitaminen* normalerweise gedeckt. Für Mangelerscheinungen gibt es unterschiedliche Ursachen..

Das längere Fehlen eines Vitamins in der Nahrung über einen längeren Zeitraum führt zu schweren **Mangelerscheinungen**, die **Avitaminose** genannt werden.

Mangelerscheinungen durch einseitiges Überangebot von Vitaminen werden als **Hypovitaminose** bezeichnet.

PIGAFETTA, der Chronist, berichtet: "... Das Fleisch der Ober- und Unterkiefer schwoll bei mehreren von uns an, dass sie überhaupt keine Nahrung zu sich nehmen konnten und daran starben. Neunzehn Mann verloren wir auf diese Weise."

In den entwickelten Industrieländern sind solche Krankheitsbilder wie Skorbut oder Beri-Beri sehr selten. Selten sind auch Hypervitaminosen, die durch eine ständige Überversorgung mit einem Vitamin entstehen. Hervorgerufen werden diese vor allem durch die fettlöslichen Vitamine A und D. Im Mittelalter traten Vitaminmangelerscheinungen vor allem während der langen Segelschifffahrten auf. Hartbrot und Salzfleisch waren meist die einzige Nahrung, wie es z.B. der Chronist der Magalhães-Expedition beschrieb.

Vitamin	Bedeutung für	z.B. enthalten in	Mangelerscheinung	tägl. Zufuhr (in mg) für Erwachsene	Eigenschaften
A	Sehen, Wachstum, Erneuerung der Haut	Leber, Butter, Eigelb; als Vorstufe „Carotin"in Möhren, Spinat, Paprika	Wachstumsstörungen, Nachtblindheit, Verhornungserscheinungen	1,03–1,6	lichtempfindlich, fettlöslich
B1	Zuckerabbau im Körper, Funktionieren des Nervensystems	Vollkornbrot, Haferflocken, Hülsenfrüchten, Naturreis, Kartoffeln, Schweinefleisch	Nervenkrankheiten, Lähmungen, Abmagerung, Appetitlosigkeit	0,4–1,08	hitzebeständig, wasserlöslich
B2	Sehen, Haut, Vorgänge im Körper (z.B. Atmung)	Milch, Käse, Eiern, Kartoffeln, Getreideprodukten, Gemüse, Fleisch, Leber, Nieren	Hautstörungen, Haarausfall, Bindehautentzündung	1,6–2,6	wasserlöslich
C	Knochen, Zähne, Blut, Stärkung der Abwehr von Krankheitserregern	Obst, vor allem Zitrusfrüchten und Beerenobst, Kartoffeln, Kopfkohl, Petersilie	Gelenk- und Knochenschmerzen, Skorbut	75	hitzeempfindlich, wasserlöslich
D	Knochen und Zähne	Butter, Margarine, Milch, Käse, Fisch, Leber, Eigelb, Pilzen	Zahnschäden, Knochenverformungen (englische Krankheit)	0,01	lichtempfindlich, hitzebeständig, fettlöslich
E	Durchblutung, Wundheilung	Pflanzenölen, Gemüse, Nüssen, Butter, Eiern	Arterienverkalkung	12	fettlöslich

Täglich frisches Obst und Gemüse schließen Mangelerscheinungen aus.

Ballaststoffe

Ballaststoffe sind unverdauliche Nahrungsbestandteile. Als Cellulose, Pektine und Lignin kommen sie nur in pflanzlichen Lebensmitteln vor. Für Erwachsene liegt der wünschenswerte tägliche Bedarf bei 25 g.

Eine **ballaststoffreiche Ernährung** ist ein wichtiger Beitrag zur Verhinderung von Übergewicht, Verstopfung, Dickdarmkrebs, Diabetes mellitus, Arteriosklerose, Gallensteinen u.a.

Obwohl die Ballaststoffe *unverdaulich* sind, haben sie für die Ernährung eine besondere Bedeutung:

Die *Kautätigkeit* wird angeregt. Dadurch erhöht sich die Speichelproduktion, wodurch die Kariesanfälligkeit vermindert wird.

Ballaststoffe *quellen* im Magen auf. Dadurch wirken sie sättigend und erhöhen das Stuhlvolumen. Verstopfungen werden so vermieden.

Die Zusammensetzung der *Darmflora* wird positiv beeinflusst, was die normale Darmfunktion fördert.

Ballaststoffe können *schädliche Substanzen binden*, die so schneller ausgeschieden werden können (z.B. Gallensäuren und Cholesterin).

Bei ausreichender Ballaststoffzufuhr tragen Näschereien wie Schokolade und Eis zum Wohlbefinden bei.

Energie- und Nährstoffbedarf

Als allgemeine *Faustregel* für die **Nährstoffrelation** gilt:
55 % Kohlenhydrate
30 % Fette
15 % Eiweiße

> Der tägliche **Energiebedarf** eines Menschen ergibt sich aus zwei Größen:
>
> **Gesamtenergiebedarf = Grundumsatz + Leistungsumsatz**. Seine Deckung erfolgt durch die Zufuhr der energieliefernden Nährstoffe – also Kohlenhydrate, Eiweiße und Fette.

Grundumsatz: Energiemenge, die benötigt wird, um die Lebensfunktionen des Körpers (z.B. Atmung, Herzfunktion) und die Körpertemperatur aufrechtzuerhalten.

Faktoren, die den **Grundumsatz** beeinflussen:
Alter und Geschlecht, Körperoberfläche, individuelle Besonderheiten (Stress, Depressionen, Schwangerschaft), Klima.
Berechnung des Grundumsatzes:
Körpergewicht x 4,2 kJ x 24 Stunden.
Faktoren, die den **Leistungsumsatz** beeinflussen:
Schwere der Arbeit, Freizeitaktivitäten, Umgebungstemperatur, Verdauungstätigkeit, Wachstum.

Der **Nährstoffbedarf** kann in *Abhängigkeit vom Körpergewicht* ermittelt werden.

Dabei gelten folgende Richtwerte je kg Körpergewicht für Erwachsene:

4–6 g Kohlenhydrate
0,8 g Eiweiß
0,7 g Fett

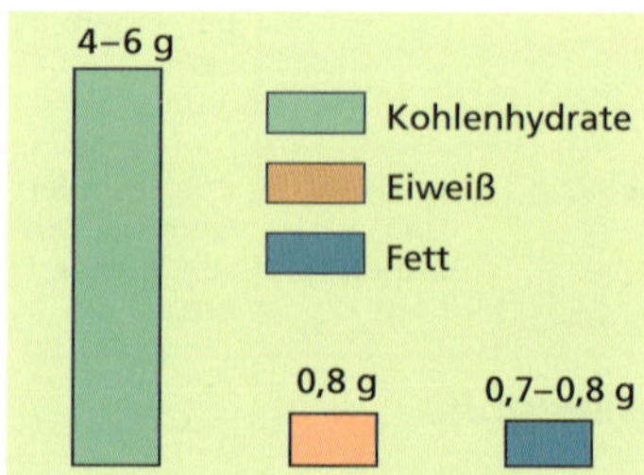

Bei Kindern, Jugendlichen, schwangeren und stillenden Frauen ist der **Eiweißbedarf** erhöht. Darüberhinaus benötigt der Mensch täglich 2–2,5 l Flüssigkeit sowie die notwendigen **Vitamine** und **Mineralstoffe**.

Der Bedarf an **Ballaststoffen** wird mit etwa 30 g je Tag angegeben, z.B. in 100 g Birnen sind 2,8 g und in 100 g Roggenknäckebrot 14,1 g Ballaststoffe enthalten.

1.10.2 Zehn Regeln für eine vollwertige Ernährung

Die *Deutsche Gesellschaft für Ernährung (DGE)* hat als Richtlinie für eine gesunde Ernährungsweise *10 Regeln* aufgestellt, die für alle Personen, unabhängig von ihrem Alter, ihrer Leistung und ihrem Gesundheitszustand, Gültigkeit haben.

Regel 1	Vielseitig – aber nicht zu viel
Regel 2	Weniger Fett und fettreiche Lebensmittel
Regel 3	Würzig – aber nicht salzig
Regel 4	Wenig Zucker
Regel 5	Mehr Vollkornprodukte
Regel 6	Reichlich Gemüse, Kartoffeln und Obst
Regel 7	Weniger tierisches Eiweiß
Regel 8	Trinken mit Verstand
Regel 9	Öfters kleine Mahlzeiten
Regel 10	Schmackhaft und nährstoffschonend zubereiten

Wer so isst, ist fit.

55 % Kohlenhydrate
30 % Fett
15 % Eiweiß

Orientierungshilfe für die Einhaltung der Regeln ist der **Ernährungskreis.**
Aus dem Ernährungskreis kann das tägliche Nährstoffverhältnis abgeleitet werden.
In diesem Kreis fehlen Zucker und Süßwaren, weil sie keine lebensnotwendigen Inhaltsstoffe enthalten. Sie können für die *tägliche* Ernährung vernachlässigt werden.

1.10.3 Spezielle Kostformen

Vegetarische Kost

Ovo-Lacto-Vegetarier: Sie essen überwiegend pflanzliche Lebensmittel, ergänzen diese jedoch durch Milch, Milchprodukte und Eier.

Lacto-Vegetarier: Neben pflanzlichen Lebensmitteln akzeptieren sie auch Milch und Milchprodukte.

Veganer: Sie lehnen sämtliche Nahrungsmittel tierischer Herkunft ab. Auch in anderen Bereichen, z.B. bei der Bekleidung verzichten Veganer auf tierische Erzeugnisse.

Die vegetarische Kost hat folgende Vorteile:

- Hoher Ballaststoffgehalt:
  - ⟶ weniger Probleme mit Darmverstopfung
  - ⟶ weniger Darmkrebs
- Geringer Cholesteringehalt:
  - ⟶ weniger Arteriosklerose
  - ⟶ weniger Bluthochdruck und Herzinfarkt
- Geringerer Fettgehalt:
  - ⟶ weniger Übergewicht
  - ⟶ weniger Folgeerkrankungen des Übergewichts (Diabetes, Gicht).

Die vegane Kost kann zu einem Mangel an Eiweiß, Eisen und Vitamin B 12 führen. Deshalb ist diese Ernährungsweise vor allem nicht für Kinder, Schwangere und stillende Mütter zu empfehlen.

> Die ovo-lacto-vegetarische und die lacto-vegetarische Ernährungsweise sind *vollwertige* Kostformen.

Vollwert-Ernährung

Die **Vollwert-Ernährung** wurde 1942 von WERNER KOLLATH entwickelt. Das von ihm erarbeitete Wertsystem beinhaltet: je geringer der Verarbeitungsgrad, umso wertvoller ist das Lebensmittel. KOLLATHS Theorie wurde vor allem von KOERBER und LEITZMANN weiterentwickelt.

> Die **Vollwert-Ernährung** als besondere Kostform beruht darauf, dass alle Lebensmittel je nach dem Grad ihrer **Verarbeitung** in ein **Wertsystem** eingeordnet werden.

Merkmale der Vollwert-Ernährung:

- Es ist eine überwiegend lacto-vegetarische Ernährungsform.
- Die Lebensmittel werden so naturbelassen wie möglich.
- Etwa die Hälfte der Nahrungsmenge besteht aus unerhitzter Frischkost.
- Nahrungsmittel mit Zusatzstoffen und gentechnisch veränderte oder bestrahlte Lebensmittel werden vermieden.
- Die verwendeten Lebensmittel stammen möglichst aus ökologischen Landwirtschaftsbetrieben der Region.
- Bevorzugt werden unverpackte/umweltschonend verpackte Lebensmittel.

Einteilung der Lebensmittel nach Wertstufen

Stufe I	Stufe II	Stufe III	Stufe IV
nicht oder sehr gering verarbeitet, z.B. Frischkornmüsli, frisches Gemüse, Rohmilch, Mineralwasser	mäßig verarbeitet, z.B. Vollkornbrot, erhitztes Gemüse, pasteurisierte Vollmilch, Frucht- u. Gemüsesäfte	stark verarbeitet, z.B. Weißbrot, Gemüsekonserven, H-Milch, Kaffee, Tee	isolierte Lebensmittelbestandteile, z.B. Getreidestärke, Vitamin- u. Mineralstoffpräparate, Kondensmilch

Stufe I – sehr empfehlenswert
Stufe II – empfehlenswert
Stufe III – weniger empfehlenswert
Stufe IV – nicht empfehlenswert

Reduktionskost

Die **Reduktionskost** dient dazu, vorhandenes Übergewicht *dauerhaft* abzubauen.

Die **energiereduzierte Mischkost** ist der beste Weg zur Gewichtsreduzierung.

Ein dauerhafter Erfolg der Gewichtsreduzierung wird nur erzielt, wenn nicht zu alten Ernährungsgewohnheiten zurückgekehrt wird. Ansonsten ist oft das frühere Gewicht wieder erreicht, häufig sogar ein noch höheres. Diese Erscheinung wird *„Jo-Jo-Effekt"* genannt.

Nicht empfehlenswerte Maßnahmen:
- Null-Diät (totales Fasten),
- Diäten mit extremer Nährstoffverteilung (Ananas-Diät),
- Appetitzügler, Abführmittel und andere Medikamente,
- Schlankheitsdrinks aus der Apotheke.

Weitere Grundsätze:
- wenig Salz u. scharfe Gewürze,
- wenig braten, grillen, fritieren,
- keine fett- u. zuckerhaltigen Lebensmittel
- keine blähenden Speisen
- täglich 5–6 kleine Mahlzeiten.

Tipps zum Abnehmen
- bewusst essen ohne Nebenbeschäftigung,
- langsam essen, gründlich kauen,
- keine großen Vorräte anlegen,
- viel Bewegung und Sport

Leichte Vollkost

Die **leichte Vollkost** dient der Entlastung der Verdauungsorgane und ist vor allem für die Ernährung von *kranken Menschen* geeignet. Sie hat die frühere **Schonkost** abgelöst.

Wichtigster Grundsatz der leichten Vollkost:

Es ist alles erlaubt, was vertragen wird.

Das **Body-Mass-Index** (BMI) ist *eine* Methode, um das tatsächliche Übergewicht festzustellen.

Auswertung des Ergebnisses:
unter 18 = Untergewicht
18–25 = Normalgewicht
über 26 = behandlungsbedürftiges Übergewicht

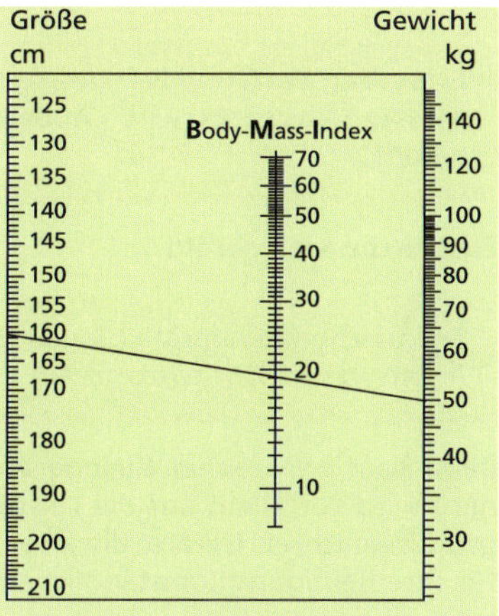

Nicht empfehlenswerte Maßnahmen:
- Null-Diät (totales Fasten)
- Diäten mit extremer Nährstoffverteilung (z.B. Ananas-Diät)
- Appetitzügler, Abführmittel und andere Medikamente
- andere Diäten (z.B. Schlankheitsdrinks aus der Apotheke)

1.11 Zubereitung von Speisen und Getränken

1.11.1 Arbeitsmittel, Maschinen und Geräte in der Küche

Messer

Messer immer so zureichen, dass der Griff zuerst gereicht wird. Beim Säubern vom Messerrücken zur Schneide arbeiten.

Messer gibt es für verschiedene Verwendungszwecke, aus unterschiedlichen Materialien und in verschiedenen Qualitäten. Bei der Anschaffung von Messern sollten folgende Qualitätsmerkmale beachtet werden:

Gemüsemesser

Klinge kurz, gerade, spitz, elastisch, 5–10 cm lang

Schälmesser

Klinge säbelartig gebogen, 6–8 cm lang

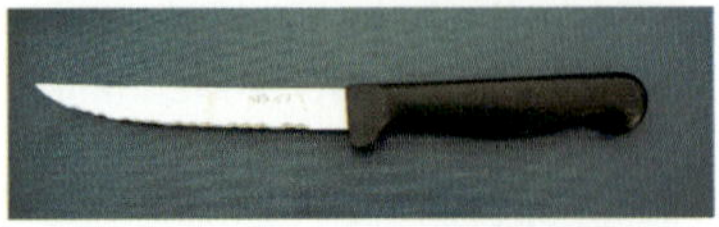

Brotmesser

Klinge mit Wellen- oder Sägeschliff, ca. 20 cm lang

Buttermesser

Klinge abgerundet mit Säge- oder Wellenschliff, 8–10 cm lang

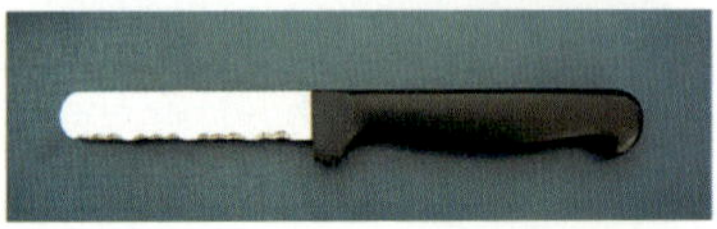

Käsemesser

Klinge breit, spitz, schwer, 15–30 cm lang

Es werden *Kraft* und *Zeit* gespart, wenn für jeden Zweck das richtige **Messer** verwendet wird. Außerdem werden die Lebensmittel geschont.

Elektrische Kleingeräte: Mixstab, Toaster, Kaffeemaschine, Dosenöffner, Eierkocher, Wasserkocher, Allesschneider.

Elektrische Kleingeräte

Elektrische Kleingeräte dienen dazu, die Arbeit in der Küche zu *erleichtern* und *Zeit einzusparen.*

Beim Kauf elektrischer Kleingeräte (Bügeleisen, Toaster, Kaffeemaschinen) wird vor allem auf die Leistung (Watt), die Sicherheit und Zeitersparnis geachtet. Geräte, die zwar sicher und schnell arbeiten, aber z.B. für ihre Reinigung (umständlicher Ab- und Aufbau) viel Zeit beanspruchen, sind letztlich keine Hilfe im Haushalt.

Vergleich Handrührgerät – Küchenmaschine

	Handrührgerät	**Küchenmaschine**
	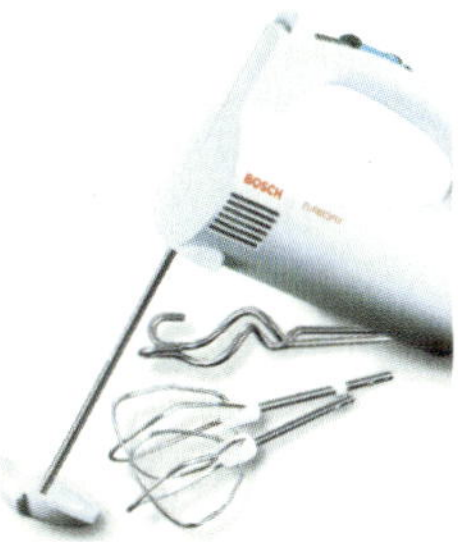	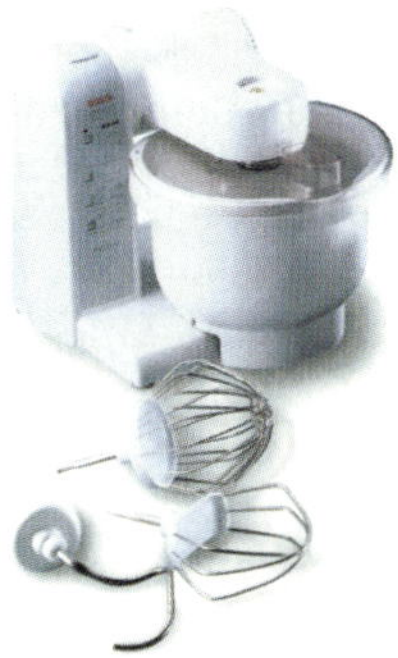
Grundausstattung	Antriebsgerät, 2 Rührbesen, 2 Knethaken, Wandhalterung	Motorblock, Rühr- und Knetwerk, Schnitzelwerk, Rührschüssel, Mixer
Vorteile	• handlich • preiswert • schnell einsatzbereit • ortsungebunden • platzsparende Aufbewahrung	• größere Leistung • mit Zusatzgeräten vielseitig einsetzbar • zur Verarbeitung großer Mengen geeignet • selbsttätiger Betrieb
Nachteile	• geringere Leistung • nur zur Verarbeitung kleinerer Mengen • muss mit der Hand geführt werden	• benötigt einen geeigneten Platz • höherer Anschaffungspreis

Elektroherde

Elektroherde sind mit drei oder vier Kochstellen und einem Backofen ausgestattet. Teilweise verfügen sie zusätzlich über einen Grill, eine Zeitschaltautomatik, eine automatische Reinigungstechnik und über eine Kindersicherung.

Die **Kochfelder** bestehen aus einer Glaskeramikplatte mit vier von unten beheizten Kochzonen in verschiedenen Größen.

Backöfen werden nach der Art der Beheizung unterschieden:
- **Backöfen** mit **Ober- und Unterhitze**
- **Umluft**- oder **Heißluftbacköfen**

Bis in die Mitte des 19. Jahrhunderts wurde im Haus auf offenen Feuerstellen gekocht. Da es häufig zu Unfällen kam, wurden die **Feuerstellen** umbaut. So entwickelten sich allmählich **Öfen** und geschlossene **Herde.**

Im **Backofen** befinden sich oben und unten Heizwiderstände. Die Wärme wird durch Strahlung auf die Lebensmittel übertragen. Bei den meisten Geräten ist es möglich, die Ober- und Unterhitze getrennt in Betrieb zu nehmen. Die Temperatur im Backraum kann zwischen 50 und 275 °C reguliert werden.

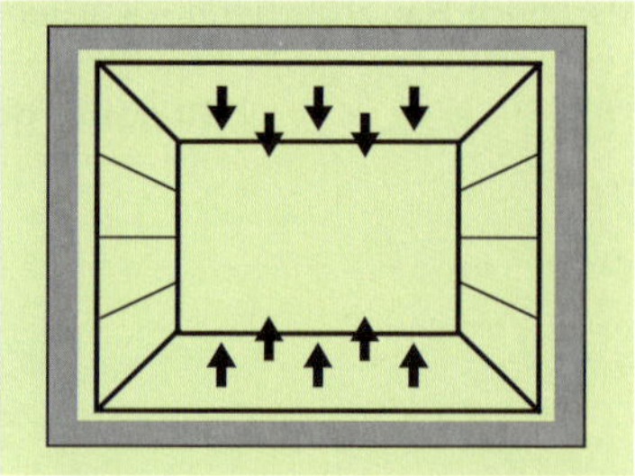

Im **Umluftbackofen** befindet sich an der Rückwand ein Ventilator, der von einem kreisförmigen Heizkörper umgeben ist. Die so erwärmte Luft wird gleichmäßig im Innenraum verteilt und umgewälzt. Dadurch ist es möglich, mehrere Backbleche gleichzeitig in den Backofen einzuschieben.

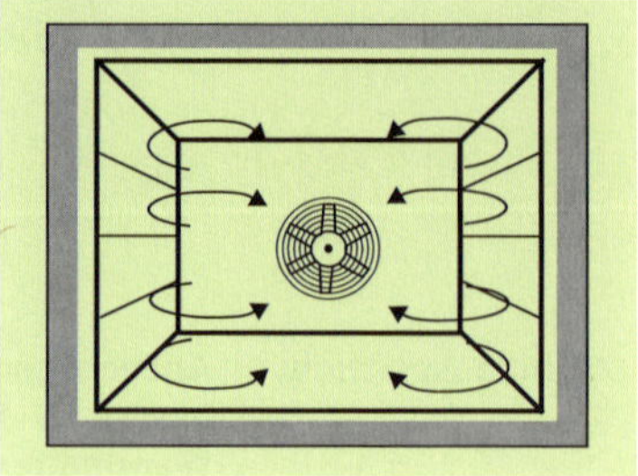

Symbole für Backofenfunktionen

Oberhitze	Unterhitze	Ober- und Unterhitze	Umluft	Umluft mit Unterhitze	Umluft mit Grillfunktion

Mikrowellengeräte

Einsatzmöglichkeiten für **Mikrowellengeräte**

- Erwärmen von Speisen
- Auftauen von Gefriergut
- schonendes Garen von Lebensmitteln

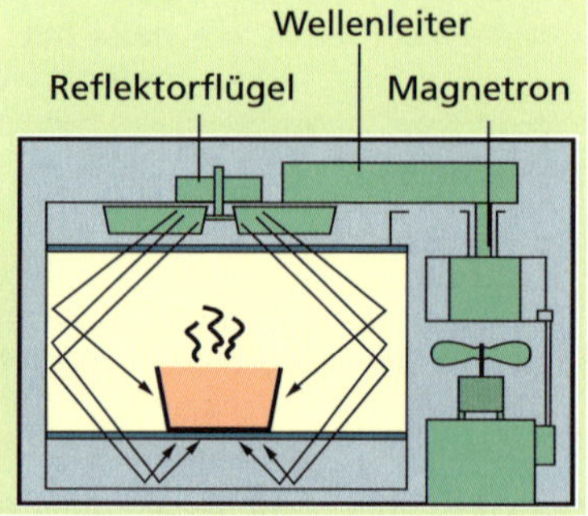

Wirkungsprinzip:
Die Mikrowellen werden im Magnetron erzeugt und gelangen über den Hohlleiter in den Garraum. Von den metallischen Wänden im Garraum werden die Mikrowellen so reflektiert, dass sie sich gegenseitig verstärken.

Der Reflektorflügel erzeugt durch Umlenkung der Wellen in wechselnde Richtungen ein Wellengewirr, wodurch die Energie gleichmäßig im Garraum verteilt wird. Die erzeugten elektromagnetischen Wellen haben eine Frequenz von 2450 MHz.

Treffen die Mikrowellen auf die *Moleküle* in den Lebensmitteln, versetzen sie diese in Schwingungen. Durch die dabei entstehende *Reibung* entsteht Wärmeenergie, die das Lebensmittel in sehr kurzer Zeit erhitzt.

Dampfdrucktöpfe

Der Dampfdrucktopf oder Schnellkochtopf unterscheidet sich von herkömmlichen Kochtöpfen durch einen besonders starken Topfboden und einen luftdicht abschließenden Deckel, der mit einem Sicherheitsventil ausgestattet ist.

1.11.2 Vorbereitungs- und Gartechniken

Nahrungsmittel sollen *schonend* zubereitet werden, damit die in ihnen enthaltenen Nährstoffe, besonders Vitamine und Mineralstoffe, erhalten bleiben.

Zu den **Garverfahren** gehören Kochen, Dünsten, Dämpfen, Braten, Schmoren, Grillen, Backen und Frittieren. Wasser, Fett, heiße Luft und Wärmestrahlen übertragen die zum Garen benötigte Wärme. Diese Stoffe werden **Wärmeüberträger** genannt.

Ausgewählte Garverfahren

	Kochen	**Dünsten**	**Dämpfen**	**Garziehen**

Beschreibung	Garen in viel Wasser	Garen in wenig Flüssigkeit, evtl. unter Fettzugabe	Garen in Wasserdampf	Garen in viel Wasser, Wasser darf nicht kochen
Wärmeüberträger	Wasser	Wasser, Wasserdampf	Wasserdampf	Wasser
Temperatur	ca. 100 °C	ca. 100 °C	100–120 °C	90–95 °C
geeignete Lebensmittel	Teigwaren, Eier, Gemüse, Kartoffeln in der Schale	Gemüse, Fisch, Obst	Kartoffeln, Gemüse, Klöße	Fisch, Klöße, Teigwaren

Nährstoffschonende Garverfahren sind Dünsten und Dämpfen. Die Verluste an Vitaminen und Mineralstoffen sind aufgrund der geringen Wassermenge und einer Temperatur von ca. 100 °C gering. Sie zählen zu den feuchten Garverfahren. Fett oder Heißluft sind Wärmeüberträger bei trockenen Garverfahren (Backen, Grillen, Braten).

Haltbarmachen von Lebensmitteln

Verfahren	Beschreibung des Verfahrens	geeignete Lebensmittel	Bemerkungen
Physikalische Verfahren der Konservierung			
Tiefkühlen	Die Temperatur wird auf –18 bis –35 °C gesenkt. Die Lebensvorgänge der Zelle werden eingestellt.	Fleisch, Gemüse, Obst, Fisch, Fertiggerichte	Farbe und Geschmack bleiben weitgehend erhalten; die Garzeiten verkürzen sich; Vitaminverluste gering.
Trocknen	Durch Wasserentzug wird die Enzymwirkung gestoppt und das Mikrobenwachstum verhindert.	Küchenkräuter, Pilze, Obst, Milch (industriell)	Farbveränderungen, Aromaverluste, Vitaminverluste.
Konservieren durch Erhitzen und Luftabschluss (Einwecken)	Die Lebensmittel werden in luftdicht schließende Gefäße gefüllt und erhitzt (71–74 °C – Pasteurisieren, >100 °C – Sterilisieren). Mikroorganismen werden abgetötet.	Obst, Obstsäfte, Gemüse, Fleisch, Wurst	Farbe und Geschmack der Lebensmittel werden verändert.
Chemische Verfahren der Konservierung			
Zuckern	Zucker wirkt hygroskopisch, d.h., er bindet Wasser und entzieht damit Mikroorganismen die Lebensgrundlage.	Obst	Bei der Herstellung von Marmelade und Gelee erfolgt zusätzlich eine Wärmebehandlung.
Pökeln	Pökelsalz besteht aus Kochsalz und Natriumnitrat. Das Salz bindet das Wasser. Natriumnitrat verhindert das Grauwerden des Fleisches.	Fleischwaren	Durch zu große Hitzeeinwirkung bei der Zubereitung von Pökelwaren, z.B. beim Grillen, entstehen im Körper krebserregende Stoffe, die **Nitrosamine**.
Räuchern	Rauch entzieht den Lebensmitteln Wasser. Er enthält bakterientötende Bestandteile. Durch das Räuchern entstehen typische Aromastoffe.	Fleisch, Wurst, Fisch	Durch das Räuchern können in den Lebensmitteln krebserregende Verbindungen entstehen.
Säuern	Durch Zugabe von Essigsäure oder durch Milchsäuregärung wird der pH-Wert der Lebensmittel abgesenkt, sodass sich Mikroorganismen nicht mehr vermehren können.	Gurken, Kraut, Bohnen, Zwiebeln, Paprika	Eine zusätzliche Wärmebehandlung verlängert die Haltbarkeit von gesäuerten Lebensmitteln.

Nitrosamine entstehen durch die Reaktion von Nitrit und Aminen im sauren Milieu (im Magen). Nitrosamine gelten als stark karzinogen (krebserregend). Nitrosamine kommen auch im Tabakrauch vor sowie in geräucherten und gegrillten Fleischwaren.

1.12 Reinigung und Pflege der Wohnung

1.12.1 Materialien im Haushalt

Metalle

Metalle können aufgrund ihrer Eigenschaften sehr vielseitig als Material zur Herstellung von *Haushaltsgegenständen* verwendet werden

Die Metalle werden unterschieden nach:

Eisenmetallen: Edelstahl und Gusseisen

Nichteisenmetallen: Chrom, Messing, Kupfer, Zinn und Aluminium

Edelmetallen: Silber und Gold

Häufig werden Metalle mit einer Schutzschicht überzogen, um sie vor Oxidation bzw. Korrosion zu schützen. Solche Schutzschichten sind z. B. aus

- Email (bei hohen Temperaturen aufgebrannte Glasschmelze),
- Kunststoff (Antihaftbeschichtung auf Koch-, Brat- und Backgeschirr),
- Zinn oder Lack.

Reinigung: Metallgegenstände immer gut abtrocknen, um sie vor Korrosionen zu schützen. Für Kupfer, Silber und Messing gibt es spezielle Reinigungs- und Pflegemittel.

Verwendung:
Eisenmetalle
Bestecke, Kochgeschirr, als Spülbecken, Herdplatten sowie Innenauskleidung von Wasch- und Spülmaschinen.
Nichteisenmetalle als Überzug auf anderen Metallen (Chrom), für Ziergegenstände, Möbelbeschläge, Verpackungsmaterial (Alu-Folie), als Koch- und Backgeschirr.
Edelmetalle
Ziergegenstände, Schmuck oder wertvolles Tafelbesteck.

Glas

Rohstoffe für die Glasherstellung sind Quarzsand, Soda, Pottasche und Kalk. Bei Temperaturen über 1500 °C werden die Rohstoffe geschmolzen und durch Gießen, Blasen oder Ziehen geformt. Veredelt werden können Glaswaren durch Schleifen, Bemalen oder Bedrucken.

Glasarten

- **Kalk-Natron-Glas:** Flaschen, Fensterscheiben, einfache Trinkgläser u.a
- **Kristallglas:** Spiegel, Schalen, Schüsseln, Vasen u.a.
- **Bleikristall:** Ziergegenstände, Brillengläser, optische Gläser u.a.

Reinigung erfolgt in Spülmittelwasser, mit heißem Wasser wird nachgespült und anschließend mit einem fusselfreien Tuch abgetrocknet und poliert. Kalkbeläge können mit Essig entfernt werden.

Kunststoffe

Kunststoffe werden zum größten Teil aus Erdöl und Kohle gewonnen. Durch den Zusatz von Füllstoffen, Weichmachern und Farbstoffen werden sie zu einem vielseitig verwendbaren Material zur Herstellung von Haushaltsgegenständen, Fußbodenbelägen, Verpackungen und Beschichtungen von Oberflächen.

Kunststoffe bestehen aus Makromolekülen, die in besonderer Weise miteinander verbunden sind.

Kunststoffe

Thermoplaste	**Duroplaste**
Sie werden bei hohen Temperaturen weich und erhärten beim Abkühlen. *Verwendung:* Schüsseln, Eimer, Vorratsdosen, Jogurtbecher.	Sie werden nach der Formung durch hohe Temperaturen und chemische Veränderungen ausgehärtet. Sie sind hitzebeständig. *Verwendung:* Gehäuse von Elektrogeräten, Kochtopfgriffe, Steckdosen, Kunststoffgeschirr, Beschichtung auf Möbeln.

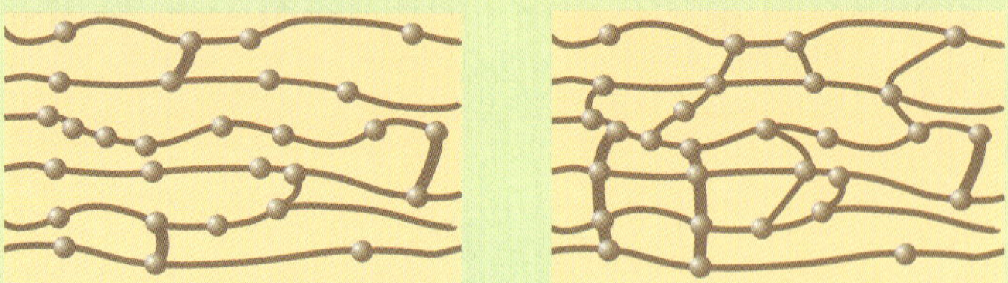

Reinigung: Bei Kunststoffgegenständen genügt Spülmittelwasser.

Keramik

Keramische Erzeugnisse werden aus Ton, Feldspat und Quarz hergestellt. Bei **Porzellan** wird anstelle von Ton Porzellanerde (Kaolin) verwendet.

Die Rohstoffe werden durch Gießen oder Drehen auf der Töpferscheibe in Form gebracht und anschließend meist zweimal gebrannt. Verzierungen können vor oder nach dem Brennen aufgebracht werden.

Art	Eigenschaft	Verwendung
Tonzeug (Töpferware)	weiß bis rotbraun, ohne Glasur wasserdurchlässig, sehr leicht zerbrechlich	Blumentöpfe, Dachziegel, Ziegelsteine, Töpferware
Steingut	gelblich, ohne Glasur wasserdurchlässig, leicht zerbrechlich, dumpfer Klang	einfaches Essgeschirr, Sanitärkeramik, Fliesen
Tongut (Steinzeug)	hell bis dunkelbraun, dichtgebrannt, wasserundurchlässig, stoßempfindlich	Einmachtöpfe, rustikales Geschirr
Porzellan	durchscheinend, weiß, dichtgebrannt, wasserundurchlässig, heller Klang, stoßempfindlich	Essgeschirr, Ziergegenstände

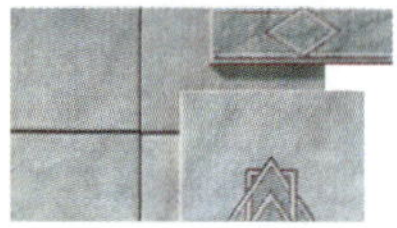

Reinigung: Für die Keramikreinigung gelten die gleichen Grundsätze wie für die Glasreinigung.

Grundsätze für das Spülen von Hand

Der *Arbeitsplatz* für das *Abwaschen* sollte so gestaltet sein, dass von rechts nach links (bei Linkshändern umgekehrt) gearbeitet werden kann.

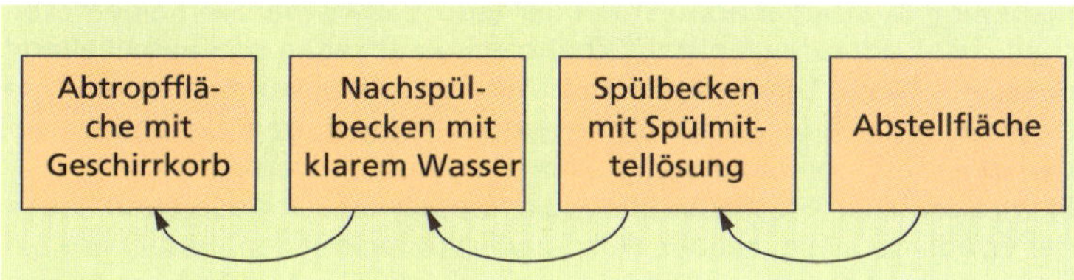

Holz

Holz weist im Gegensatz zu den meisten anderen im Haushalt verwendeten Materialien eine raue Oberfläche auf und kann Feuchtigkeit aufnehmen.

Holz *„arbeitet"*, d.h., es quillt durch *Feuchtigkeit* auf und kann nach dem Trocknen eventuell Risse aufweisen. In der porösen Oberfläche können sich Schmutz und Keime absetzen.

Holz findet vor allem *Verwendung* bei der Herstellung von Möbeln, Küchengeräten (z.B. Kochlöffel, Schneidbretter) und Ziergegenständen.

Holzarten

- **heimisches Holz**
  - Nadelhölzer: Fichte, Kiefer, Lärche, Tanne
  - Laubhölzer: Ahorn, Birke, Buche, Eiche, Erle, Kirsche, Nussbaum
- **ausländisches Holz**
  - Nadelhölzer: Zeder
  - Laubhölzer: Ebenholz, Mahagoni, Palisander, Teak

Reinigung: Holzgegenstände gehören nicht in die Spülmaschine und dürfen nicht lange im Spülwasser liegen. Poliertes Holz wird nur mit trockenem Putztuch oder Holzpflegemittel gereinigt.

Leder

Leder wird aus *Tierhäuten*, hergestellt. Es weist je nach dem Behandlungsverfahren (Gerbart) und seiner Dicke unterschiedliche Eigenschaften auf.

Für die Herstellung von Kleidung und Schuhen ist seine *Atmungsaktivität* und *Strapazierfähigkeit* von besonderer Bedeutung.

Reinigung: Glattleder abbürsten oder feucht abwischen. Mit einem weichen Tuch Lederpflegemittel (Schuhcreme) auftragen und anschließend polieren. Nasse Lederschuhe mit Zeitungspapier ausstopfen und so trocknen. Rauleder niemals mit fettenden Pflegemitteln behandeln. Lederbekleidung sollte nur vom Fachmann gereinigt werden.
Es wird zwischen Glattleder (Rindbox, Nappaleder, Lackleder) und Rauleder (Wildleder, Veloursleder, Nubukleder) unterschieden. Leder wird neben der Herstellung von Bekleidung und Schuhen für Taschen, Gürtel, Möbel verwendet.

Lederwaren sind durch das **Ledersiegel** gekennzeichnet.

1.12.2 Reinigungsmittel

Das wichtigste **Reinigungsmittel** ist Wasser.

Es bringt Schmutz zum Quellen, dadurch löst er sich besser von der jeweiligen Oberfläche. Außerdem schwemmt es gelösten Schmutz und Reinigungsmittelreste aus. Heißes Wasser ist stets wirksamer als kaltes Wasser.

Reinigungsmittel unterstützen durch ihre chemische und/oder mechanische Wirkung den Reinigungsvorgang.

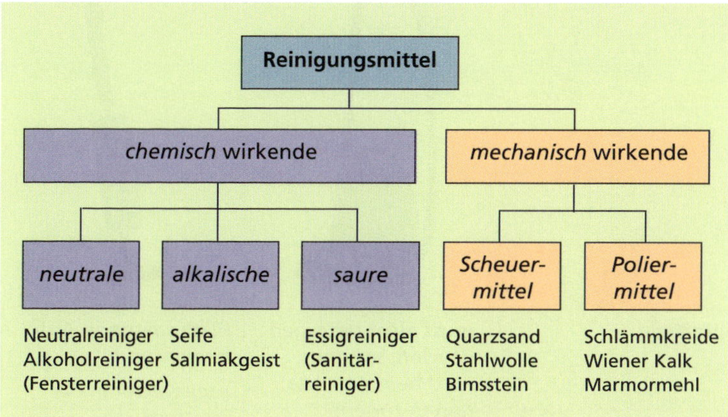

Chemisch wirkende Reinigungsmittel lösen den Schmutz, rauen aber nicht die Oberfläche auf. Bei falscher Anwendung können sie die Oberflächen jedoch beschädigen.

Mechanisch wirkende Reinigungsmittel entfernen den Schmutz durch Reibung. Dabei rauen Scheuermittel die Oberfläche auf.

Poliermittel verleihen den Oberflächen Glanz.

Reinigungsmittel sollten umweltverträglich und biologisch abbaubar sein. Das **Umweltzeichen** „Blauer Engel" weist auf diese Eigenschaften hin.

Mit umweltfreundlichen Alternativen zu handelsüblichen Reinigungsmitteln lassen sich auch beste Putzergebnisse erzielen.

handelsübliche Reinigungsmittel	umweltfreundliche Hausmittel
WC-Reiniger	Essig oder Zitronensäure
Kalkentferner	Essig oder Zitronensäure
Fensterputzmittel	Essig oder Spiritus
Silberputzmittel	Spiritus, Salz und Alufolie

1.12.3 Maschinen und Geräte zur Hausreinigung

Staubsauger

Der **Staubsauger** dient zur Entfernung von feinem bis mittelgrobem Staub und Schmutz nicht nur von Fußböden, sondern auch von Polstern, Möbeln, Vorhängen und anderen Einrichtungsgegenständen.

	Bodenstaubsauger	Handstaubsauger
Aufbau		
Vorteile	muss nicht getragen werden, sondern wird beim Staubsaugen gezogen; größere Reichweite; größeres Staubaufnahmevermögen durch größere Filterbeutel	Platz sparende Aufbewahrung; preiswerter in der Anschaffung

Geschirrspülmaschine

Die *Geschirrreinigung* in der **Spülmaschine** bringt gegenüber dem Abwaschen von Hand folgende Vorteile:

- Einsparung von Arbeitszeit,
- hygienischer gereinigtes Geschirr durch Wassertemperaturen bis 70 °C,
- geringerer Wasserverbrauch.

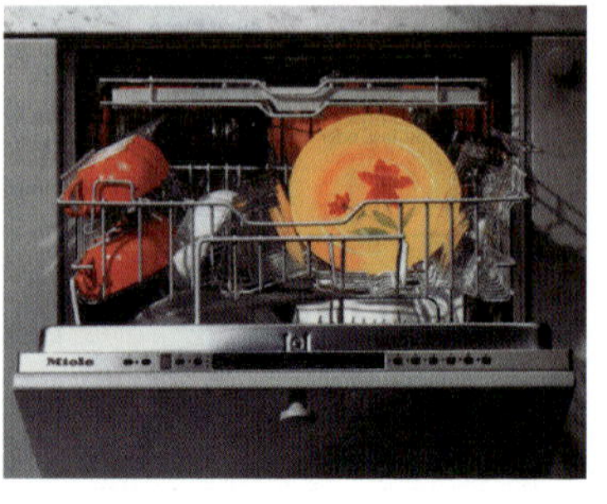

Eine *Geschirrspülmaschine* fasst je nach Bauart bis zu *14 Maßgedecke*.

Maßgedeck:
1 tiefer Teller
1 flacher Teller
1 Dessertteller
1 Tasse
1 Untertasse
1 Trinkglas
5 Besteckteile

Für die maschinelle Geschirrreinigung werden spezielle Reiniger in Pulver- oder Tablettenform sowie Klarspüler und Regeneriersalz benötigt.

1.13 Textilien – ihre Reinigung und Pflege

1.13.1 Textile Fasern

Textile Fasern sind entweder natürlicher Herkunft oder werden chemisch hergestellt.

Naturfasern

- **tierische Fasern**: Angora, Mohair, Seide, Wolle, …
- **pflanzliche Fasern**: Baumwolle, Hanf, Jute, Leinen, …

Angora: Das sind sehr feine und leichte Fasern aus den Haaren von Angorakaninchen.
Eigenschaften: wie Wolle, besonders weich und wärmend.
Verwendung: Oberbekleidung, Schals.

Mohair: Es wird aus den Haaren der Angoraziege hergestellt.

Seide: Seide wird aus den Kokons der Seidenraupe, einer Entwicklungsstufe des Maulbeerspinners gewonnen.
Eigenschaften: elastisch, reißfest, kühlt im Sommer, wärmt im Winter, nimmt viel Feuchtigkeit auf, knitterarm, gut einfärbbar, empfindlich gegenüber Laugen und Hitze.
Verwendung: Bekleidung, Schals, Tücher, Krawatten, Deckenfüllungen.

Wolle: Wolle ist das Haarkleid von Schafen.
Eigenschaften: wärmend, nimmt viel Feuchtigkeit auf, knitterarm, elastisch, filzt, hitzeempfindlich.
Verwendung: Oberbekleidung, Teppiche, Filz (Hüte, Pantoffeln).

Baumwolle: Sie wird aus den Samenhaaren der Fruchtkapseln von Baumwollsträuchern hergestellt.
Eigenschaften: nimmt viel Feuchtigkeit auf, kochfest, gut einfärbbar, geringes Warmhaltevermögen, knittert, reißfest, luftdurchlässig.
Verwendung: Tisch- und Bettwäsche, Oberbekleidung und Unterwäsche, Handtücher, Haushaltstücher, Berufsbekleidung, Heimtextilien.

NATURFASER BAUMWOLLE

Hanf: Hanf wird aus den Stängeln der Hanfpflanzen hergestellt.
Eigenschaften: noch fester als Leinen, sehr saugfähig, verrottungsfest.
Verwendung: Seile, Planen, Gurte, Oberbekleidung.

Jute: Jute wird aus den Stängeln der Jutepflanze hergestellt.
Eigenschaften: fester als Leinen, reißfest.
Verwendung: Verpackungsmaterial, Untergewebe für Teppiche und Fußbodenbeläge.

Leinen: Leinen wird aus den Stängeln der Flachs- oder Leinpflanzen hergestellt.
Eigenschaften: sehr glatt mit unregelmäßigen Verdickungen, atmungsaktiv, schmutzabweisend, fühlt sich kühl an, sehr reiß- und scheuerfest, kochfest, knittert stark.
Verwendung: Tischdecken, Geschirrtücher, Oberbekleidung, Heimtextilien.

Cupro: Sammelbezeichnung für seidenähnliche synthetische Fasern, die nach dem Kupfer-Ammoniak-Verfahren auf Cellulosebasis hergestellt werden.
*Modal*fasern werden nach einem modifizierten Viskoseverfahren hergestellt.

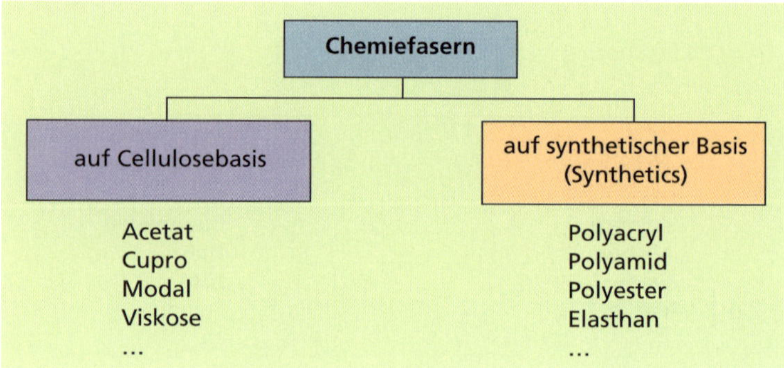

Chemiefasern auf Cellulosebasis: Sie werden mittels chemischer Verfahren aus Baumwollabfällen oder Holz hergestellt. Je nach Herstellungsverfahren weisen sie unterschiedliche Eigenschaften auf.

Acetat:
Eigenschaften: nimmt kaum Feuchtigkeit auf, knitterarm.
Verwendung: Futterstoffe, Wetterbekleidung, Tücher und Regenschirme.

Viskose:
Eigenschaften: weich, knittert stark, hat angenehme Trageeigenschaften, ist nicht kochfest, lässt sich gut einfärben.
Verwendung: Oberbekleidung, Heimtextilien.

Chemiefasern auf synthetischer Basis: Sie werden aus Erdöl und Kohle gewonnen. Synthetics nehmen kein Wasser auf, können sich elektrostatisch aufladen und verschmutzen dadurch sehr leicht. Der Schmutz dringt aber nicht in die Faser ein und kann deshalb leicht entfernt werden. Gewebe aus synthetischen Fasern sind thermoplastisch, d.h., Bügelfalten sind dauerhaft. Aufgrund ihrer Eigenschaften sind Synthetics sehr pflegeleicht und vielseitig verwendbar:

Polyacryl: Strickwaren, Strümpfe, Pelzimitate, Heimtextilien, Schlafdecken.

Polyamid: Feinstrumpfhosen, Unterwäsche, Badebekleidung, Pelzimitate.

Polyester: Gardinen, Teppichböden, Zelte, Oberbekleidung.

Elasthan, Lycra: Miederwaren, Badebekleidung, Oberbekleidung, Sportbekleidung.

Zur Information und zum Schutz des Verbrauchers gibt es für verschiedene Faserarten **Gütesiegel**.

1.13.2 Pflegekennzeichen von Textilien

Waschen (Hand- und Maschinenwäsche) Symbol: Waschbottich	95	95	60	60	40	40	30		
	Normalwaschgang	Schonwaschgang (waschtechnisch mildere Behandlung z.B. pflegeleicht)	Normalwaschgang	Schonwaschgang (waschtechnisch mildere Behandlung, z.B. pflegeleicht)	Normalwaschgang	Schonwaschgang (waschtechnisch mildere Behandlung, z.B. pflegeleicht)		Handwäsche	nicht waschen

Chloren Symbol: Dreieck	Cl chloren möglich			nicht chloren
Bügeln Symbol: Bügeleisen	starke Einstellung	mittlere Einstellung	schwache Einstellung	nicht bügeln
	Baumwolle, Leinen	Wolle, Seide Polyester, Viskose	Chemiefasern, z.B. Polyacryl, Polyamid, Acetat	

Chemisch reinigen Symbol: Reinigungstrommel	A	P	P	F	F	
	normale Kleidung	normale Kleidung	reinigungstechnisch empfindliche Kleidung	normale Kleidung	reinigungstechnisch empfindliche Kleidung	nicht chemisch reinigen
	Der Kreis sagt, ob mit organischen Lösungsmitteln gereinigt werden kann oder nicht. Die Buchstaben sind lediglich für die Chemischreinigung bestimmt und geben einen Hinweis auf die in Frage kommende Reinigungsart.					

Trocknen (im Wäschetrockner) Symbol: Trocknungs-trommel	Trocknen mit normaler thermischer Belastung	Trocknen mit reduzierter thermischer Belastung	Trocknen im Wäschetrockner nicht möglich

Textilkennzeichnungsgesetz

Es wurde 1972 erlassen und gilt für alle in der Bundesrepublik Deutschland verkauften Textilien, d.h. nicht nur für Bekleidung, sondern auch für Möbelbezugsstoffe, Dekorationsstoffe, Campingartikel usw.

Wichtige Inhalte des Textilkennzeichnungsgesetzes:
- Die Rohstoffe müssen nach Art und Anteil in % angegeben werden. Die Aufzählung muss in absteigender Reihenfolge erfolgen, z.B. 98 % Baumwolle, 2 % Elasthan.
- Die Kennzeichnung muss in deutscher Sprache erfolgen und fest mit dem Artikel verbunden sein.

1.13.3 Reinigungs- und Pflegeverfahren für Textilien

Schon im Altertum kannten die Ägypter die Möglichkeit, bestimmte Stoffe zur Reinigung von Wäsche herzustellen. Reinigungs- und Pflegeverfahren von Textilien unterlagen in der historischen Entwicklung großen Veränderungen. Moderne Verfahren tragen zur Erleichterung der Hausarbeit bei.

Waschfaktoren

Um beim Wäschewaschen den gewünschten Reinigungseffekt zu erzielen, müssen mehrere **Waschfaktoren** zusammenwirken.

Mechanik: Durch Bewegen der Wäsche lockert sich der Schmutz (Trommelbewegung der Waschmaschine, manuelle Waschbewegungen).

Temperatur: Wärme verstärkt die Reinigungswirkung der Waschmittel. Je nach Faserart wird zwischen 30 °C, 40 °C, 60 °C und 95 °C gewählt.

Zeit: Zeit wird benötigt zum Einwirken der Waschmittel, zum Aufweichen der Verschmutzungen und zum Erreichen der Waschtemperatur.

Chemie: In den Waschmitteln sind die zum Waschen benötigten Substanzen enthalten. Es handelt sich vor allem um Tenside, Bleichmittel und Enzyme.

Tenside sind waschaktive Substanzen. Sie begünstigen die Waschvorgänge, weil sie die Oberflächenspannung des Wassers herabsetzen. Enzyme dienen zum Abbau von Eiweißen (z. B. Blutfleckenentfernung).

Wasser ermöglicht die Wirkung der Waschfaktoren. Dabei ist der **Härtegrad** für den Wascherfolg und für die notwendige Waschmittelmenge ausschlaggebend.

Durch **Wasserenthärter** kann die Waschmittelmenge gesenkt werden.

Härtebereich	Bezeichnung	Kalkanteil (CaO) in 1 Liter Wasser
1	weich	bis 73 mg
2	mittel	bis 104 mg
3	hart	bis 213 mg
4	sehr hart	über 213 mg

Universalwaschmittel	Spezialwaschmittel
für alle Textilien und alle Temperaturbereiche	Colorwaschmittel Feinwaschmittel Wollwaschmittel Gardinenwaschmittel
Waschhilfsmittel	**Baukastensysteme**
Vorbehandlungsmittel Wasserenthärter Bleichmittel	bestehen aus einem Basiswaschmittel, Enthärter und Bleichmittel, die der Verbraucher entsprechend der Faserart und dem Verschmutzungsgrad einzeln dosiert; verwendbar für alle Textilien.

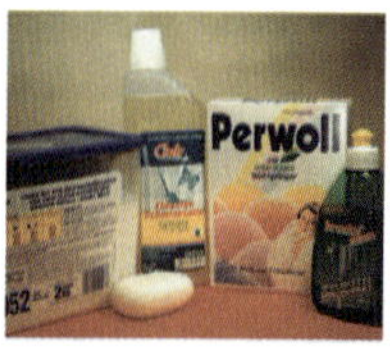

Zusätzlich zu den Waschmitteln gibt es eine Vielzahl von Nachbehandlungsmitteln. Sie besitzen keine Reinigungswirkung, verbessern aber die Textilien im Aussehen, im Griff oder zögern Verschmutzungen hinaus.

Weichspüler: bewirken einen weicheren Griff und verhindern die elektrostatische Aufladung, vermindern aber die Saugfähigkeit der Textilien.

Formspüler: verbessern die Form und den Sitz von Textilien, erleichtern das Bügeln,

Stärke und **Steife (Appreturen):** geben der Wäsche einen festen Griff. Durch das Bügeln entsteht eine Schutzschicht auf der Oberfläche.

Hinweise zur Fleckentfernung

- Flecken sofort entfernen
- Zuerst Fleck mit Feinwaschmittel entfernen. Bei Nichtgelingen Spezialfleckenmittel verwenden.
- An verdeckter Gewebestelle Verträglichkeit des Fleckenmittels prüfen.
- Saugfähige Unterlage unter verschmutzte Stelle legen.
- Umweltschädigende Mittel nur verwenden, wenn mildere Mittel keine Wirkung zeigen.
- Bei wertvollen Textilien Flecken vom Fachmann entfernen lassen.
- Bei Verwendung lösungshaltiger Fleckenwasser bei geöffnetem Fenster arbeiten.
- Waschbare Textilien nach der Fleckentfernung wie üblich mit Waschmittel waschen.

Bei nicht sofortiger Fleckentfernung, unklarer Verschmutzungsursache, empfindlichen Gewebearten ist eine professionelle chemische Reinigung in Anspruch zu nehmen.

Fleckenart	Möglichkeit zur Entfernung
Fett	Waschbenzin, Gallseife oder Fleckenwasser
Gras	Spiritus, Alkohol, Entfärber oder andere Bleichmittel
Harz	Terpentin
Kaugummi	Wäschestück einige Stunden in die Tiefkühltruhe legen, dann den Kaugummi abschaben
Klebstoff	Aceton
Obst, Ketchup	Essig, Zitronensaft, Entfärber
Ölfarbe	Terpentin
Rotwein	Kochsalz, Entfärber
Tee, Kaffee	Bleichmittel
Teer, Fahrradschmiere	Margarine, Schmalz, Butter

Maschinen und Geräte zur Textilreinigung und -pflege

Waschmaschinen

Nach dem Automatisierungsgrad werden unterschieden Waschautomaten (Waschen und Spülen), Waschvollautomaten (Waschen, Spülen, Schleudern und Trocknen).

Aufgrund der unterschiedlichen Beschickung gibt es Toplader, die von oben gefüllt werden, und Frontlader, die von vorn gefüllt werden.

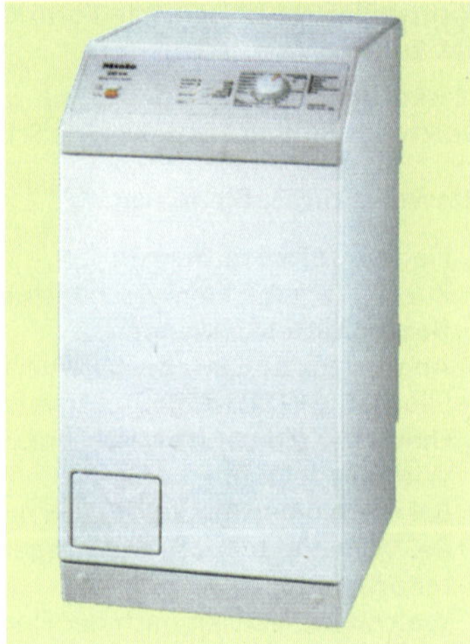

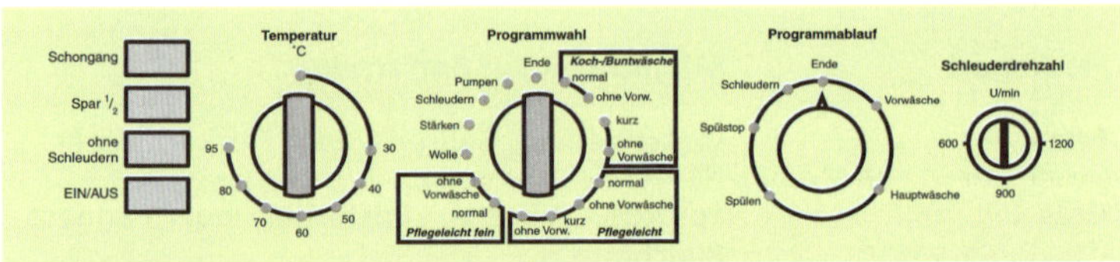

In **Haushaltswaschmaschinen** können durchschnittlich 4–5 kg Trockenwäsche gewaschen werden. Dabei verbrauchen sie ca. 70 Liter Wasser und je nach Waschprogramm zwischen 0,4 und 1,9 kWh Strom.

Übersicht über die Waschprogramme von Haushaltswaschmaschinen

Waschprogramm	**Temperaturbereich**	**Wäsche**	**Waschmittel**
Koch- und Buntwäsche	30–95 °C	Wäsche aus Baumwolle/Leinen/Mischgewebe	Universalwaschmittel, Colorwaschmittel, Baukastensysteme
pflegeleicht	30–60 °C	Synthetics, pflegeleichte Textilien aus Mischgewebe	Universalwaschmittel, Colorwaschmittel, Feinwaschmittel, Baukastensysteme
Feinwäsche	30–40 °C	temperatur- und farbempfindliche Wäsche	Feinwaschmittel

Wolle	kalt bis 40 °C	Wäsche mit dem Wollsiegel und dem Hinweis „waschmaschinenfest“ oder „nicht filzend“, Textilien aus Seide	Wollwaschmittel

Wäschetrockner

Ablufttrockner

Angesaugte Luft wird erwärmt und entzieht so der Wäsche die Feuchtigkeit. Die feuchte Luft wird über einen Abluftkanal ins Freie geleitet.

Kondensationstrockner

Angesaugte Luft wird in einem geschlossenen Kreislauf umgewälzt. Sie wird erhitzt, nimmt Feuchtigkeit auf und leitet sie in einen Kondensator. Das Kondenswasser wird in einem Behälter aufgefangen oder abgepumpt.

Viele Haushalte haben wenig Platz zum Wäschetrocknen. Hier könnte ein elektrischer Wäschetrockner die Lösung sein. Unabhängig vom Wetter und unter Zeiteinsparung trocknet die Wäsche jederzeit. Nicht alle Textilien sind trocknergeeignet.

Moderne Wäschetrockner haben eine Einknopf-Programmwahl, ca. 9 Trockenstufen, Glätten und Finish-Programm, Knitterschutz und eine Programmablauf-Anzeige. Durch ein Sensitiv-System stoppt der Trockenvorgang, wenn die Wäsche den gewählten Trocknungsgrad erreicht hat. Die feuchtigkeitsabhängige Trocknung hilft Strom sparen.

Um den Wäschetrockner *effektiv* zu nutzen, sollten folgende Hinweise beachtet werden:
- Die vom Hersteller des Gerätes angegebene *Füllmenge* immer voll ausnutzen.
- Nur gut geschleuderte Wäsche in den Trockner geben.
- Je nach der geplanten Weiterbearbeitung der Wäsche den gewünschten Trocknungsgrad einstellen (z.B. mangelfeucht, bügelfeucht, schranktrocken).
- Das Flusensieb muss regelmäßig gereinigt werden.

Bügelgeräte

Beim *Bügeln* wird durch Hitze, Druck und Feuchtigkeit die Wäsche geglättet und geformt.

Bügeleisen

Entsprechend der Faserart kann die Temperatur des Bügeleisens reguliert werden. Dampfbügeleisen feuchten die Wäsche beim Bügeln an und erleichtern somit die Arbeit.

80–105 °C	130–165 °C	165–220 °C
Chemiefasern	Seide, Mischgewebe	Baumwolle, Leinen

Bügelmaschinen

Die Wäsche wird von einer rotierenden Walze gegen eine beheizte Mulde gepresst und dadurch geglättet.

Die Temperaturregulierung erfolgt wie beim Bügeleisen. Es gibt auch Bügelmaschinen mit Dampffunktion. Bügelmaschinen eignen sich besonders für große, glatte Wäschestücke (Tischdecken, Bettwäsche).

Arbeitsgrundsätze für das Bügeln:

- Die Wäschestücke nach ihrer Temperaturempfindlichkeit sortieren. Man beginnt mit der niedrigsten Temperatureinstellung.
- Kragen, Ärmel, Bänder u.Ä. zuerst bügeln, dann die großen Flächen.
- Wäschestücke, die glänzen sollen, von rechts bügeln, ansonsten von links.
- Doppelte Teile erst von links und dann von rechts bügeln.
- Gebügelte Wäsche vor dem Zusammenlegen ausdampfen lassen.

BETRIEBSWIRTSCHAFT | 2

2.1 Betriebe und Unternehmen als Wirtschaftseinheiten

2.1.1 Betriebswirtschaft – Betriebe – Unternehmen

Inhalt der **Betriebswirtschaft** ist das Wirtschaften von Betrieben und Unternehmen.

Im Mittelpunkt der Betriebswirtschaft stehen die betrieblichen Grundfunktionen **Beschaffung** und **Lagerung, Leistungserstellung, Absatz, Finanzierung.**

Damit eng verbunden sind die Fragestellungen und Aussagen der Unternehmensführung, der Betriebsorganisation, Produktions- und Arbeitsorganisation, des Rechnungswesens und des Personalwesens.

Die **Betriebswirtschaftslehre** (BWL) wird je nach Anwendungsbereich in Allgemeine und Spezielle BWL eingeteilt.

In Bibliotheken, für Literaturrecherchen in den elektronischen Medien werden die entsprechenden Informationen häufig nach diesen Wissenschaftsdisziplinen der BWL geordnet.
Auch für die **Berufswahl** kann die **BWL-Systematik** von Nutzen sein, da die persönlichen Interessengebiete besser erkannt werden kön-

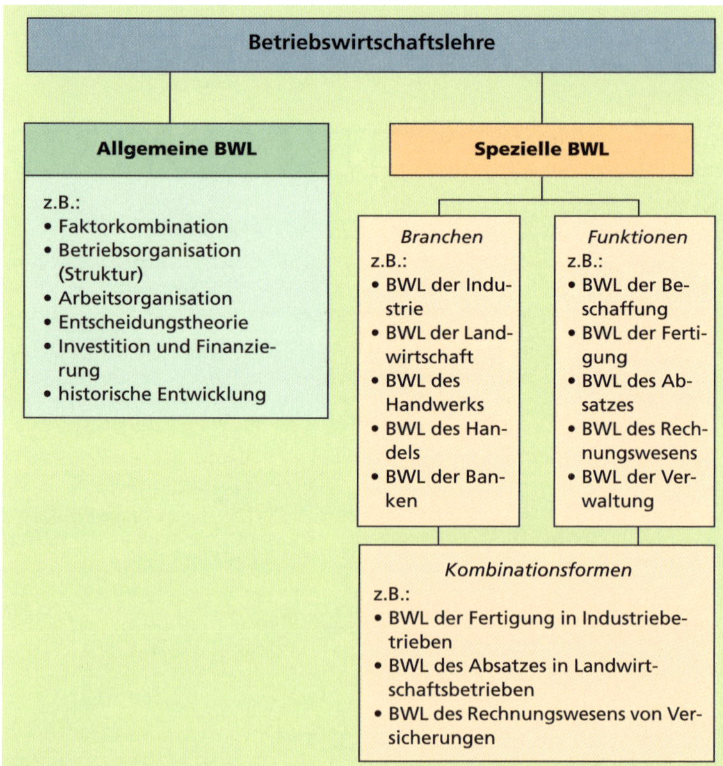

Die Betriebswirtschaftslehre befasst sich im Unterschied zur Volkswirtschaftslehre mit den *einzelwirtschaftlichen* Prozessen. Gegenstand der Volkswirtschaftslehre (VWL) sind die *gesamtwirtschaftlichen* Prozesse.

Betriebe sind als *technisch-organisatorische* Wirtschaftseinheiten zu verstehen, die Sachgüter produzieren oder Dienstleistungen erbringen.

Der Betrieb ist eine zeitlose, von der Wirtschaftsordnung unabhängige Wirtschaftseinheit.

Er kann als Standort Teil einer Unternehmung sein.

Auf der Grundlage verschiedener Kriterien lassen sich einzelne **Betriebstypen** unterscheiden:

Unterscheidungsmerkmale der wichtigsten Betriebstypen

Merkmal	Betriebstypen
Zuordnung zum **Wirtschaftszweig**	• Industriebetriebe • Handwerksbetriebe • Verkehrsbetriebe • Handelsbetriebe • Banken • Versicherungen
Art der **Leistungserstellung**	• Konsumgüterbetriebe • Produktionsgüterbetriebe • Dienstleistungsbetriebe
Rechtsform	• Einzelunternehmen • Personengesellschaften • Kapitalgesellschaften • Genossenschaften
Anzahl der **Beschäftigten**	• Kleinbetriebe • Mittlere Betriebe • Großbetriebe
Bestimmende **Produktionsfaktoren**	• Arbeitsintensive Betriebe • Kapitalintensive Betriebe • Mitarbeiterintensive Betriebe

Unternehmen sind *rechtliche* Wirtschaftseinheiten zur Leistungserstellung von Gütern oder Dienstleistungen. Sie können aus mehreren Betrieben bestehen.

Die Begriffe **Unternehmen** und **Unternehmung** werden häufig synonym verwendet.

Die **Unternehmensarten** werden nach den Eigentumsverhältnissen in *private* und *öffentliche* Unternehmen sowie *gemischtwirtschaftliche* Unternehmen unterschieden.

Öffentliche Unternehmen gehören dem Bund, den Ländern oder den Kommunen.

Gemischtwirtschaftliche Unternehmen werden vom Staat unter Beteiligung privater Firmen betrieben.

2.1.2 Unternehmen gestern und heute

Handwerksbetriebe

Eine seit Jahrhunderten bestehende Betriebsform sind die Handwerksbetriebe.

Durch die zuständige **Handwerkskammer** wird die Eintragung in die **Handwerksrolle** vorgenommen. Darin sind Angaben enthalten u.a. zu Art und Umfang des Betriebes, Staatsangehörigkeiten, Geburtsdatum, Anschrift und Befähigungsnachweis des Betriebsinhabers bzw. des Betriebsleiters.

Typische Handwerksbetriebe sind Be- oder Verarbeitungsbetriebe bzw. Reparaturwerkstätten, z.B. Bäckereien, Fleischereien, Tischlereien.

Früher war die Handarbeit typisch für die Leistungserstellung sowie der Absatz der Produkte in der unmittelbaren Umgebung des Betriebes. Durch ihren höheren Technisierungsgrad unterscheiden sich heute viele Handwerksbetriebe deutlich von den früheren Produktionsstätten.

Die selbständige Führung eines Handwerksbetriebes ist i.d.R. nur erlaubt, wenn sich der Unternehmer in die *Handwerksrolle* eingetragen und eine entsprechende Meisterprüfung abgelegt hat.

Die *rechtlichen Grundlagen* für die Handwerksbetriebe sind in der **Handwerksordnung** festgelegt.

Darin werden auch die verschiedenen Gewerbe dokumentiert, welche zum Handwerk zählen.

Manufakturen

Die „Manufakturperiode" entwickelte sich im 17./18. Jahrhundert.

Manufakturen sind vorindustrielle gewerbliche Betriebsformen.

Manufaktur; lat. manus = Hand
facere = machen

In den Manufakturen erfolgte die Zentralisierung der Produktion in einer größeren Betriebsstätte. Die Konzentration der Produktion (Massenfertigung) war mit einer ausgeprägten **Arbeitsteilung** verbunden. Im Unterschied zur späteren „Fabrikperiode" wurden die Produkte in **Handarbeit** hergestellt. Heute gelten Arbeiten aus Manufakturen als besonders hochwertig (z.B. Porzellanmanufakturen in Meißen oder Seltmann Weiden in Erbendorf). Auch hier werden zunehmend industrielle Produktionsmethoden (moderne Brennerei) angewendet. Merkmal bleibt aber die Handarbeit.

Fabriken

Mit dem Übergang zum Industriezeitalter entstanden zahlreiche Fabriken.

Fabriken sind Produktionsstätten mit vorwiegend *maschineller* Fertigung.

Durch die Produktion großer einheitlicher Produktionsmengen bei weitgehender Arbeitsteilung wurde der Einsatz von ungelernten und angelernten Arbeitskräften in der Industrie möglich.

Besonders von England ging die industrielle Revolution aus, wo JAMES WATT 1765 die erste Dampfmaschine baute. Sie gilt als Wahrzeichen der industriellen Revolution.

Hervorragende Ökonomen wie ADAM SMITH, DAVID RICARDO, ROBERT OWEN, CHARLES FOURIER sowie KARL MARX entwickelten ihre Lehre aus der Analyse des Industriezeitalters.

Industriebetriebe

Bis in die Mitte der 1970er Jahre dominierten in Deutschland die Industriebetriebe.

Industriebetriebe sind große Produktionsstätten mit modernen Fertigungsverfahren und einer hohen Kapitalintensität.

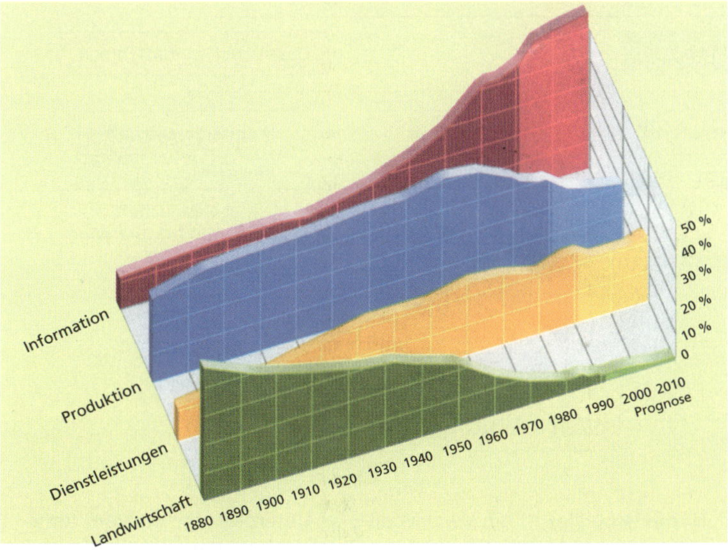

Das Viersektorenmodell weist die krasseste Abnahme der Beschäftigten in der Landwirtschaft aus. Diese Entwicklung bezieht sich nur auf hoch entwickelte Industriestaaten.

Gegenwärtig entwickeln sich die hochindustrialisierten Länder zu **Informationsgesellschaften**.

Immer weniger Arbeitskräfte werden im Sektor **Produktion** beschäftigt, während der Dienstleistungsbereich, insbesondere bei den **Informationsdiensten**, stark anwächst. Heute sind ca. 50 Prozent aller Erwerbstätigen dem Sektor Information zuzurechnen – mit steigender Tendenz.

Das Institut für Arbeitsmarkt- und Berufsforschung sagt für das so genannte *Vier-Sektorenmodell* in Deutschland eine Entwicklung hin zur Informations- und Dienstleistungsgesellschaft voraus. Daraus lassen sich auch Schlussfolgerungen für die zukünftigen Betriebsstrukturen ableiten.

Durch die Industrie- und Handelskammer (IHK), die Kreditanstalt für Wiederaufbau (KfW) und zahlreiche Banken werden sogenannte **„Existenzgründerseminare“** angeboten. In diesen z.T. kostenlos angebotenen Veranstaltungen informieren Experten zu den Schwerpunkten:
- Geschäftsidee
- Wahl der geeigneten Rechtsform
- Unternehmenskonzept
- Finanzierungsmodelle
- Konkursvermeidung

2.1.3 Rechtsformen der Unternehmen

Die Wahl der **Rechtsform** (Unternehmensform) bestimmt die *persönliche, finanzielle, steuerliche und rechtliche* Stellung des Unternehmens in der Wirtschaft.

Je nach Zielstellung und persönlichen Voraussetzungen des/der Firmeninhaber hat jede Rechtsform Vor- bzw. Nachteile.

Diese beziehen sich z.B. auf das notwendige Mindestkapital bei der Gründung/Umwandlung des Unternehmens, auf die Haftungsregelung, die Gewinnbeteiligung, die Kreditwürdigkeit und die erforderlichen Formalitäten (**Handelsregister**).

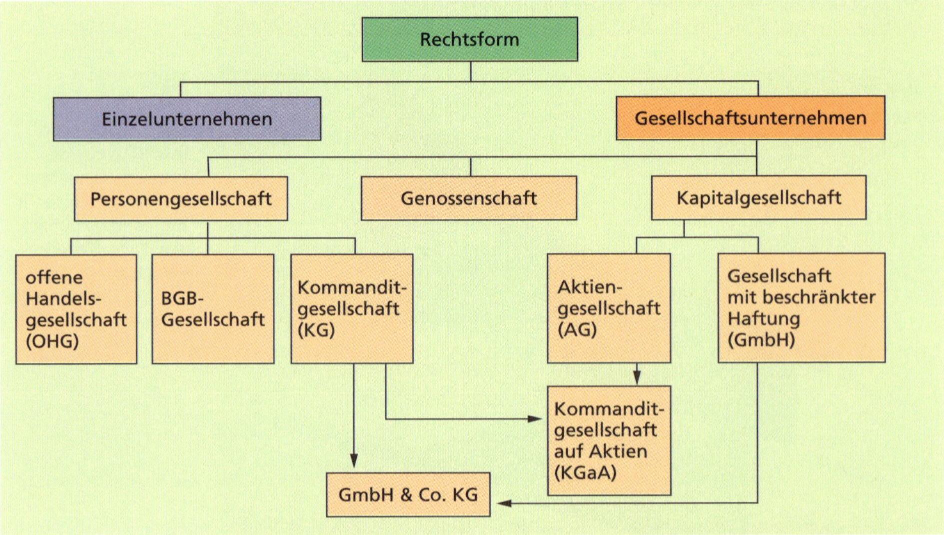

Handelsregister ist ein Verzeichnis aller Unternehmen, das vom Amtsgericht geführt wird und dient der Unterrichtung der Öffentlichkeit.

In Deutschland gibt es ca. 3 Millionen Unternehmen, wovon ca. 2,8 Millionen umsatzsteuerpflichtig sind. Diese wirtschaften auf der Grundlage verschiedener Rechtsformen.

Unternehmen in Deutschland nach Rechtsform und Umsatz 2000

Rechtsform	Anzahl	Umsatz (Mrd. €)
Aktiengesellschaften	5 526	842,5
Betriebe gewerblicher Art von Körperschaften des öffentlichen Rechts	5 802	29,8
Erwerbs- und Wirtschaftsgenossenschaften	6 372	52,0
Kommanditgesellschaften	102 937	933,4
offene Handelsgesellschaften	262 030	251,5
Gesellschaften mit beschränkter Haftung	446 797	1 394,7
Einzelunternehmen	2 040 713	510,4
sonstige Rechtsformen	38 973	138,6
insgesamt	**2 909 150**	**4 152,9**

Betriebe und Unternehmen des Mittelstandes

Die deutsche Wirtschaft wird in hohem Maße von den Betrieben und Unternehmen des Mittelstandes geprägt.

Seit dem 18./19. Jahrhundert existiert der Begriff des **Mittelstandes** als Abgrenzung gegenüber dem Adel und den besitzlosen Schichten.

Als **Mittelstand** werden die kleinen und mittleren Betriebe und Unternehmen bezeichnet, die ihre **Produktionsmittel** *selbst* besitzen und damit die **Leistungserstellung** realisieren.

Anteil des Mittelstandes (KMU) in Deutschland an ausgewählten Leistungen

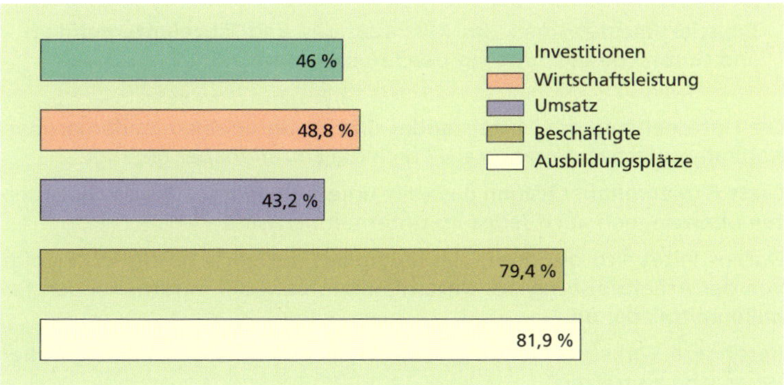

Hinsichtlich der Größenordnung zählen in Deutschland zu dieser Gruppe alle Unternehmen mit bis zu 499 Beschäftigten und 50 Mio. € Jahresumsatz.

Ihre wirtschaftspolitische Bedeutung kommt u.a. darin zum Ausdruck, daß sie den überwiegenden Anteil an Ausbildungsplätzen zur Verfügung stellen, den größten Anteil am Arbeitsmarkt haben und mehr als die Hälfte des Umsatzes realisieren.

Gegenwärtig sind in Deutschland mehr als 99% aller umsatzsteuerpflichtigen Unternehmen kleine und mittlere Betriebe. Sie werden auch als KMU bezeichnet.

Das Gewicht des Mittelstandes ist in den einzelnen Branchen unterschiedlich.

Einzelunternehmungen sind durch große unternehmerische Freiheit und relativ geringen Kapitalbedarf gekennzeichnet.

Typische Rechtsformen des Mittelstandes sind **Einzelunternehmen** und **GmbH** (Gesellschaft mit beschränkter Haftung).

Die Unternehmen des Mittelstandes sind im Unterschied zu den großen Kapitalgesellschaften sehr stark durch die *Einzelinhaber* geprägt.

Diese *Firmeninhaber* tragen das volle unternehmerische *Risiko*. Sie arbeiten überwiegend auch *selbst* im Unternehmen mit.

Daraus leitet sich die große Abhängigkeit des wirtschaftlichen Erfolgs von der Arbeitsleistung des Unternehmens bzw. der mitarbeitenden Familienmitglieder ab.

Besondere Vorkehrungen sind deshalb auch bei der Betriebsfolge oder -übergabe zu treffen.

Ausgewählte rechtliche Merkmale

	Einzelunternehmen	**GmbH**
Gründungsformalitäten	einfach	aufwendig
Startkapital	nicht vorgeschrieben	25 000 € Mindestkapital
Haftung	mit dem Privatvermögen	entsprechend der Höhe des eingebrachten Kapitals
Kreditwürdigkeit	hoch	niedrig
Führung	Betriebsinhaber	Geschäftsführer
Auflösung	einfach	aufwendig

Im *Rahmen der EU* zählen zum Mittelstand:
- *sehr kleine Unternehmen* mit weniger als 10 Beschäftigten
- *kleine Unternehmen* mit bis 50 Beschäftigten
- *mittlere Unternehmen* mit bis 250 Beschäftigten
- alle Freien Berufe

Die **Freien Berufe** spielen in Deutschland eine wichtige Rolle. In rund 637 000 Büros und Praxen beschäftigen sie etwa 2,7 Millionen Erwerbstätige. Das sind rund sieben Prozent aller Erwerbstätigen in Deutschland.

Ihr Anteil am **Bruttoinlandsprodukt** beträgt etwa acht Prozent.

Den Wandel zur Dienstleistungsgesellschaft prägen die Freien Berufe entscheidend mit.

Zu den Freien Berufen zählen:

heilkundliche Berufe	• Ärzte • Zahnärzte • Apotheker • Tierärzte • Physiotherapeuten
rechts- und wirtschaftsberatende Berufe	• Rechtsanwälte • Steuerberater • Wirtschaftsprüfer
technische und naturwissenschaftliche Berufe	• Architekten • beratende Ingenieure
Kulturberufe	• Künstler • Journalisten • Schriftsteller

Um die **Freien Berufe** in ihren unternehmerischen Bemühungen zu unterstützen sowie zusätzliche Existenzgründungen zu ermöglichen, bieten Bund und Länder eine Vielzahl von **Förderprogrammen** an.

2.1.4 Moderne Unternehmensführung/Management

Die Begriffe und Inhalte der Unternehmensführung und des Management werden häufig synonym verwendet. Bereiche des Management sind vor allem:
- Innovationsmanagement
- Produktmanagement
- Qualitätsmanagement
- Finanzmanagement
- Risikomanagement
- Personal- und Konfliktmanagement

Die **Führung** eines **Unternehmens** ist darauf gerichtet, die Unternehmensziele zu verwirklichen.

Die **Existenzsicherung** des **Unternehmens** wird vor allem dadurch erreicht, dass die *Leistungen ständig verbessert* werden, die *Kundenzufriedenheit erhöht* und *die Finanzen beherrscht* werden sowie die *Zukunft aktiv gestaltet* wird.

Im *Modell des Führungskreises* werden die wichtigsten Funktionen des Management in drei Stufen zusammengefasst.

Modell eines dreistufigen Führungskreises

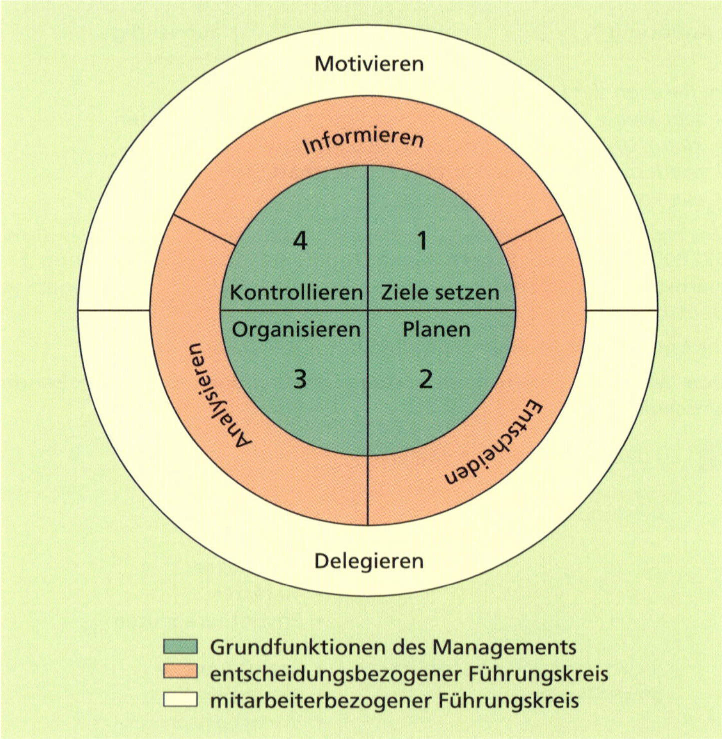

Das *Modell des Führungskreises* gilt für alle Ebenen der organisatorischen Gliederung des Unternehmens.
Ausgehend von den Grundfunktionen des Managements ist die sachkundige Entscheidungsfindung mit gezielten Informationen und Analysen verbunden. Auf dieser Grundlage gelingt es, die Mitarbeiter für die Aufgaben zu motivieren.

Die moderne Unternehmensführung nutzt insbesondere drei Teildisziplinen, die auch als **Managementaspekte** bezeichnet werden.

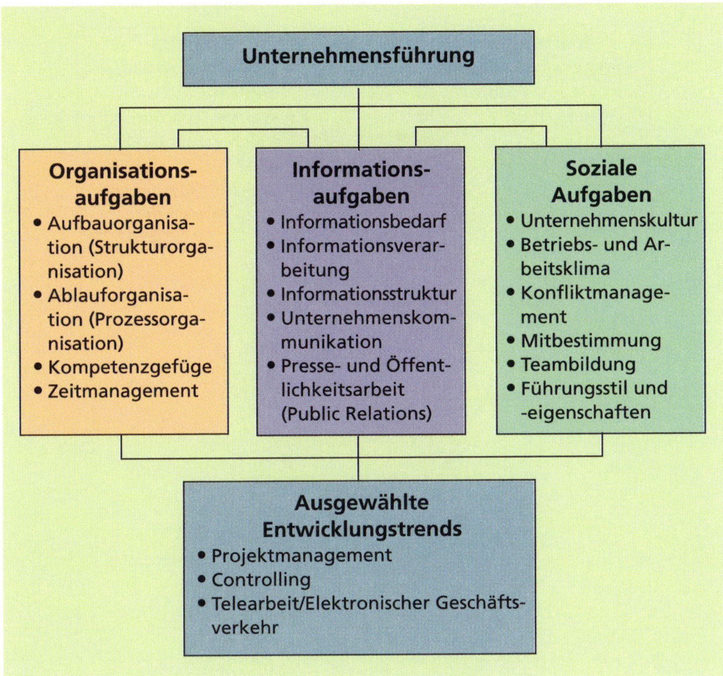

Projektmanagement

Im **Projektmanagement** werden die *Grundsätze* und *Regeln* des Management auf eine *komplexe Aufgabenstellung* angewandt.

Die Vorgehensweise des **Projektmanagement** im wirtschaftlichen Bereich ist übertragbar auf Projekte in der Aus- und Fortbildung oder im privaten Bereich.

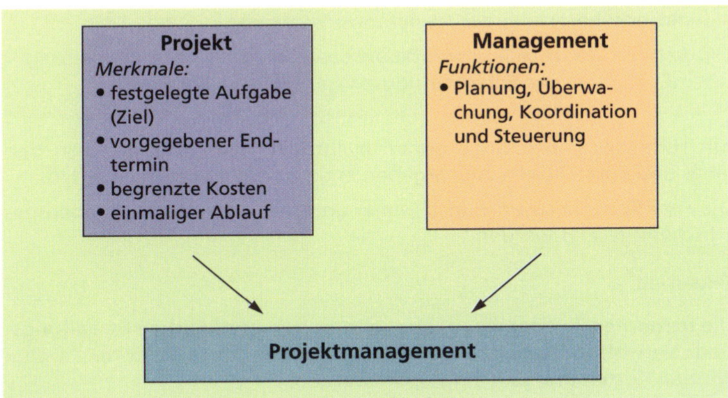

Aufgaben mit Projektcharakter sind nicht neu.
Beispiele:
- Bau der Pyramiden im Altertum
- Autobahnbau
- Regierungsumzug von Bonn nach Berlin
- Weltausstellung Expo 2000 in Hannover
- Einführung von neuen Technologien in Unternehmen

Für den wirtschaftlichen Erfolg von Projekten ist es notwendig, das sogenannte „Magische Dreieck" der Zielvorgaben planmäßig zu steuern.

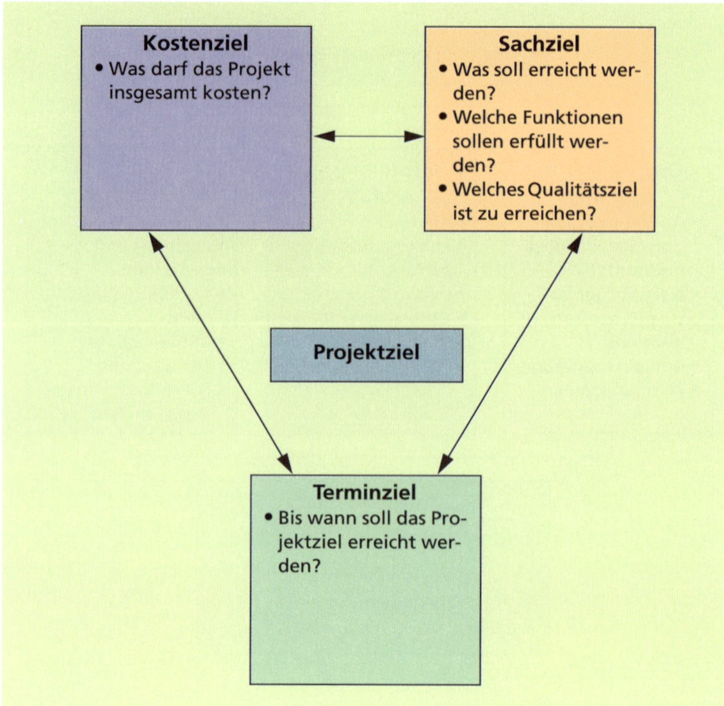

Controlling

Controlling; engl. to control = regeln, steuern, beherrschen

Zu einem modernen Konzept der Unternehmensführung gehört das Controlling.

Controlling ist nicht nur Kontrolle im Unternehmen, sondern ein funktionsübergreifendes *Steuerungsinstrument.*

Durch zielgerichtete Informationsbeschaffung und Verarbeitung wird vor allem der **Entscheidungsprozess** unterstützt.

Im 15. Jahrhundert wurden erstmals die Aufzeichnungen zum Geld- und Güterverkehr am englischen Königshof durch einen „Controllour" überprüft.
Als erstes Industrieunternehmen führte der amerikanische Konzern **„General Electric Company"** 1892 die Stelle eines **Controllers** ein.

Mit Hilfe des Controlling können eventuelle Abweichungen von den lang- und kurzfristigen Zielvorgaben erkannt und korrigiert werden.

Die Funktionen müssen jedoch immer unternehmens- und aufgabenspezifisch umgesetzt werden.

Telearbeit

Die modernen Telekommunikationsstrukturen ermöglichen es, Leitungs- und Verwaltungsarbeiten standortunabhängig durchzuführen. Dabei können Kosten und Zeit eingespart werden.

Dienstleistungsunternehmen (z. B. Direktbanken, Versandhäuser) gewährleisten mittels eines globalen Netzes ihren Kunden einen 24-Stunden-Service.

Computer- und Softwarefirmen arbeiten bei der Programmentwicklung mit Telearbeitern in Indien zusammen.

Banken wickeln ihren Zahlungsverkehr in Asien ab.

Entscheidend für die Unternehmensorganisation ist die richtige Integration der Telearbeit in die innerbetrieblichen Abläufe.

Mit der Telearbeit entstehen sogenannte „virtuelle Organisationen" mit guten Voraussetzungen für hierarchiefreies und dezentrales Arbeiten.

Das Internet ist eines der wichtigsten Instrumente der Unternehmenskommunikation.

Hierarchie; griech. herós = heilig; archein = Führer sein; strenge pyramidenförmige Rangordnung; Gesamtheit der in einer Rangfolge Stehenden

virtuell; lat. virtualis/virtus = Tüchtigkeit

Elektronischer Geschäftsverkehr – Electronic Commerce (EC)

Unter **elektronischen Geschäftsverkehr** wird jede Art von geschäftlicher Transaktion verstanden, bei der die Beteiligten auf elektronischem Wege Geschäfte anbahnen und abwickeln bzw. elektronischen Handel mit Gütern oder Dienstleistungen betreiben.

Laut einer Studie von Siemens gab es Anfang 2002 in Deutschland 31,7 Millionen Internetnutzer. Weltweit wird von ca. 1 Milliarde Internetnutzer im Jahre 2010 ausgegangen.

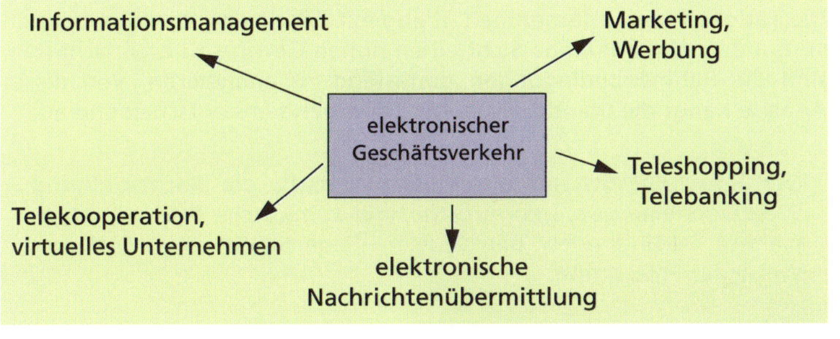

An der Schwelle zum 21. Jahrhundert wird das wirtschaftliche Geschehen stark vom Internet bestimmt.

Der elektronische Geschäftsverkehr ist aber nicht auf die Nutzung des Internets beschränkt. Der Electronic Commerce bietet den Unternehmen viele Chancen, neue Märkte zu erobern und ihre Wettbewerbsfähigkeit zu verbessern.

Die Anonymität in der Arbeitswelt nimmt zu.

2.2 Voraussetzungen für ein Unternehmen

Jedes **Unternehmen** ist abhängig von gesellschaftlichen, ökonomischen und natürlichen **Rahmenbedingungen** sowie den zur Produktion benötigten Mitteln, den **Produktionsfaktoren**. Gleichzeitig beeinflusst jedes Unternehmen diese Bedingungen und Faktoren.

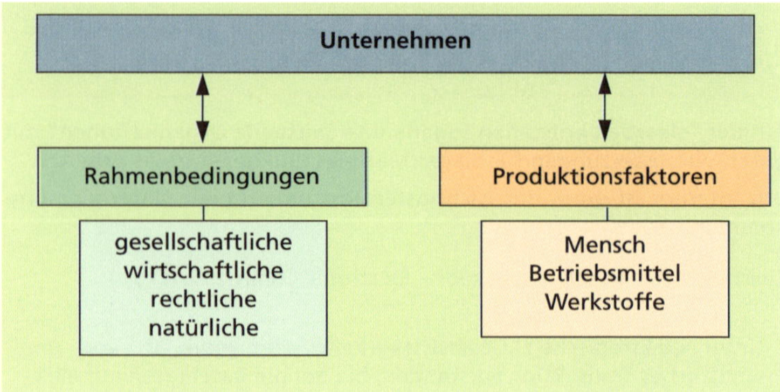

2.2.1 Rahmenbedingungen im gesellschaftlichen, wirtschaftlichen und rechtlichen Umfeld der Unternehmen

Die Tätigkeit von Unternehmen ist eng mit der sie umgebenden Umwelt verbunden. Um auf lange Sicht einen hohen Gewinn zu erwirtschaften, sind die Rahmenbedingungen umfassend zu analysieren. Von dieser Analyse hängt die **Standortwahl** des Unternehmens entscheidend ab.

Der Entwicklungsstand der **Volkswirtschaft**, die **Rechtsordnung**, Wertevorstellungen, *geografische* und *klimatische* Faktoren sowie weitere Bedingungen beeinflussen Gegenstand sowie Art und Weise der Produktion.

Gesellschaftliches Umfeld

Unternehmen sind ein Teil der **Gesellschaft**. Die Werte und Normen, die für die Gesellschaft gelten, sind auch für die Unternehmen charakteristisch.

Für das gesellschaftliche Umfeld setzt vor allem der **Staat** die Rahmenbedingungen. In der Bundesrepublik Deutschland hat er z.B. den Schutzbereich der Tarifautonomie als staatsfreien Raum geschaffen, die Entscheidungsrechte im Unternehmen im Wesentlichen den Eigentümern zugebilligt, die Entscheidungskompetenz jedoch durch Mitbestimmung der Arbeitnehmer beschränkt. Die **Förderung** bestimmter Wirtschaftszweige beeinflusst der Staat z.B. mit der Steuerpolitik, mit der Umweltpolitik, mit Gesetzen und Verordnungen.

Gesellschaft

nimmt Einfluss durch

- Gesetze
- Umweltpolitik, z. B. Atomausstieg
- Organisationen wie Bundeskartellamt
- Verbraucherverbände
- Wirtschaftsverbände
- religiöse Überzeugungen
- Bildungssystem/Schulsystem, berufliche Weiterbildung

Wirtschaftliches Umfeld

Die wirtschaftliche Entwicklung ist vor allem von den Marktkräften abhängig.

In Deutschland wird das wirtschaftliche Umfeld durch die Prinzipien der **sozialen Marktwirtschaft** gekennzeichnet. Dabei sind der **freie Wettbewerb** und das **Privateigentum** bestimmend.

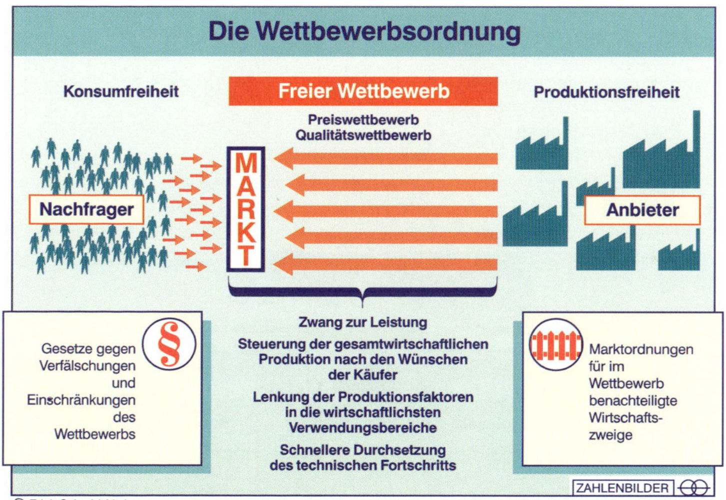

 200 290

Rechtliches Umfeld

Die Grundprinzipien der Wirtschaftsordnung spiegeln sich in der Rechtsordnung wider.

Normen regeln die Beziehungen zwischen den Wirtschaftsteilnehmern. Viele dieser *Normen* sind rechtlich in Gesetzen festgelegt.

- Freier Wettbewerb → Wettbewerbsrecht
- Freie Arbeitsplatzwahl → Arbeitsrecht
- Gewerbe- und Berufsfreiheit → Gewerberecht, Handelsrecht, ...
- Vertragsfreiheit → Vertragsrecht
- Steuersystem → Steuerrecht

Das System der Besteuerung hat wesentliche Auswirkungen auf die Wahl der Rechtsform von Unternehmen und auf das unternehmerische Handeln.

Wahl des wirtschaftlichen Umfelds

Bei bereits bestehenden Unternehmen stellt der **Standort** eine Rahmenbedingung dar, die kaum noch verändert werden kann.

Wird ein Unternehmen gegründet, kann der Unternehmer diese Rahmenbedingungen in gewissen Grenzen selbst bestimmen. Er muss sowohl *kostengünstige* als auch *erlösgünstige* Faktoren beachten.

Standort ist der Ort, an dem das Unternehmen tätig ist. Ein Unternehmen kann über mehrere Standorte verfügen.

Der Standort ist die entscheidende und komplexe **Rahmenbedingung**.

Ein Unternehmen will sich in der Stadt X niederlassen. Folgende Einflussfaktoren auf die **Standortentscheidung** sind zu beachten:

gesellschaftliche Rahmenbedingungen
- staatl- Bedingungen
- Beschäftigungspolitik
- Subventionen
- Finanzhilfen
- Demographie

rechtliche Rahmenbedingungen
- Gründungsbedingungen
- Steuern, Zuwendungen

wirtschaftliche Rahmenbedingungen
- Gundstückspreise
- Mieten
- Rohstoffpreise
- Arbeitskräfte (Anzahl, Qualifikation)
- Lohnniveau
- Konkurrenz
- Verkehrsanbindung
- Absatzmarkt

natürliche Rahmenbedingungen
- geografische Lage
- Umweltschutz (Kosten)

Standortfaktoren sind auf andere Rahmenbedingungen und Produktionsfaktoren *orientiert*. Es werden unterschieden:

Die Wahl des Standortes ist eine Entscheidung mit *langfristiger Wirkung*. Der Standort beeinflusst entscheidend Kosten und Gewinn des Unternehmens.

Standortfaktoren	
• rohstoff-/materialorientierte	Betrieb in der Nähe der Rohstoffquelle; Transportkosten niedrig
• verkehrsorientierte	gute Verkehrsanbindung
• arbeitskräfteorientierte	Höhe des Lohnniveaus Stadt/Land; verfügbare Spezialkräfte
• abgaben-/steuerorientierte	Steuervergünstigung, öffentliche Abgaben und Förderung, Gewerbebesteuerung
• umweltorientierte	Kosten für Umweltschutz
• absatzorientierte	Absatzmöglichkeiten, Nähe zum Kunden

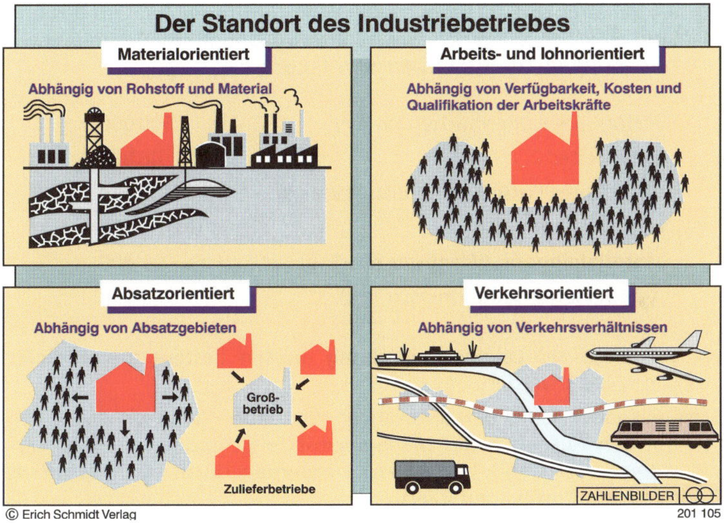

2.2.2 Produktionsfaktoren

Alle Einrichtungen und Maßnahmen, die zur Deckung des Bedarfs dienen, bilden die Wirtschaft. Die kleinsten Zellen, in denen gewirtschaftet wird, sind die privaten Haushalte und die Betriebe. Während in den Haushalten in der Regel *verbraucht* wird, wird in den Betrieben *erzeugt*, *verteilt* oder *ein Dienst geleistet*.

Ökonomisches Prinzip heißt, mit den vorhandenen Mitteln das optimale Resultat erreichen
oder
ein bestimmtes Ergebnis mit minimalen Mitteln erreichen.

Aufgabe des Betriebes ist es, ein bestimmtes Gut unter Beachtung des **ökonomischen Prinzips** und in Abhängigkeit von Bestimmungen des jeweiligen Wirtschaftssystems zu erstellen.

Um diese Aufgabe zu erfüllen, sind unterschiedliche Mittel notwendig.

Die in einem Betrieb notwendigen Mittel für die **Leistungserstellung** nennt man **Produktionsfaktoren.**

Zu den Produktionsfaktoren im betriebswirtschaftlichen Bereich – im Gegensatz zum volkswirtschaftlichen Bereich – zählen die *elementaren* Produktionsfaktoren und *dispositiven* Produktionsfaktoren.

elementare Produktionsfaktoren	dispositive Produktionsfaktoren
menschliche Arbeit	Geschäfts-/Betriebsleitung
Betriebsmittel	Planung
Werkstoffe	Organisation/Überwachung

Management; engl. Führung, Leitung, Verwaltung, Bewirtschaftung, auch geschickte Handhabung

Ein zahlenmäßiger Überblick über die Leistungserstellung (Produktion) des Volkswagenwerkes Wolfsburg bringt das Zusammenwirken der Produktionsfaktoren zum Ausdruck.

verfügbare Hallenflächen (in m^2)	1 600 000
Mitarbeiter	48 800
Mitarbeiter Forschung u. Entwicklung	8 440
Fahrzeuge pro Tag	über 3 000
Materialeingang (Waggons pro Tag)	400
Autoversand (Waggons pro Tag)	110

Menschliche Arbeit ist dabei
- ausführende Arbeitsleistung in der Produktion/Dienstleistung auf Anordnung, d.h., sie wirkt als *elementarer Produktionsfaktor.*
- eine schöpferische Arbeitsleistung (Führungstätigkeit), die über den Einsatz aller Produktionsfaktoren bestimmt. In diesem Sinne ist sie *dispositiver Produktionsfaktor.*

Die Vorgänge zur **Leistungserstellung** müssen gesteuert, koordiniert und kontrolliert werden.

Diese Aufgaben fallen den dispositiven Produktionsfaktoren zu. Sie können mit den Aufgaben des **Managements** gleichgesetzt werden, d.h., alle *elementaren* Produktionsfaktoren werden durch die *dispositiven* Produktionsfaktoren kombiniert.

Der Produktionsfaktor **menschliche Arbeit** sichert die personellen Voraussetzungen zur Leistungserstellung.
Betriebsmittel schaffen die technischen Voraussetzungen für die Leistungserstellung.

Charakteristisch für die Betriebsmittel ist ihre Nutzung über einen *längeren Zeitraum*, sie unterliegen dem *Verschleiß* und sind meist *hochspezialisiert*.

Zu den Betriebsmitteln zählen:
- Grund und Boden
- Gebäude und bauliche Anlagen
- Betriebsausstattungen (Maschinen, Werkzeuge, technische Anlagen ...)

Werkstoffe sind Ausgangs- und Grundstoffe der Leistungserstellung. Sie gehen durch Einbau, Substanzveränderung, Umformung in das Fertigprodukt ein.

Werkstoffe umfassen:
- **Rohstoffe** Hauptbestandteile der in ein Produkt eingehenden Güter.
- **Hilfsstoffe** sind ergänzende Stoffe von untergeordneter Bedeutung, die vollständig in das Produkt eingehen (Nägel, Lacke, Leime ...).
- **Betriebsstoffe** werden für die Produktion/Leistung ge- oder verbraucht (Energie, Brenn- und Schmierstoffe ...).

Rohstoffe: Was in einem Betrieb Ausgangsstoff (Material) ist, ist für einen anderen Betrieb Endfabrikat (z.B. Stahl, Holz)!

So verschieden die Produktionsbranchen, d.h., so unterschiedlich Gegenstand, Art und Weise der Produktion sind, so verschieden sind auch die Produktionsfaktoren und ihre **Kombination**.

Beispiel für die Kombination von Produktionsfaktoren

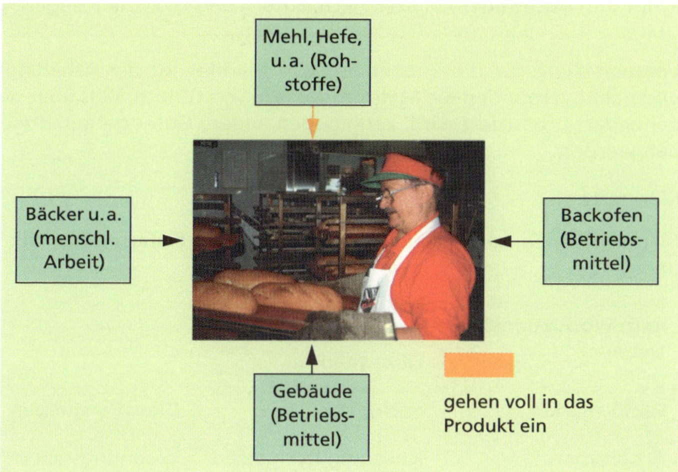

In *Industriebetrieben* wird die menschliche Arbeit (als elementarer Faktor) zunehmend durch neue Technik ersetzt. Kombination, Austausch und Ersetzen der Produktionsfaktoren ist nicht nur ein wirtschaftliches Problem sondern auch ein soziales.

Der Einsatz leistungsfähigerer Maschinen und die Anwendung neuer Technologien können zum Abbau von Arbeitsplätzen führen. Das Ersetzen eines Produktionsfaktors durch einen anderen wird als **Substitution** bezeichnet.

Substitution; lat. substitutum = etwas, das als Ersatz dient.

2.3 Markt

Markt; lat. mercatus = Handel, (Jahr)markt. Die Geschichte des Marktes reicht bis in die Zeit des Altertums zurück.
Mit der Arbeitsteilung und Spezialisierung entwickelte sich zuerst der Tauschhandel Ware gegen Ware bis mit der Entwickung des Geldes Ware gegen Geld getauscht wurde.

Das Wirtschaftssystem **Marktwirtschaft** beruht auf dem Mechanismus von **Angebot** und **Nachfrage** auf der Grundlage privatwirtschaftlicher Produktion. Die Stätte für Angebot und Nachfrage, für Kauf und Verkauf ist der Markt. Marktanalyse, Marktforschung sowie der Preismechanismus beeinflussen wesentlich das wirtschaftliche Handeln.

Wie ist der Markt historisch entstanden?

Im Zentrum der meisten Altstädte ist heute noch ein Markt zu finden. Bereits im Mittelalter fand hier ein reges Handelsleben statt, ähnlich dem heutigen Handel auf Wochenmärkten.

2.3.1 Markt als Treffpunkt von Angebot und Nachfrage

Jeder Mensch, der Geld besitzt und etwas kaufen will, tritt in einen Markt ein.

Markt ist ein ökonomischer „Ort" des Zusammentreffens von **Angebot** und **Nachfrage** von bzw. nach Gütern und Dienstleistungen.

Voraussetzung für die Entstehung von Märkten ist die **Arbeitsteilung** und damit verbunden die Mehrproduktion von Gütern. Was über den Eigenbedarf produziert wird, kann gegen andere Güter getauscht/gehandelt werden.

Marktarten

Märkte können nach **Produktionsfaktoren** und **Gütern** eingeteilt werden.

nach Produktionsfaktoren	**nach Gütern** **Gütermärkte**	
Faktormärkte	**Sachgüter**	**Dienstleistungen**
Arbeitsmarkt	Konsumgütermarkt (Lebensmittelmarkt, Automarkt...)	Wohnungsmarkt
Kapitalmarkt/ Finanzmarkt	Investitionsgütermarkt (Produktionsgüter wie Maschinen, Automaten,)	Reisemarkt
Rohstoffmarkt		Reparaturmarkt
...	...	...

Auf **Gütermärkten** werden *Konsumgüter* und *Investitionsgüter* angeboten und nachgefragt.

Dienstleistungsmärkte sind durch ein umfangreiches Angebot an *Dienstleistungen* und *Rechtsgeschäften* gekennzeichnet

Auf **Konsumgütermärkten** treten in erster Linie private Haushalte als Käufer auf.

Unternehmen benötigen als Voraussetzung zur Produktion **Investitionsgüter.** Jedes zu kaufende Gut hat seinen Markt. Ohne Markt wird die Produktion des Gutes nutzlos.

Von den **Faktormärkten** nimmt der **Arbeitsmarkt** eine herausragende Rolle ein. Er ist durch das Angebot der privaten Haushalte (Arbeitnehmer) mit ihrer **Arbeitsleistung** und der Unternehmen und öffentlichen Haushalte mit entsprechender **Arbeitsnachfrage** gekennzeichnet.

Unterschiedliche Produktionsstandorte und Anforderungen der Arbeitsnachfrage bedingen differenzierte Merkmale des Arbeitsangebots (Ausbildung, Qualifikation, Mobilität).

Auf jedem Markt treffen die **Anbieter** und **Nachfrager** Entscheidungen über Preise und Mengen der zu ver- oder kaufenden Güter. Dabei tritt der Markt als *Koordinator* auf.

Dienstleistungen besitzen als wirtschaftliches Gut eine gewisse Einmaligkeit. Sie sind *nicht lagerfähig* und an *ein Trägermedium* (Mensch oder Objekt) gebunden.

Güter ohne Markt sind „Ladenhüter". Sie sind schlecht oder überhaupt nicht absetzbar (verkaufbar).

Marktformen

Märkte werden nach der Zahl der Anbieter und Nachfrager in **Marktformen** eingeteilt. Diese Einteilung wird insbesondere zur Erklärung der Marktpreisbildung benutzt.

Die drei Grundformen des Marktes sind: **Polypol, Oligopol, Monopol.**

In der wirtschaftlichen Realität kommen die drei genannten Marktformen in vielfältigen Kombinationen vor, sodass zahlreiche Zwischenformen abgeleitet werden können.

Polypol = viele Anbieter und Nachfrager, Urform des Marktes, Preise bilden sich auf dem Markt (Konkurrenz).
Oligopol = wenige Anbieter und viele Nachfrager, Preise werden unter Anbietern abgestimmt (Mineralölmarkt).
Monopol = ein Anbieter und viele Nachfrager. Legt Preise meistens unter Aufsicht des Staates fest.

2.3.2 Angebot – Nachfrage – Preis

Als **Angebot** wird die auf einem Markt bereitgestellte Menge von Gütern und Diensten bezeichnet. Im Allgemeinen nimmt das Angebot mit steigenden Preisen zu. Das Verlangen nach Gütern und Dienstleistungen zur Befriedigung von Bedürfnissen drückt sich in der **Nachfrage** aus.

Die Höhe der Nachfrage richtet sich nach den verfügbaren Mitteln (Einkommen), der Dringlichkeit der Bedürfnisse und der Höhe des Preises.

In der Regel gilt: Je niedriger der **Preis** umso größer ist die nachgefragte Menge.

Modelle in der Wissenschaft veranschaulichen durch vereinfachende, idealisierende, schematische Darstellung komplizierte Objekte, Strukturen oder Beziehungen.
Sie sind vereinfachte Abbildungen der Realität.

Um die Komplexität dieses Prozesses deutlich zu machen, werden **Modelle** erarbeitet. Diese können jedoch nur die *wesentlichen Zusammenhänge* widerspiegeln.

Soweit der Staat nicht regulierend eingreift, wird der **Preis** eines Gutes oder einer Dienstleistung von folgenden Faktoren bestimmt:

Preisbildungsfaktoren

durch Nachfrager
- Bedarf
- Einkommen
- Preis
- wirtschaftliche Erwartungen
- Preisvergleich mit anderen Gütern

durch Anbieter
- Gewinnstreben
- Kosten
- Konkurrenz
- Preis
- wirtschaftliche Erwartungen

Der Preis ist der **Geldwert**, der beim Kauf einer Ware bezahlt werden muss. Er stellt damit den **Tauschwert** einer Ware dar.

Modelle zur Beziehung Angebot – Nachfrage – Preis

Die Beziehung des *mengenmäßigen Angebots* lässt sich in Abhängigkeit vom Preis in einer Funktion darstellen.

Dabei gilt, die nachgefragte Gütermenge (x) ist abhängig (eine Funktion) vom Preis je Mengeneinheit (p).

Das **Angebotsgesetz** besagt, dass im Allgemeinen die angebotene Gütermenge zunimmt, wenn der Preis der Güter steigt und umgekehrt die angebotene Gütermenge abnimmt, wenn der Preis sinkt.

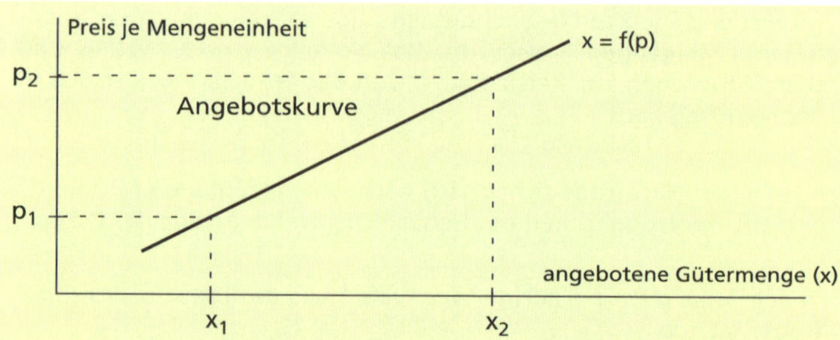

In Abhängigkeit von der *nachgefragten Gütermenge* fällt die **Nachfragekurve** im Allgemeinen von links oben nach rechts unten.

Bei einem niedrigen Preis von 1 Euro für 1 kg Orangen werden mehr Orangen gekauft als bei einem Preis von 3 Euro je kg.

Neben dem Preisniveau haben andere Faktoren Einfluss auf die Entscheidung der Haushalte über den Güterkauf. Die Höhe des **Haushaltseinkommens**, die *Anzahl* der *im Haushalt lebenden Personen* z.B., werden in dem Modell der Nachfragekurve nicht berücksichtigt.

Bei einem sehr hohen Preis, zu dem die Käufer nicht mehr bereit sind, das Gut zu kaufen, beträgt die nachgefragte Menge x = 0. Dies ist im Schnittpunkt der Nachfragekurve mit der Ordinate (vertikale Preisachse) der Fall.

Bei einem Preis von Null, also im Schnittpunkt der Nachfragekurve auf der Abszisse (horizontale Mengenachse), wäre demnach eine sogenannte **Sättigungsmenge** erreicht. Alle Nachfrager (Käufer) könnten ihren Mengenbedarf zu 100 Prozent befriedigen.

Das **Nachfragegesetz** besagt, dass im Allgemeinen die nachgefragte Gütermenge zunimmt, wenn der Preis der Güter sinkt und umgekehrt die nachgefragte Gütermenge abnimmt, wenn der Preis steigt.

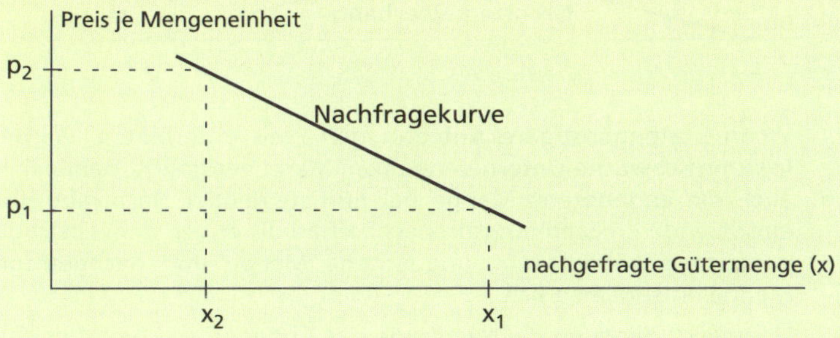

Im Angebots- und Nachfragegesetz drücken sich die unterschiedlichen *Marktinteressen* aus.

Der **Anbieter** verfolgt das Ziel, die Güter zu einem möglichst hohen Preis abzusetzen.

Dieses Interesse wird geprägt von der **Gewinnerzielungsabsicht.**

Die **Käufer (Nachfrager)** sind an einem qualitativ hochwertigen Produkt zu möglichst niedrigem Preis interessiert.

Dieses Interesse wird **Nutzungsabsicht** genannt.

Vollkommen ist ein Markt, wenn gleichartige Güter bei **Markttransparenz** und ohne räumlichen, persönlichen und zeitlichem Vorrang gehandelt werden. Fehlt eines dieser Merkmale, ist der Markt *unvollkommen.*

Marktpreis

Der Polypol, die Urform des Marktes, ist transparent und heute kaum noch anzutreffen. Er tritt z.B. als Wochenmarkt in Erscheinung.
Er ist der *vollkommene* **Markt,** wo noch Angebot und Nachfrage den Preis, den **Marktpreis,** bestimmen.

Das Entstehen des **Marktpreises** ist von Angebot und Nachfrage abhängig. Der **Marktausgleichspreis** oder auch **Gleichgewichtspreis** hat dabei die bestimmende Funktion. Der **Gleichgewichtspreis** ist der Preis, zu dem auf Konkurrenzmärkten so viel angeboten wird wie nachgefragt wird. Er liegt im *Schnittpunkt* der Angebots- und der Nachfragekurve.

Bei höherem Preis ist das Angebot größer als die Nachfrage. Folge ist ein **Angebotsüberschuss.**

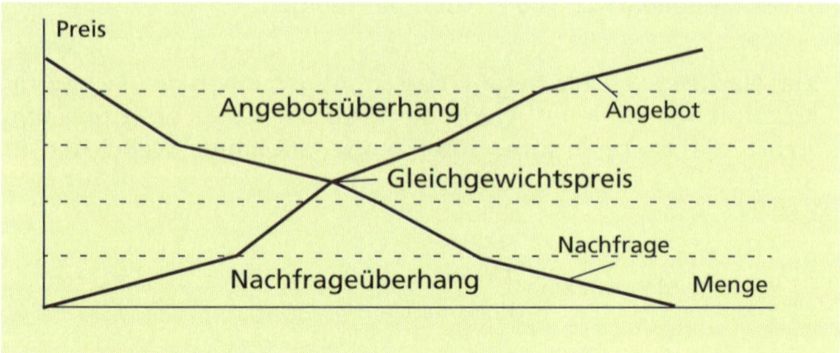

Wenn kostengünstigere Anbieter den Preis unterbieten, werden leistungsschwache Unternehmen vom Markt verdrängt. Damit sinkt auch die angebotene Menge bei nun steigender Nachfrage. Der einsetzende Preissenkungsprozess hält an bis er sich dem Gleichgewichtspreis nähert, d.h., angebotene Menge und nachgefragte Menge entsprechen sich.

Übersteigt dagegen die Nachfrage das Angebot, so kommt es zum **Nachfrageüberschuss.** Nun lässt die Konkurrenz die Preise steigen und zwar bis zum Gleichgewichtspreis.

Das ist ein *modellhaftes* Beispiel des Markt-/Preismechanismus.

Dieses Modell berücksichtigt nur den Preis der Güter als Einflussgröße für die mengenmäßige Angebots- und Nachfrageentscheidung der Marktteilnehmer. Eine genaue *Analyse* des Marktes zeigt, dass weitere **Faktoren der Preisbildung** wirksam werden.

angebotsseitige Faktoren	nachfrageseitige Faktoren
• wissenschaftlich-technischer Fortschritt • Änderung der Rohstoff- und Energiepreise • Produktivitätssteigerung und Kostensenkung • Einflussnahme des Staates	• Entwicklung der Einkommen • Änderung der Bedürfnisse • Angebot und die Preise von Alternativgütern • Höhe der Geldzuschüsse und Steuern für die Haushalte

2.4 Betriebswirtschaftliche Grundfunktionen

2.4.1 Beschaffung und Lagerhaltung

Beschaffung

Um produzieren zu können, muss der Betrieb elementare Produktionsfaktoren sowie finanzielle Mittel beschaffen. Die einzelnen Bereiche der Beschaffung sind organisatorisch von einander getrennt.

Beschaffung von		**Aufgabe** der
• Arbeitskräften	→	Personalabteilung
• finanziellen Mitteln	→	Finanzabteilung/Geschäftsleitung
• Betriebsmitteln (Gebäude, Maschinen ...)	→	Geschäftsleitung
• Material, Werkstoffen	→	Materialwirtschaft/Einkaufsabt.

Zur Leistungserstellung ist jeder Betrieb in Beschaffungs- und Absatzmärkte eingebettet.

Beschaffungsmarkt → • Beschaffung • Leistung • Absatz → Absatzmarkt

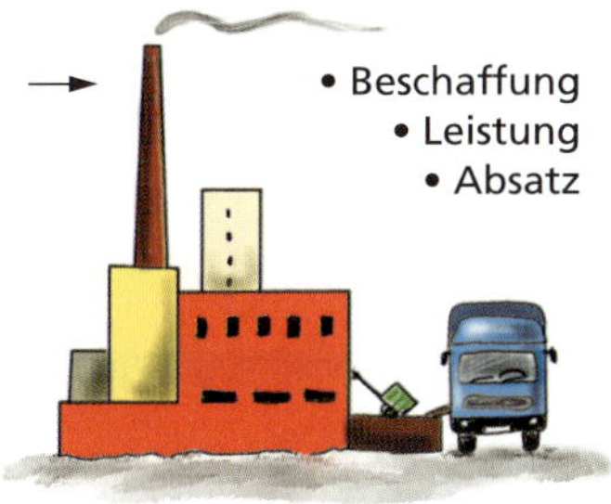

Der *Beschaffungsmarkt* bezieht sich auf drei Teilmärkte:
- Waren- und Dienstleistungsmarkt
- Arbeitsmarkt
- Kapitalmarkt

Der zentrale Bereich der Materialwirtschaft ist der **Einkauf.**

Oftmals wird die Bedeutung der **Materialwirtschaft** und ihr Einfluss auf die Produktionskosten unterschätzt. In einigen Wirtschaftszweigen liegt der Anteil des Materials bei ca. 50% der Produktionskosten.

> **Beschaffung** ist die Bereitstellung von Werkstoffen, die teilweise oder auch vollständig in der Produktion verbraucht werden und immer wieder durch die *Materialwirtschaft* von außen eingekauft werden müssen.

Daraus leiten sich folgende Aufgaben ab:

Aufgaben der Materialwirtschaft		
Planung, Steuerung, Verwaltung und Kontrolle der Materialbewegung (Logistik)	Einkauf des Materials	Lagerung und innerbetrieblicher Transport

Die Beschaffung hat Einfluss auf Kosten und Qualität der nachfolgenden Produktion.

Ziel der Beschaffung	Einkaufsmaßnahmen
• Sicherung der Qualität	optimale Lieferantenauswahl, Qualitätsvorgaben und kontinuierliche Kontrollen
• niedrige Kosten im Material- und Lagerbereich	ständiger Preisvergleich, optimale Bestellmengen, kurze Lagerzeiten
• Einhaltung des Liefertermins	differenzierte Bedarfsermittlung, Lagerbestände anlegen
• Verringerung der Umweltbelastungen	schadstoffarme Werkstoffe, sparsame Verpackungen (Mehrwegverpackungen)

Zwischen den einzelnen Zielen kommt es in der Praxis zu vielfältigen *Konflikten*, z. B. zwischen Qualitätsansprüchen und Materialkosten.

Vor jeder Beschaffung muss geklärt werden:
- Was und wie viel muss beschafft werden?
- Wann wird beschafft?
- Bei wem wird bestellt?
- Wie erfolgt Beschaffung?
- Welche Kosten treten auf?

Was und wie viel muss beschafft werden?

Alles, was im Betrieb nicht hergestellt wird, aber für die Leistungserstellung gebraucht wird, muss vom Betrieb beschafft werden. Voraussetzung dafür ist die **Bedarfsermittlung**.

Bedarfsermittlung ist abhängig von der Art der Leistung
- Produktion
- Dienstleistung
- Handel und

abhängig von Art und Möglichkeiten des Absatzes.

i

Die Aufmerksamkeit im Beschaffungsbereich muss vor allem auf die Materialien gerichtet werden, die den größten Anteil am Gesamtverbrauch haben. Ein Hilfsmittel dabei ist die **ABC-Analyse.** (A = wichtig, B = weniger wichtig, C = unwichtig)

Wann wird beschafft?

Um die termingerechte Lieferung der Werkstoffe zu sichern, ist der *richtige Zeitpunkt* der Bestellung wichtig. Jede Produktionsunterbrechung wegen Materialmangel kann teuer werden.

Der Zeitpunkt der Bestellung ist abhängig von
- der Beschaffungsdauer,
- der Preisentwicklung auf dem Markt,
- den Lagermöglichkeiten.

Bei wem wird bestellt?

Bei der Auswahl der Lieferanten ist zu beachten:
- Zuverlässigkeit der Lieferanten,
- bei Beschränkung auf wenige Lieferfirmen werden dem Großkunden oftmals Preiszugeständnisse gemacht,
- bei Verteilung auf mehrere Zulieferer hat der Betrieb eine breitere und sichere Basis, aber der Verwaltungsaufwand steigt.

Die *Planung der Beschaffung* orientiert sich am Verbrauch der vorangegangenen Produktionsprozesse (verbrauchsorientierte Materialbeschaffung).

Der Trend geht immer mehr zum **Just-in-time**-Beschaffungskonzept. Darunter ist eine produktionssynchrone Belieferung zu verstehen. Im Lager werden nur Sicherheitspuffer gehalten.

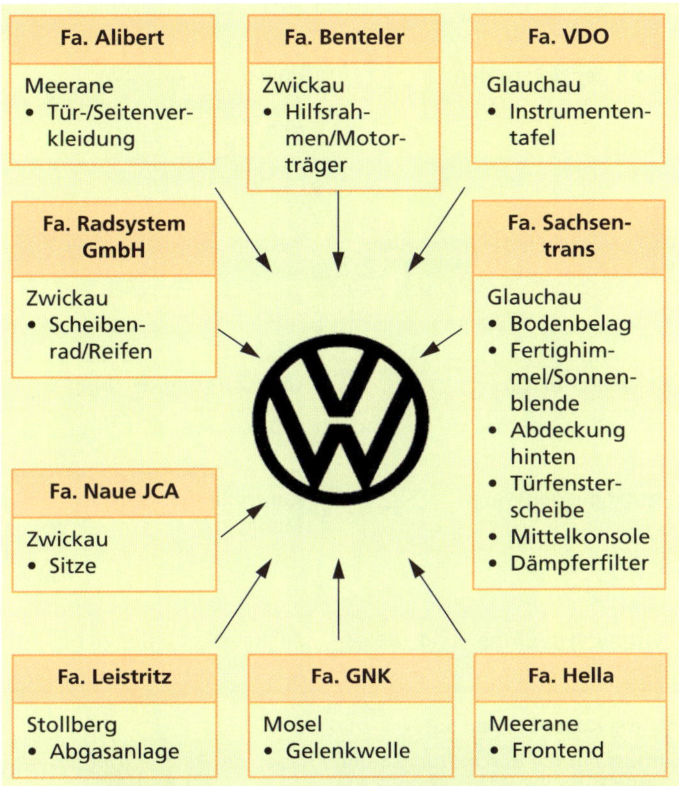

Der Computereinsatz erleichtert die Erfüllung der Aufgaben in der Materialwirtschaft entscheidend durch
- Gestaltung des Logistiksystems
- Informationen über Internet und Mail
- Materialplanung und Kontrolle mittels Softwarepaketen.

Wie erfolgt die Beschaffung?

Einholen von Angeboten	Lieferantenkartei, Kataloge, Bezugsquellenverzeichnis, Infos über Internet
↓	
Angebotsvergleich	Preis, Qualität, Zahlungsbedingungen, Lieferbedingungen
↓	
Wahl der Lieferanten	günstigstes Angebot, Aushandeln der Lieferbedingungen
↓	
Auftragserteilung/Vertragsabschluss	Bestellvorgang, Kaufvertrag
↓	
Bestellkontrolle	Überwachung der Termine
↓	
Annahme der Ware	Kontrolle der Ware auf Qualität, Menge
↓	
Rechnungsprüfung und Bezahlung	Zahlungskonditionen beachten

Welche **Kosten** treten auf?

Einfluss auf die Beschaffungsmenge haben die *Beschaffungskosten.*

Warenpreis → abhängig von bestellter Menge (Mengenrabatt)

Bezugskosten → Frachtkosten, Versicherungen, Zölle ...

Bestellkosten → Kosten für Informationssuche, Verwaltungskosten

Die Lagerhaltung ist eng mit der Beschaffung verbunden, da beschaffte Güter selten sofort in der Produktion eingesetzt bzw. erzeugte Produkte sofort abgesetzt werden.

Lagerhaltung

Jedes Unternehmen unterhält entsprechend seiner Leistungserstellung eine Lagerhaltung.

Die Lagerhaltung ist nach Art und Struktur des Betriebes sowie entsprechend der Beschaffungspolitik unterschiedlich.

In Handelsbetrieben dient Lagerhaltung als Bindeglied zwischen Beschaffung und Absatz

Es werden unterschieden:
- Lager für Roh-, Hilfs- und Brennstoffe (Wareneingangslager, Zwischenlager)
- Lager für Halb- und Zwischenprodukte (Zwischenlager)
- Lager für Fertigerzeugnisse (Fertigwarenlager, Versandlager, Verkaufslager)

Aufgaben der Lagerhaltung		
im Bereich *Beschaffung*	im Bereich *Fertigung*	im Bereich *Absatz*
Speicherfunktion Waren im Bedarfsfall termingerecht bereitzustellen	*Pufferfunktion* Lagerung zwischen einzelnen Phasen der Fertigung	*Spekulationsfunktion* bestimmte Preisentwicklung abwarten und ausnutzen
Ausgleichsfunktion unregelmäßigen Materialfluss ausgleichen	*Versorgungsfunktion* reibungslosen Fertigungsablauf sichern	*Ausgleichsfunktion* bei saisonbedingter Produktion (Landwirtschaft)
Spekulationsfunktion (Preisentwicklung)	*Umformungsfunktion* technologisch bedingt (Reifeprozesse bei Sekt, Käse)	*Pufferfunktion* Ausgleich von Absatzschwankungen

Die **Wirtschaftlichkeit** der Lagerhaltung hängt von der *Lagergestaltung* (der Lagerart), *funktionsgerechten Planung* und *Lagerorganisation* ab.

Lagerarten		
Funktion	**betriebliche Einordnung und Verwendung**	**Formen**
• zentrales Hauptlager • dezentrales Zwischenlager • Fremdlager • Haupt- und Zwischenlager ...	• Auslieferungslager • Verkaufslager • Einkaufslager • Lager für unfertige Erzeugnisse • Reservelager ...	• Normallager • Kühllager • Container • Schüttlager ...

Bei der Lagerherhaltung müssen berücksichtigt werden:
- Betriebsgröße und Produktionsprogramm,
- Lagerstandort und innerbetrieblicher **Transport**,
- Lagerkapazität,

Lagerkennziffern beurteilen die Lagerkosten:
durchschnittlicher Lagerbestand
Lagerumschlagshäufigkeit
durchschnittliche Lagerdauer

- Schwankungen im Beschaffungs-, Produktions- bzw. Abatzbereich.
- Lagerungskosten (Lagereinrichtung, Personal ...)

Lagerbestand von Glühlampen
Durchschnittlicher Lagerbestand: Angangsbestand = 30000 Stück
Endbestand = 20000 Stück
50000 = 25000 Stück durchschnittlicher Lagerbestand.

Durchschnittliche Lagerdauer:
durchschnittlicher Bestand x 360 Tage/Jahresverbrauch
25000x 360/100000 = 90 Tage.

Die durchschnittliche Lagerdauer für 25000 Stück Glühlampen beträgt 90 Tage.

Die Höhe der *Lagerkosten* ist abhängig von *Lagerbestand* und *Lagerdauer.*

2.4.2 Leistungserstellung

Leistungen können Sach- oder Dienstleistungen sein.

Zur **Leistungserstellung** (Produktion) werden alle Vorgänge gerechnet, bei denen die beschafften Produktionsfaktoren kombiniert und eingesetzt werden.

Ergebnis der Leistungserstellung sind **Güter** und **Leistungen.**
In der Abrechnung werden sie als **Ertrag** bezeichnet.

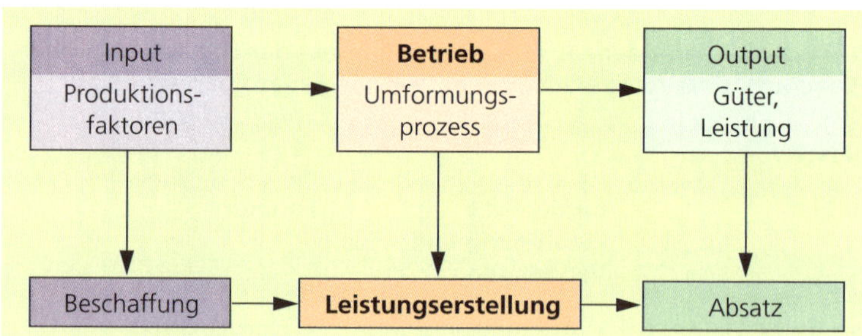

Nach der *Art* der betrieblichen Leistungserstellung werden unterschieden:

güterorientierte Betriebe (Herstellung von Gütern)	**dienstleistungorientierte Betriebe (Herstellung immaterieller Güter)**
Industriebetriebe	Banken
Handwerksbetriebe	Transportbetriebe
Landwirtschaftsbetriebe	Handelsbetriebe
...	...

Die Leistungserstellung wird von einer Reihe *betriebsexterner* (Umwelt) und *betriebsinterner Einflüsse* bestimmt:

extern:
- Entwicklungsstand der Volkswirtschaft
- Rechtsordnung
- Branchenentwicklung
- Konkurrenzbetriebe
- Verhalten der Konsumenten

intern:
- vorhandene elementare Produktionsfaktoren
- Qualität des dispositiven Faktors
- Eigenschaften des Produkts

→ **Leistungserstellung**

Ökonomisches Prinzip

Bei der Betrachtung der Leistungserstellung kommt es immer auf das Verhältnis von eingesetzten Produktionsfaktoren (Input = Faktoreinsatz) und der damit erzielten Leistung (Output = Faktorertrag) an.

Der Einsatz und die Kombination der Produktionsfaktoren soll nach der zweckmäßigsten Methode erfolgen, d.h. nach dem **ökonomischen Prinzip.**

Ausgehend vom Faktoreinsatz oder Faktorertrag gibt es folgende Möglichkeiten:

	Minimalprinzip	Maximalprinzip
Faktoreinsatz (Input)	minimaler Aufwand	bestimmter Aufwand
Faktorertrag (Output)	bestimmter Ertrag	maximaler Ertrag

Jedes Unternehmen, das ein günstiges Verhältnis von Input und Output anstrebt, handelt ökonomisch **(ökonomisches Prinzip).**

Auch das Lernen stellt eine Leistungserstellung dar. Der Einsatz und die Kombination der Lernmittel bringen unterschiedliche Ergebnisse.

	Minimalprinzip	Maximalprinzip
Einsatz und Kombination von Lernmitteln	nur Nutzung der Unterrichtsmitschrift	Nutzung des effektivsten Lernmittels (CD ROM)
Lernergebnis	Ziel ist Note 3	es sollte die Note 1 sein

Der *Konkurrenzdruck* und die zunehmende **Marktsättigung** zwingen die Unternehmen ihren wirtschaftlichen Erfolg durch **Rationalisierungsmaßnahmen** zu verbessern, d.h., sie streben nach **Wirtschaftlichkeit** bzw. **Produktivität.**

Erlöse sind die Einnahmen aus dem Verkauf der Produkte oder Leistungen.

Produktivität (mengenmäßige Größe)	**Wirtschaftlichkeit (wertmäßige Größe)**
Ergebnis in Mengeneinheiten Einsatz an Faktormenge	Ergebnis in € in Geld ausgedrückter Faktoreinsatz
An der Herstellung von 100 Motoren sind 25 Arbeitskräfte beschäftigt.	Erlös für 4 Motoren: 200000 € Kosten für Einsatz von Produktionsfaktoren (Arbeitskräfte ...): 120000 €
$\frac{100 \text{ Motoren}}{25 \text{ Arbeitskräfte}} = 4 \text{ Motoren/AK}$	$\frac{200000€}{120000€} = 1{,}78$

Bei dieser Methode ist die Wirtschaftlichkeit bei einem **Wirtschaftlichkeitsfaktor** von > 1 = wirtschaftlich; < 1 = unwirtschaftlich.

Da die Faktorarten sehr unterschiedlich sind, lassen sich meist keine einheitlichen Mengengrößen finden. Die Produktivität wird deshalb jeweils für *eine* Faktorart bestimmt.

Soll der Gesamtertrag zum Einsatz aller Produktionsfaktoren ins Verhältnis gesetzt werden, ist das über die **Wirtschaftlichkeit** möglich.

Gewinn

Das Streben nach **Gewinn** ist im marktwirtschaftlichen System das vorherrschende ökonomische Ziel.

Gewinn ist die Differenz zwischen **Ertrag** und **Aufwand**.

Ist der Aufwand höher als der Ertrag, entsteht **Verlust**.

Ertrag	100000 €	Aufwand	120000 €
Aufwand	60000 €	Ertrag	100000 €
Gewinn	**40000 €**	**Verlust**	**20000 €**

Im Rechnungswesen wird der Gewinn mit Hilfe der Gewinn- und Verlustrechnung ermittelt. (↗ 2.4.4)

Rentabilität

Die **Rentabilität** errechnet sich aus dem Verhältnis von Gewinn zum Kapitaleinsatz.

$$\text{Rentabilität} = \frac{\text{Gewinn (in €)}}{\text{Kapitaleinsatz (in €)}}$$

Die **Rentabilität** im Betrieb ist umso größer, je größer der Gewinn und je kleiner der Kapitaleinsatz ist (Minimalprinzip).

Rentabilität; franz. rentabilité = Einträglichkeit, es lohnt sich

Rationalisierung

Rationalisierungsmaßnahmen sind für viele Unternehmen lebensnotwendig.

Gründe	Ziele	Folgen
• verschärfte Konkurrenz national und international • Kostenanstieg • ungünstige Preis-Kostenschere	• Behauptung im Konkurrenzkampf • mit weniger Aufwand gleiche Leistung oder • mit gleichem Aufwand mehr Leistung	• Marktanteile können gehalten werden • Produkte bleiben relativ billig und konkurrenzfähig • höhere Löhne können verkraftet werden • Anzahl der Arbeitsplätze kann zurückgehen

Leistungserstellung in Industrie- und Handwerksbetrieben

Die **Leistungserstellung** in *Produktionsbetrieben* wird als **Fertigung** bezeichnet.

Fertigung ist die Umformung von Gütern aus Rohstoffen und Halbfabrikaten.

Nach der Häufigkeit der Leistungswiederholung werden **Fertigungstypen** unterschieden.

Fertigungstypen sagen etwas über die hergestellten Mengen eines Produktes aus.

Serienfertigung
Ein VW Golf besteht beispielsweise aus 31 Haupt- und 54 Untermodulen. Die Montage erfordert streng durchorganisierte Arbeitsabläufe und standardisierte Schnittstellen. Die Modulbauweise beschleunigt die Fertigung und macht sie wirtschaftlicher. Täglich werden 2400 Golf fertiggestellt.

Module: Bausteine, die parallel vormontiert werden, wie Armaturentafel, Fahrwerk mit Motor ...

Fertigungstypen

Einzelfertigung
meist nur ein Produkt (Kundenbestellung) z. B. Drechslerei

- Fertigungsplanung aufwendig
- geringe Möglichkeit der Rationalisiserung

Mehrfachfertigung

Massenfertigung
große Mengen eines Produkts werden hergestellt, z. B. Zigaretten

- niedrige Stückkosten

Sortenfertigung
große Mengen in verschiedenen Varianten werden auf derselben Fertigungsanlage hergestellt, z. B. Mäntel (verschiedene Stoffe, Schnitte; Gießerei)

- optimale Losgrößen

Serienfertigung
in der Art der Herstellung und den eingesetzten Rohstoffen eng verwandt, aber teilweise verschiedene Fertigungsanlagen, z. B. Autos

- hohe Umrüstungszeiten,
- Normung möglich ...

Nach der räumlichen Anordnung der Betriebsmittel und damit nach dem Weg der Produkte im Fertigungsablauf erfolgt die Einteilung in **Organisationstypen**.

Bei der organisatorischen Gestaltung der Fertigung gibt es *drei* Typen:
- Werkstattfertigung
- Fließfertigung
- Baustellenfertigung

Organisationstypen

Werkstattfertigung	Fließfertigung	Baustellenfertigung
gleichartige Maschinen, Arbeitsplätze werden zu Werkstätten zusammengefasst: Tischlerei	Anordnung der Maschinen und Arbeitsplätze ermöglicht genaue Aufeinanderfolge der Arbeitsgänge: Fließband	Arbeitskräfte, Betriebsmittel, Werkstoffe werden zum Produkt gebracht: Bau, Landwirtschaft
• Einzelfertigung • große Beweglichkeit • Zwischenlagerung nötig, Langer Produktionsvorgang	• große Stückzahl einheitlicher Produkte • Arbeitsteilung • Spezialisierung • Automatisierung • reagiert empfindlich auf Störungen	• meist ein Produkt • Arbeitsteilung • Spezialisierung • reagiert empfindlich auf Störungen

Voraussetzung für Leistungserstellung sind die
- Planung und Festlegung des Fertigungsprogramms
- Organisation (Koordination)
- Leitung (Betriebsführung)

Die **Planung** und Abstimmung der einzelnen Prozesse (Beschaffung, Lagerung, Leistungserstellung, Absatz) und ihre logischen Zusammenhänge sind Aufgaben der **Logistik.**

Planungs- und Steuerungsvorgänge lassen sich schwer voneinander trennen. Zur Arbeitsplanung zählen u.a.
- Arbeitsunterlagen für die Fertigung (Stücklisten ...)
- Terminplanung
- Maschinenbelegungsplan

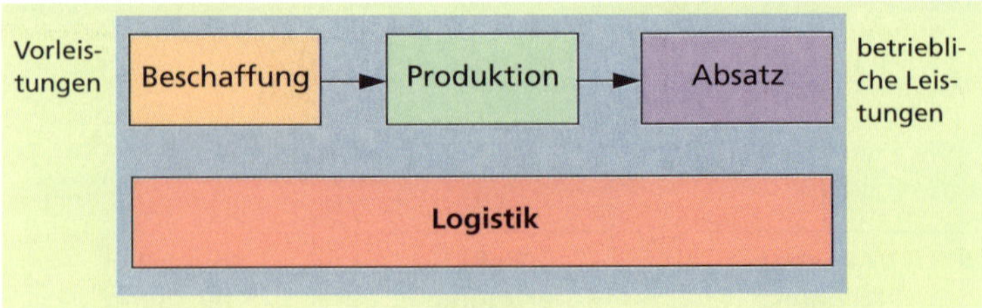

Ausgehend vom Produkt werden folgende Fertigungsphasen unterschieden:

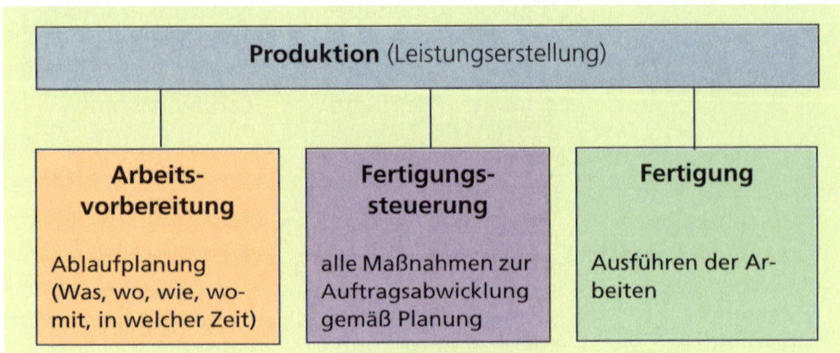

Die computerunterstützte **Produktionsplanung** und -steuerung tendiert zu einem vernetzten System von der Konstruktion bis zur eigentlichen Fertigung. Es wird als **CIM** (Computer Integrated Manufacturing) bezeichnet.

In allen Teilbereichen der Leistungserstellung werden zunehmend Computer eingesetzt.

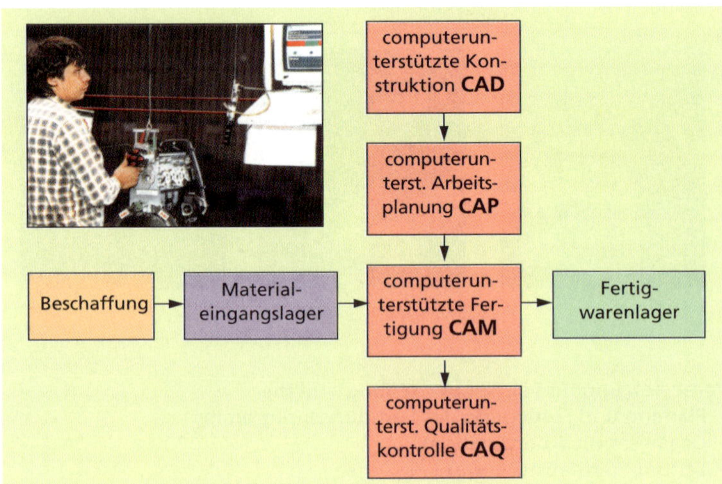

Bei technisch orientierter Produktionsplanung und -steuerung wird es notwendig, Teilgebiete wie *Konstruktion*, *Arbeitsplanung*, *Fertigungssteuerung* und *Qualitätssicherung* als integriertes System (CIM) aufeinander abzustimmen.

Teilbereich	Programm	Inhalt
Konstruktion	**CAD** Computer Aided Design (computergestütztes Konstruieren)	technische Berechnungen, Anfertigung von Zeichnungen
Arbeitsplanung	**CAP** Computer Aided Planing (computergestützte Arbeitsplanung)	Arbeitsgänge, Fertigungszeiten, erforderliche Betriebsmittel, Stücklisten
Fertigung	**CAM** Computer Aided Manufacturing (computergestützte Fertigung)	Steuerung und Überwachung der Fertigung
Kontrolle	**CAQ** Computer Aided Quality Assurance (computergestützte Qualitätssicherung)	Erstellung von Prüfplänen und Prüfprogrammen

Leistungserstellung in Dienstleistungsbetrieben

In Dienstleistungsbetrieben ist die Leistungserstellung weniger sichtbar als in Produktionsbetrieben.

Reisebüro als Dienstleistungsunternehmen

Beschaffung →

- Reiseinformation
- Verbindung mit Reiseunternehmen, Fluggesellschaften, u.a.
- Recherche zu Hotels, Pensionen, zu kulturellen, sportlichen, touristischen Angeboten
- Erarbeitung von Reisekatalogen ...

Produkt →

- Beratung über Reiseziele ...
- Buchung von Reisen
- Zusammenstellung von Reiseunterlagen
- Buchung von Flügen
- Hotelreservierungen
- Angebote unterbreiten ...

Absatz

- Verkauf von Reisen,
- Verkauf von Veranstaltungen
- Verkauf von Flugtickets und Fahrkarten für Bahn und Bus
- Reisekataloge vertreiben

2.4.3 Absatz

Der Absatz ist die letzte Phase des betrieblichen Leistungserstellungsprozesses. Im Mittelpunkt dieser Phase steht die Verwertung der erstellten Leistungen.

Absatz umfasst alle Tätigkeiten, die mit der Überlassung der hergestellten Güter und Dienstleistungen an andere Marktteilnehmer verbunden sind.

Zentrale Aufgabe des Absatzes ist der **Verkauf,** d.h. die Abgabe der Güter und Leistungen gegen Geld. Durch den Verkauf fließt das im Betriebsprozess eingesetzte Kapital/Geld wieder in den Betrieb zurück, sodass wiederum Mittel für die Fortsetzung der Produktion vorhanden sind.

Um etwas zu verkaufen, ist es nötig zu wissen, was der Kunde will.

Die **Absatzpolitik** umfasst alle unternehmerischen Entscheidungen und Aktivitäten, die dazu dienen, den Erfolg des Unternehmens am Markt zu sichern.

Dazu ist eine marktgerechte Konzeption, **Marketing,** erforderlich. Die Kombination verschiedener **Marketinginstrumente** wird als **Marketing-Mix** bezeichnet.

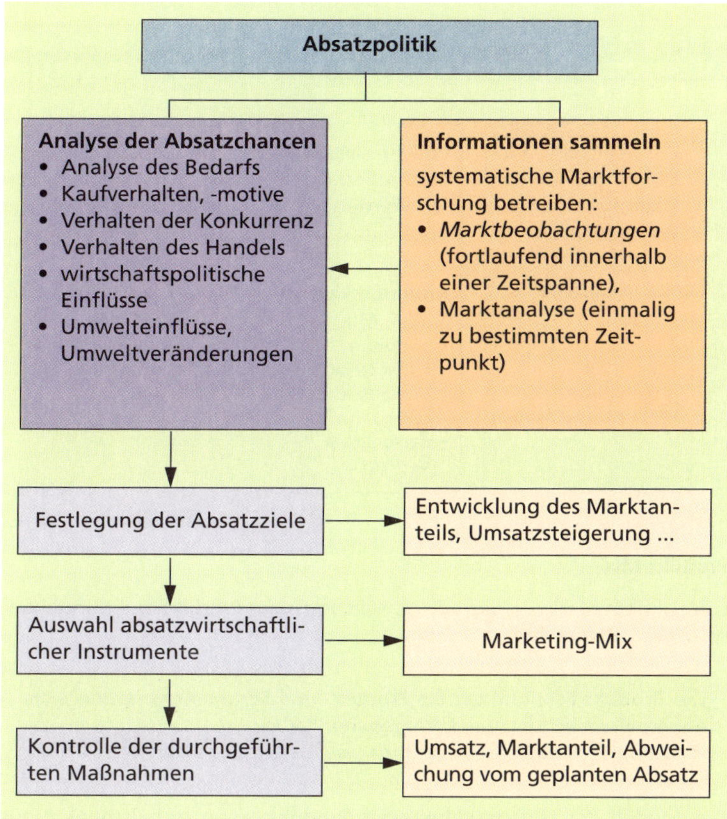

Marketing-Mix

Marketing-Mix ist eine Kombination aus Produkt-Mix, Preis-Mix, Kommunikations-Mix und Distributions-Mix.

Maßnahmen, die zum Absatz von Produkten und Dienstleistungen führen, heißen absatzpolitische Instrumente. Die zu kombinierenden Einzelmaßnahmen (Instrumente) werden im **Marketing-Mix** dargestellt. Sie müssen vom Unternehmen aufeinander abgestimmt werden.

Marketing ist also ein markt- und kundenorientiertes Konzept der Unternehmensführung.

Nicht nur der Absatz, sondern alle Phasen der Leistungserstellung sind auf die Bedürfnisse der Kunden ausgerichtet.

Die Kundenzufriedenheit steht im Mittelpunkt jeder **Marketingstrategie**.

Kommunikation; lat. communicatio = Mitteilung, Unterredung
Distribution; lat. distribuere = verteilen, austeilen; Wirtsch. **Verteilung, Vertrieb**

Marketing-Mix

Welche Leistungen sollen am Markt angeboten werden?	Zu welchen Bedingungen sollen Leistungen angeboten werden?	Welche Maßnahmen sollen ergriffen werden?	An wen, auf welchem Weg soll das Produkt verkauft werden?
Produkt-Mix	**Preis-Mix**	**Kommunikations-Mix**	**Distributions-Mix (Vertrieb)**
• Produktqualität • Sortimentsgestaltung • Verpackung • Markenname • Kundendienst	• Preis • Liefer- und Zahlungsbedingungen (Rabatte) • Kreditgewährung	• Werbung • Public Relations • Verkaufsförderung • persönlicher Verkauf	• Absatzwege, Absatzform • Transport, Lagerung • Logistik

Produkt-Mix

Um auf dem Markt erfolgreich zu sein, muss das Produkt den Kundenansprüchen entsprechen.

Der **Produkt-Mix** umfasst die *Produkt-* und *Sortimentsgestaltung*, die äußere Aufmachung wie *Formgebung, Farbe* und die *Ausstattung des Produkts.* Er beeinflusst wesentlich die Absatzmöglichkeiten.

Das Modell des **Lebenszyklus** eines Produkts kann Anhaltspunkte zur möglichen **Marktentwicklung** eines Produkts geben.

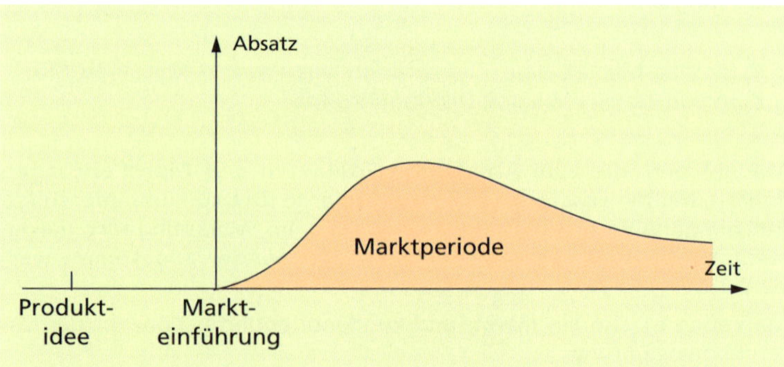

Bei der Entwicklung neuer Produkte gibt es zwei Wege:
- *Erweiterung* und *Vertiefung* des *Produktionsprogramms* einer Produktgruppe,
- *Erweiterung* der Produktion um *neue* **Produktgruppen.**

Preis-Mix

Der **Preis-Mix** umfasst alle vertraglichen Vereinbarungen über Preis, Rabatte, Zahlungsbedingungen, und Kreditgewährung. Im Mittelpunkt steht der Preis.

Der **Preis** muss *wettbewerbsfähig* sein.

Preispolitische Entscheidungen der Unternehmen werden in der Regel bestimmt vom **Markt** und den eigenen **Kalkulationen.**

Oftmals wird der Wettbewerb über die Preise ausgetragen. Typische Beispiele dafür sind die Verbrauchermärkte (Sonderangebote ...).

Der **europäische Binnenmarkt** beeinflusst ebenfalls preispolitische Entscheidungen der Unternehmen und das Kaufverhalten. So ermöglicht der Binnenmarkt den Einkauf in anderen Mitgliedsländern zu oft geringeren Preisen und ohne im Heimatland Zoll zu entrichten.

Kommunikations-Mix

Der **Kommunikations-Mix** umfasst alle Maßnahmen, die die Nachfrage nach den Produkten positiv beeinflussen.

Dazu gehören Werbung und Public Relations, Öffentlichkeitsarbeit, Verkaufskontakte Maßnahmen der Verkaufsförderung sowie Verkäuferschulungen.

Die Unternehmen stellen ein großes Waren- und Dienstleistungsangebot bereit. Die meisten Produkte und Leistungen werden von mehreren Anbietern auf den Markt gebracht. Deshalb sind die Unternehmen gezwungen, mit vielfältigen Mitteln um Verbraucher zu werben.

Die **Werbung** stellt somit ein wesentliches Instrument zur Förderung des Absatzes dar.

So soll die Werbung im Einzelnen helfen:
- ein neues Produkt einzuführen und neue Kunden zu gewinnen,
- den Bekanntheitsgrad von Produkten zu erhöhen,
- das Ansehen vorhandener Erzeugnisse und Marken zu verbessern,
- den Absatz zu sichern und nach Möglichkeit zu erweitern,
- die Marktanteile zu erhalten bzw. zu vergrößern.

Die **Öffentlichkeitsarbeit** (Public Relations) hat u. a. die Aufgabe, eine positive Einstellung und Vertrauen dem Unternehmen gegenüber zu erzeugen (Image des Unternehmens).

In den Stellenanzeigen der Zeitungen treten häufig die Begriffe **Public Relations** (Öffentlichkeitsarbeit; aus dem Englischen = öffentliche Beziehungen) und Salespromotion (Verkaufsförderung auf; aus dem Englischen, -Wirtsch. Gesamtheit der Maßnahmen zur Förderung des Verkaufs).

Verkaufsförderung (Salespromotion) arbeitet im Bereich des Verbrauchers, mit Warenproben, Preisausschreiben, Gutscheinen, Verkaufsgesprächen usw.

Der *persönliche Verkauf (Verkaufskontakte)* spielt bei hochwertigen Produkten eine wesentliche Rolle, da hier die individuelle Beratung wichtig ist.

Die Verkaufsschulung (Verkäufertraining) dient der fachlichen Information der Verkäufer als Grundlage für die Verkaufs- und Beratungstätigkeit.

Distributions-Mix

Eine spezielle Form des direkten Absatzes ist das **Franchising.** Ein Unternehmen (Franchising-Geber) räumt einem Franchising-Nehmer das Recht ein, Waren oder Dienstleistungen unter Verwendung des Markennamens und der Ausstattung auf eigene Rechnung zu verkaufen (McDonalds).

Für die **Verteilung** der Güter und Leistungen vom Hersteller zum Kunden gibt es verschiedene **Absatzmethoden.**

Die **Absatzmethoden** (Organisation) sind abhängig
- vom Produkt selbst (Beschaffenheit ...),
- von Art, Größe, Produktionsweise des Unternehmens,
- vom Standort des Unternehmens,
- von der Lieferfähigkeit des Unternehmens,
- von der Anzahl der Abnehmer.

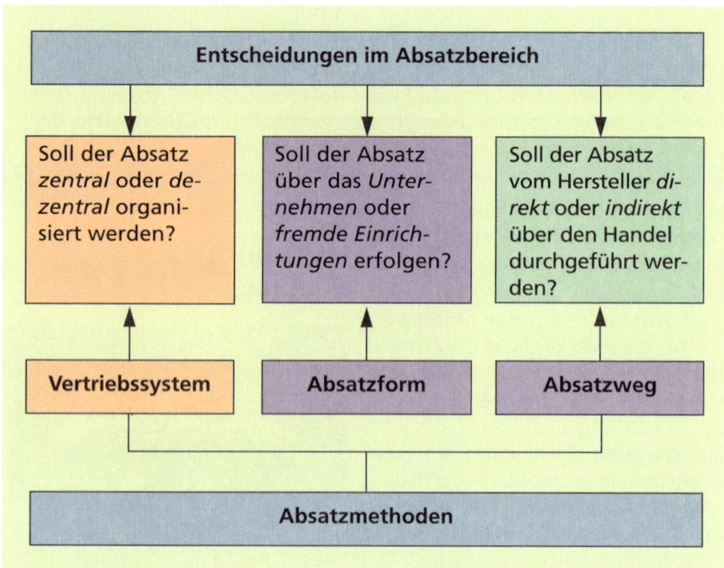

Die **Kontrolle** der absatzwirtschaftlichen Maßnahmen bezieht sich auf die Wirkung des Marketing-Mix oder auf einzelne Maßnahmen (Werbung ...). Die Kontrollkriterien ergeben sich aus den gesteckten Absatzzielen.

2.4.4 Rechnungswesen

Das betriebliche **Rechnungswesen** umfasst sämtliche Verfahren, die das Betriebsgeschehen (Geld- und Leistungsströme im Betrieb) mengen- und wertmäßig erfassen und aufbereiten.

Aufgaben des Rechnungswesens

Dokumentation	**Rechnungslegung und Information**	**Kontrolle**	**Disposition**
Aufzeichnung der Geschäftsvorfälle	Erfassung von Vermögen; Schulden, Erfolg des Unternehmens	Überwachung der Zahlungsfähigkeit (Liquidität und Wirtschaftlichkeit)	Zahlenmaterial für unternehmerische Planungen, z.B. Investitionen

Zur Erfüllung der unterschiedlichen Aufgaben sind vielfältige Informationen erforderlich, die sich in der Gliederung des Rechnungswesens widerspiegeln.

Bereiche des Rechnungswesens	**Inhalt**
Finanzbuchhaltung (**Buchführung**) und **Bilanz**	sachlich geordnete, lückenlose (chronologische) Aufzeichnung aller Geschäftsvorfälle auf der Grundlage von Belegen
Kosten- und **Leistungsrechnung**	Überwachung der Wirtschaftlichkeit des Leistungsprozesses: Kostenarten, -stellen, -trägerrechnung Selbstkosten der Leistungen (als Grundlage der Kalkulation des Angebotspreises)
Statistik	Aufbereitung und Auswertung des Materials der Finanzbuchhaltung für Betriebsvergleich, Soll-Ist-Vergleich (Umsatzstatistik, Kostenstatistik, Personalstatistik ...)
Planungsrechnung	Erarbeitung von Teilplänen für zukünftige betriebliche Entwicklung (Absatzplan, Finanzplan)

Bilanz; ital. bilancia = Waage

Durch die **Buchführung** sind alle wirtschaftlichen Vorgänge in einem Unternehmen zahlenmäßig zu erfassen.

Die älteste Urkunde einer **Buchführung** wurde auf einem kleinen Täfelchen aus einer Tempelwirtschaft der Sumerer (ca. 3000 v. Chr.) gefunden. Das 1. Lehrbuch für die doppelte Buchführung verfasste 1494 der Franziskanermönch LUCA PACIOLI. In der Fachsprache der Buchführung dominiert bis heute die italienische Sprache.

kameralistisch; veralteter Ausdruck für staatswirtschaftlich, finanzwirtschaftlich. Leitet sich ab von Kämmerer. Es geht um den Nachweis von Einnahmen und Ausgaben im Vergleich zum Haushaltsplan.

Die Buchführung ist „ordnungsgemäß“, wenn sie einem sachverständigen Außenstehenden (Steuerberater, Finanzbeamter) einen Überblick über alle Geschäftsvorfälle und die Vermögenslage des Unternehmens vermitteln kann.

Grundsätze der ordnungsgemäßen Buchführung:

- klare, übersichtliche Buchführung,
- Erfassung aller Geschäftsvorfälle, und zwar fortlaufend, vollständig, zeitgerecht, sachlich geordnet,
- keine Buchführung ohne Beleg,
- ordnungsgemäße Aufbewahrung der Buchführungsunterlagen (10 bzw. 6 Jahre).

Nur eine ordnungsgemäße **Buchführung** hat Beweiskraft. Die Buchführung dient als Beweismittel gegenüber dem Finanzamt, sie liefert die Unterlagen für die Steuerveranlagung.

Es werden drei grundlegende buchhalterische Methoden (Buchhaltungssysteme) unterschieden:

kameralistische Buchführung	**einfache Buchführung**	**doppelte Buchführung**
reine Kassenrechnung, verzeichnet lediglich Einnahmen und Ausgaben	Erfolg wird durch Gegenüberstellung des Vermögens am Anfang und Ende einer Abrechnungsperiode dargestellt	Geschäftsvorgänge werden nach zeitlicher und sachlicher Ordnung auf Konten festgehalten
Behörden, öffentl. Bereich, …	kleine Handwerksbetriebe …	buchfürungspflictige Unternehmen …

Ausgangspunkt jeder Buchführung ist die **Inventur** (Bestandsaufnahme). Das dabei aufgestellte Verzeichnis heißt **Inventar** (Bestandsverzeichnis).

Das **Inventar** gliedert sich in
- A) Vermögensgegenstände (Anlage-, Umlaufvermögen)
- B) Verbindlichkeiten nach Art, Menge, Wert (= Schulden)
- C) Reinvermögen (C = A – B)

Das Inventar unterscheidet sich von der Bilanz in der Art der Darstellung:

Inventar = **Staffelform**
Bilanz = **Kontenform**

Der **Jahresabschluss** besteht aus der **Bilanz** und der **Erfolgsrechnung** (Gewinn- und Verlustrechnung).

Inhalt und Funktion der Bilanz

Inhalt
- Übersicht über:
  - betriebliches Vermögen und seine Zusammensetzung
  - materielle und finanzielle Mittel
  - Art und Weise der Finanzierung des Vermögens

Funktion
- Grundlage für die Gewinnermittlung
- Kontrolle über die Ordnungsmäßigkeit
- Sicherheitsfaktor bei Fremdfinanzierung
- Informationsquelle für Unternehmer; Aktionäre, Arbeitnehmer …

Die **Bilanz** ist eine Gegenüberstellung von Vermögensform und Vermögensquelle bzw. Mittelverwendung und Mittelherkunft.

Da es sich bei beiden Seiten um die selbe Sache handelt, müssen auch die Summen auf beiden Seiten gleich groß sein.

Aufbau der Bilanz

Bilanz zum (Tag, Monat, Jahr)

Aktiva	Passiva
A.: **Anlagevermögen**	I. Eigenkapital
I. Immaterielle Vermögen	II. Fremdkapital
II. Sachanlagen	1. Hypothek
1. Gebäude	2. Darlehen
2. Maschinen	3. Verbindlichkeiten an Lieferer
3. Fuhrpark	
4. Betriebs-, Geschäftsausstattung	
III. Finanzanlagen	
B.: **Umlaufvermögen**	
I. Vorräte	
1. Rohstoffe	
2. Hilfsstoffe	
3. Betriebsstoffe	
4. Unfertige Erzeugnisse	
5. Fertigerzeugnisse	
II. Kundenforderungen	
III. Kassenbestand, Schecks	
Guthaben bei Kreditinstituten	
Summe	Summe

Ort der Ausfertigung, Datum Unterschrift

- Anlagevermögen = Wirtschaftsgüter, die über längere Zeit im Unternehmen bleiben
- Immaterielle Vermögensgegenstände = Pachten, Lizenzen…
- Finanzanlagen = Beteiligung an anderen Unternehmen…
- Umlaufvermögen = Wirtschaftsgüter, die das Unternehmen nach kurzer Zeit verlassen (siehe Produktionsfaktoren), dazu gehören auch Ansprüche gegenüber anderen, kurzfristig gehaltene Wertpapiere und alle liquiden Mittel

Konkurs; lat. concursus = das Zusammenlaufen (der Gläubiger)
Wirtsch.: Einstellung aller Zahlungen eines Unternehmens wegen Zahlungsunfähigkeit

Aussagewert der Bilanz

- Die Bilanz zeigt die Vermögensverhältnisse, Kapitalaufbau und Finanzierung, → daraus erkennt man, ob das Unternehmen *zahlungsfähig* ist oder ob es kurz vor dem **Konkurs** steht.
- Veränderungen in der Bilanz geben Auskunft über die Entwicklung des Unternehmens.
  Es kann erkannt werden, ob das Unternehmen hauptsächlich mit eigenen Mitteln arbeitet, also weitgehend unabhängig von Banken/Gläubigern ist und dadurch die Zinsbelastung gering ist.
- Eine solide Ausstattung des Unternehmens kommt auch darin zum Ausdruck, wenn das gesamte Anlagevermögen und Teile des Umlaufvermögens mit **Eigenkapital** beschafft werden.

Wer eine Bilanz richtig lesen kann, kann auch das Unternehmen beurteilen.

Gewinn- und Verlustrechnung

Inhalt und Gliederung der **Gewinn-** und **Verlustrechnung** sind gesetzlich geregelt und für **Kapitalgesellschaften** Pflicht.

Die **Gewinn-** und **Verlustrechnung** stellt eine **Aufwands-(Kosten)** und **Ertragsrechnung** dar.

Damit informiert sie über die Ertragslage der Unternehmung. Sie gibt Auskunft über *Art*, *Höhe* und *Quelle* des **Erfolges/Verlustes** des Unternehmens.

Die **Bilanz** und die **Gewinn-** und **Verlustrechnung** ergänzen einander.

Der Erfolg des Unternehmens lässt sich z.B. durch den Vergleich des Eigenkapitals am Anfang des Jahres mit dem Eigenkapital am Ende des Jahres darstellen.

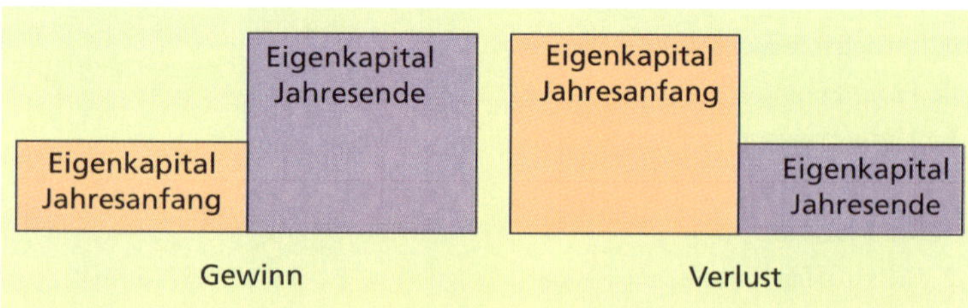

Für jede Branche gibt es Abschreibungstabellen, in denen die **Nutzungsdauer** der Güter festgelegt ist.

Gegenstände des Anlagevermögens (Maschinen, Kraftfahrzeuge...) verlieren während ihrer Nutzungszeit an Wert durch Gebrauch und Abnutzung.

Durch die **Abschreibung** werden die Anschaffungskosten auf die Jahre der Nutzung verteilt, d.h., der Gegenstand wird abgeschrieben.

Mit der Abschreibung wird der Wertverlust von Maschinen und Anlagen erfasst.

Der *Wertverlust* wird als Aufwand (Kosten) in der jährlichen Gewinn- und Verlustrechnung über die Abschreibung für Abnutzung (AfA) berücksichtigt.

Die Abschreibung erfolgt meist *linear* (jedes Jahr wird der gleiche Betrag abgeschrieben).

Auto

Anschaffungskosten:	20000 €
Nutzungsdauer:	10 Jahre
Abschreibung:	jedes Jahr 2000 €

Die wichtigsten Abschreibungsursachen sind:
- natürlicher und technischer Verschleiß (Auto),
- technischer Fortschritt, der dazu führt, dass die technische Lebensdauer meist länger ist, als die wirtschaftliche Nutzung (z.B. Entwicklung bei Computern).

Liquidität (Zahlungsfähigkeit)

Ein Unternehmen befindet sich im **finanziellen Gleichgewicht,** wenn es zu jedem Zeitpunkt den fälligen Zahlungsverpflichtungen nachkommen kann. Die **Liquidität** (= Zahlungsfähigkeit) ist gesichert, wenn die Auszahlungen immer durch die Einzahlungen gedeckt sind.

Es gibt verschiedene Möglichkeiten, die Liquidität zu ermitteln:
- aus der Bilanz (Statistisches Verfahren)
- durch Kapitalbedarfsrechnung (dynamisches Verfahren)

Betriebswirtschaftliche Zahlungsströme

Beispiel der Zahlungsbewegung in einem Quartal (Periodenliquidität)

	Jan.	Febr.	März	Quartal
Anfangsbestand an Zahlungsmitteln	+ 200 €	– 200 €	0 €	0 €
+ Einnahmen	+ 800 €	+ 1400 €	+ 1500 €	+ 3700 €
– Ausgaben	– 1200 €	– 1200 €	– 1240 €	– 3640 €
= Endbestand an Zahlungsmitteln	– 200 €	0 €	+ 260 €	+ 60 €

Eine wichtige **Kennzahl** zur Beurteilung der Liquidität eines Unternehmens ist der **Cashflow** (= Kassenfluss).

Cashflow; engl. cash = Kasse, flow = Fluss

Vereinfacht wird der **Cashflow** als Summe aus dem Gewinn eines Unternehmens und den Abschreibungen errechnet.

Gewinn eines Unternehmens =	100000 €
Abschreibungen =	40000 €
Cashflow =	140000 €

Der Cashflow zeigt die Finanzkraft eines Unternehmens besser an als beispielsweise der **Gewinn**, da der Cashflow die *tatsächlich* zur Verfügung stehenden finanziellen Mittel erfasst.

Kosten- und Leistungsrechnung

Ein wesentliches Instrument der Unternehmensführung ist die **Kosten**- und **Leistungsrechnung**. Hier werden alle Kosten erfasst, verteilt und verrechnet.

Die Verarbeitung von Daten des betriebswirtschaftlichen Rechnungswesens kann durch **DATEV-Programme** erfolgen. Die DATEV ist eine Datenverarbeitungsorganisation der Steuerberater.

Um die *täglichen Geschäftsvorfälle* verbuchen zu können, wird die Bilanz in Konten aufgelöst. Jeder Posten der Bilanz bekommt sein eigenes Konto. Das Konto verfügt über zwei Seiten: links Soll, rechts Haben.

Rohstoffe			
Soll		**Haben**	
AB	20000 4000	24000	SB
	24000	24000	

Funktion der Kostenrechnung	Aufgaben der Kostenrechnung
• Dokumentation • Planung • Kontrolle	• Erfolgsermittlung • Preiskalkulation • Kontrolle der Wirtschaftlichkeit • Informationen

Kapazität: Unternehmen und Gesamtheit aller Mittel, die zur Herstellung eines Gutes nötig sind.

Kosten verhalten sich bei Veränderung der Auslastung von Kapazitäten unterschiedlich.

Es gibt Kosten, die auch bei steigender Produktionsmenge unveränderlich bleiben. Sie werden als **fixe** oder **feste Kosten** bezeichnet.

Andere Kosten steigen, wenn die Produktionsmenge erhöht wird. Sie werden als **variable** oder **veränderliche Kosten** bezeichnet.

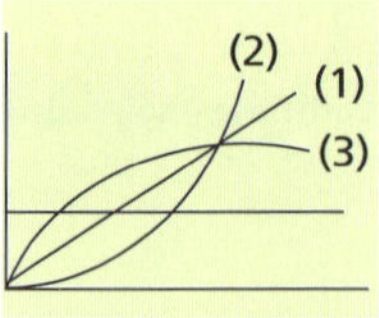

Fixe Kosten → fallen unabhängig vom Umfang der Produktionsmenge an
→ sind leistungsunabhängig aber zeitabhängig

Variable Kosten → steigen, wenn die Produktionsmengen erhöht werden
→ sind leistungsabhängig (z.B. Materialkosten)
→ Steigerungen können proportional (1), progressiv (2) oder degressiv (3) sein.

Für einen Schulbuchverlag entstehen für den Druck des Buches Kosten. Die Höhe der Kosten für das Setzen des Textes ist in jedem Fall gleich hoch, egal ob die Auflage 10 000 oder 50 000 Stück beträgt. Es sind fixe Kosten.

Die Kosten für Papier, Drucken, Einbinden erhöhen sich, wenn sich die Stückzahl des Buches erhöht. Es sind variable Kosten.

Fixe Kosten und variable Kosten ergeben die **Gesamtkosten** der Leistungserstellung.

Die Herstellungskosten je Stück (Stückkosten) ergeben sich aus:

Gesamtkosten: Stückzahlen (Produktionsmenge)

Berechnung der Gesamtkosten

	Auflagenhöhe 10 000	**Auflagenhöhe 50 000**
fixe Kosten	30000 €	30000 €
variable Kosten	40000 €	200000 €
Gesamtkosten	70000 €	230000 €
Stückkosten je Buch	70000 : 10 000 = 7,00 €/Buch	230000 : 50000 = 4,60 €/Buch

Zur Bestimmung des Produktionsprogramms und zur Beurteilung der Wirtschaftlichkeit hat sich die **Deckungsbeitragsrechnung** bewährt.

Bei dieser Form der Kostenrechnung werden nur bestimmte Teile der Kosten (variable Einzelkosten) verrechnet. Die Betriebsleitung kann dadurch feststellen, welchen Anteil die einzelnen Produkte zur Deckung der unvermeidlichen Fixkosten beitragen.

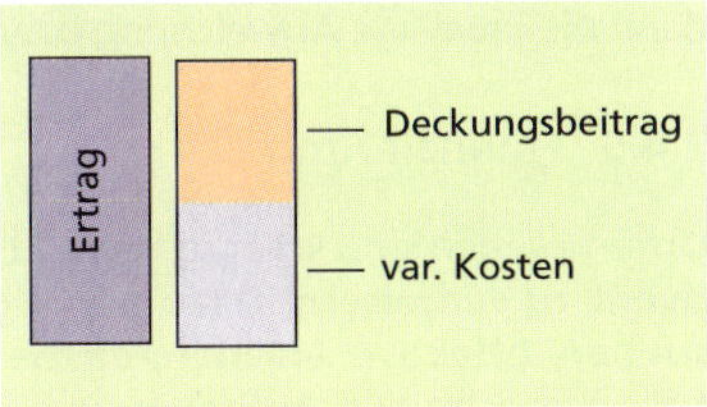

Statistik

Die **Betriebsstatistik** bereitet die Ist-Zahlen auf und ermittelt die Abweichungen von den Sollgrößen. (Soll-Ist-Vergleich)

Bezogen auf den Inhalt gibt es u.a. die
- Umsatzstatistik
- Kostenstatistik
- Personalstatistik

Bezogen auf den Zeitraum gibt es z.B. die Monats-, Quartals- und Jahresstatistik.

	Soll (in €)	Ist (in €)	%
Kosten	120000	118000	98,3
Umsatz	400000	450000	112,5

Auswertung: Gegenüber dem Soll wurde der **Umsatz** um 50000 € erhöht. Das entspricht einer Steigerung um 12,5 % auf 112,5 %. Die Kosten sanken gegenüber dem Soll um 2000 € auf 98,3 %. Beide Ergebnisse deuten auf einen wirtschaftlichen Betrieb hin.

Hauptinhalt der Statistik ist aber der kontinuierliche langjährige *Vergleich*. Dieser mehrjährige Vergleich ermöglicht die Beurteilung wirtschaftlicher Trends. Er liefert Anhaltspunkte für die weitere Entwicklung.

Produktion von Pkw in Mio. Euro

1999	2000	2001	Entwicklung 2001: 1999 in %
93 285	101 747	109 242	117

Planungsrechnung

Mit der **Planungsrechnung** werden für die Entwicklung der Unternehmen *Teilpläne* erarbeitet.

Es werden z.B. Beschaffungs-, Produktions-, Absatz- und Finanzpläne erstellt. Die unerlässliche Prüfung nach Ablauf des Planungszeitraumes stellt dann die jeweilige Abweichung bzw. Übereinstimmung fest. (↗ S. 159)

Der Begriff Kapital wird in der Literatur nicht einheitlich verwendet. In der Volkswirtschaft wird Kapital in der Regel als *produzierte* Produktionsmittel definiert. Das sind die materiellen Güter wie Maschinen, Anlagen, Gebäude und Werkstoffe.
In der Betriebswirtschaft verwendet man in der Regel den konkreten *monetären* (geldlichen) Kapitalbegriff.

2.4.5 Finanzierung

Unternehmen sind ständig bemüht, ihre Leistungsfähigkeit, ihre Produktivität zu verbessern. Dazu benötigen die Unternehmen z.B. neue Maschinen, effektive Anlagen, effiziente Kontrollsysteme, Mitarbeiter, die für anspruchsvolle Aufgaben qualifiziert werden müssen usw. All diese Maßnahmen sind **Investitionen**.

Finanzierung umfasst alle Maßnahmen, die der Beschaffung von Geldmitteln (Kapital) dienen, um unternehmerische Vorhaben realisieren zu können. Die *Verwendung* der Geldmittel bezeichnet man als **Investitionen**. Das Geld, das für unternehmerische Zwecke eingesetzt wird, heißt **Kapital.**

Der *Kapitalbedarf* kann gedeckt werden durch:
- Eigenkapital
- Fremdkapital (kurzfristiges, langfristiges).

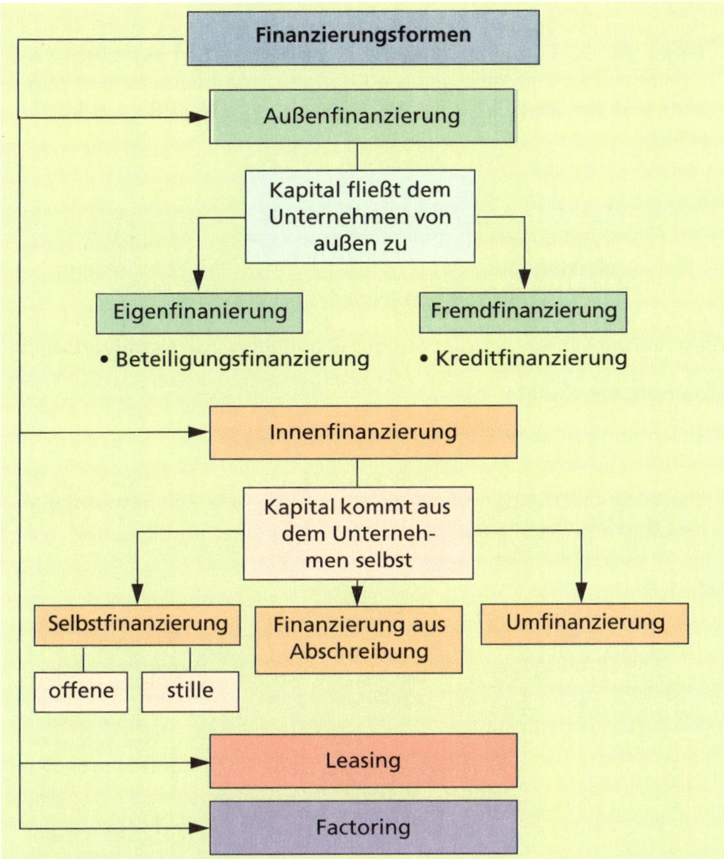

Im Rechnungswesen ist die **Passivseite** der Bilanz der Ausdruck der **Finanzierung.** Die **Aktivseite** der Bilanz ist das Kapital als Geld, Sachgut oder Recht.

Je nachdem wie der Kapitalbedarf gedeckt wird, unterscheidet man Außen- und Innenfinanzierung.

Außenfinanzierung bedeutet Kapitalbeschaffung von außen in Form von **Eigenfinanzierung** und **Fremdfinanzierung**.

Das Kapital stammt *nicht* aus dem betrieblichen Umsatzprozess.

Eigenfinanzierung ist Beteiligungsfinanzierung.

Die Bereitstellung von Kapital erfolgt durch den Eigentümer bzw. die Gesellschafter der Unternehmung.

Die **Fremdfinanzierung** erfolgt durch Fremde (Gläubiger). Damit entsteht im Gegensatz zur Eigenfinanzierung ein *Kreditverhältnis*.

Bei einem **Kredit** stellt der Eigentümer von Geld (Gläubiger) – in der Regel die Bank – einem Unternehmen (Schuldner) für einen bestimmten Zeitraum eine gewisse Kapitalsumme gegen Entgelt **(Zinsen)** und der Verpflichtung der Rückzahlung **(Tilgung)** zur Verfügung.

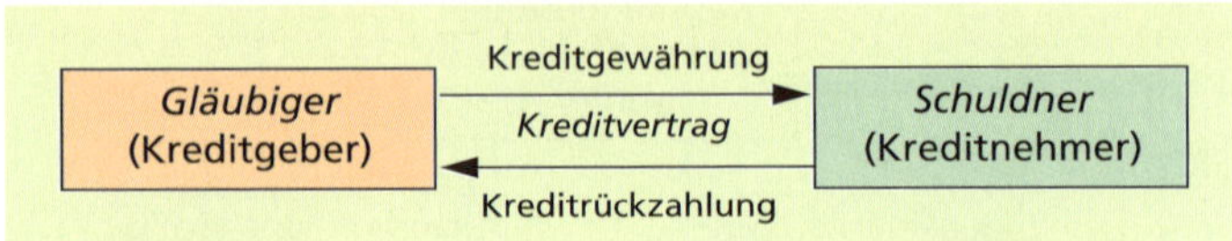

Die Kreditgewährung erfolgt auf der Grundlage eines **Kreditvertrages**.

Sicherung des Kredits

Die Sicherung ist abhängig von der Art des Kredits.

Die **Bürgschaft** sichert einen Kredit im Falle der Zahlungsunfähigkeit des Kreditnehmers.

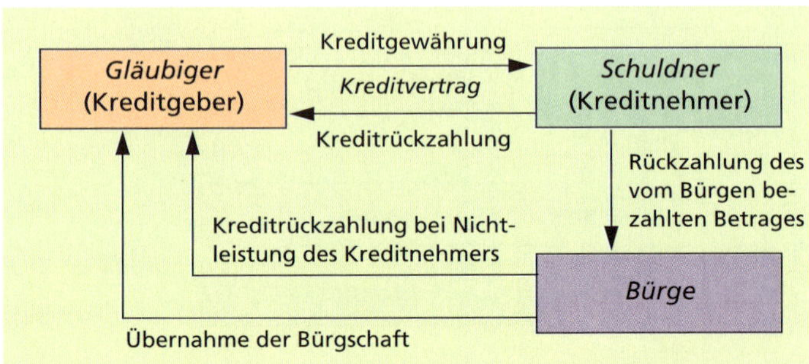

Das **Pfandrecht** ist die dingliche Sicherung einer Geld- oder Sachforderung. Pfandrecht besteht nur an Rechten (z.B. Lizenzen, Patenten usw.) und an beweglichen Gegenständen.

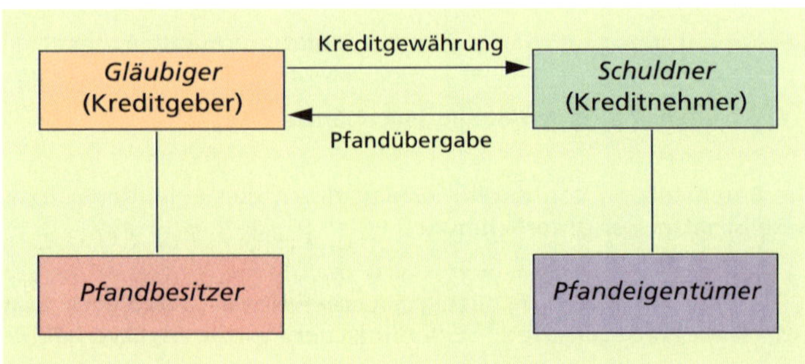

Bei der **Sicherungsübereignung** bleibt der Schuldner Besitzer der Sache, der Gläubiger erlangt das Eigentum.

In der Praxis bezieht sich die Sicherungsübereignung meist auf Maschinen und Warenlager.

Diese Form der Kreditsicherung ist üblich für *kleinere Produktionsbetriebe.* Die Sicherungsübereignung ermöglicht dem Schuldner weiter zu arbeiten.

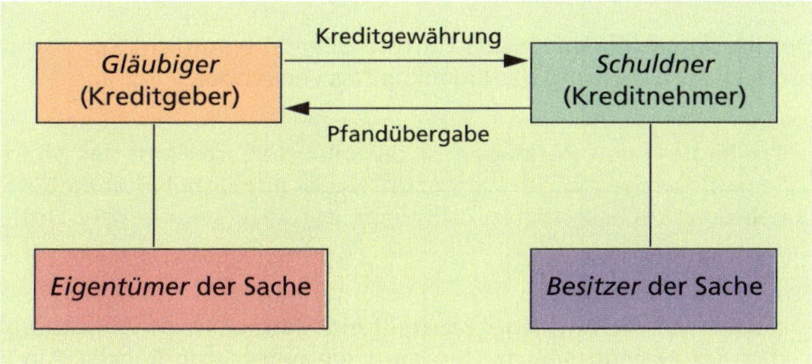

Die **Zession** ist die Übertragung eines Anspruchs auf einen Dritten. Der Kreditgeber erhält das Recht, Forderungen des Kreditnehmers zur Abdeckung der Kreditschulden einzuziehen.

Zession; lat. cessum = übertragen. Wirtsch. Übertragen eines Anspruchs vom bisherigen Gläubiger auf einen Dritten.

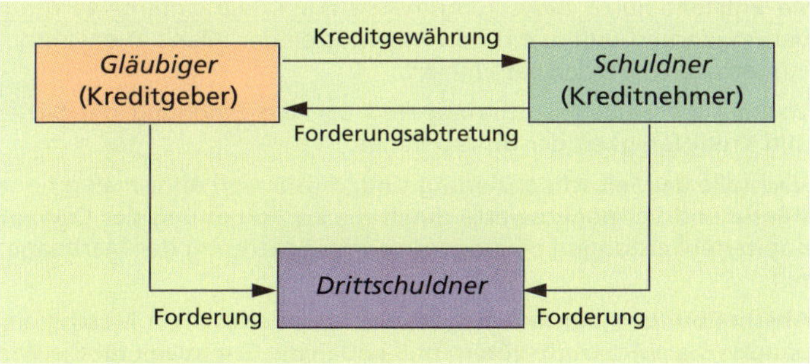

Wenn die Sicherung des Kredits durch ein Recht an einer unbeweglichen Sache (Immobilie) erfolgt, so sind ausschließlich Grundstücke oder Häuser die Pfänder. Diese Sicherheiten sind dann
- **Hypotheken** oder
- die **Grundschuld**.

Sowohl bei der **Hypothek** als auch bei der **Grundschuld** bleibt der Kreditnehmer Nutzer des Pfandobjekts; der Kreditgeber beleiht jedoch das Objekt in Abhängigkeit von der Höhe des Kredits.

Innenfinanzierung

Innenfinanzierung nimmt das Unternehmen aus eigener Kraft vor. Die Kapitalbeschaffung erfolgt aus dem betrieblichen *Umsatzprozess*.

Im Rahmen der Innenfinanzierung ist die **Selbstfinanzierung** die bedeutendste Position. Sie erfolgt aus dem erwirtschafteten Gewinn.

Offene Selbstfinanzierung

Der im Unternehmen erwirtschaftete Gewinn wird nicht ausgeschüttet, sondern zur Erhöhung des Eigenkapitals verwendet.

Die Bildung von **Rücklagen** ist die unmittelbare Form der offenen Selbstfinanzierung. Sie stammt entweder aus einbehaltenen Gewinnen oder aus besonderen Zahlungen der Anteilseigner bzw. Dritter.

Rücklagen gibt es nur bei den Unternehmensformen, die ihr Gesellschaftskapital als konstante Größe in der Bilanz ausweisen. Das sind alle Kapitalgesellschaften (z.B. AG). Die Rücklagen sind also von der Rechtsform der Unternehmen abhängig.

Formen der **Rücklagen**
- die *gesetzliche Rücklage*: Sie stellt eine Reserve zum Verlustausgleich dar. Bei Aktiengesellschaften muss die gesetzliche Rücklage in Höhe von 10% des Grundkapitals gebildet werden.
- die *freie Rücklage*: Sie soll sowohl den Bestand des Unternehmens als auch ein gewisses Maß an Gewinnausschüttung sichern. Sie ist nur bis zu einer Höhe von insgesamt 50 % des Grundkapitals zulässig.

Stille Finanzierung

Sie entsteht durch Bewertungsmaßnahmen, wie Unterbewertung von Vermögensbeständen, d.h. von Aktivposten der Bilanz. Die wahren Vermögenswerte werden verschleiert.

Vorteile der Selbstfinanzierung sind u.a. die Erhöhung der Sicherheit und Kreditfähigkeit der Unternehmen.

Nachteile der Selbstfinanzierung sind, dass unverhältnismäßig hohe Bestände und Vermögenswerte durch die Zurückhaltung der Gewinne zu Kapitalfehlleistungen bei ungenügender Beachtung der Marktlage führen.

Abschreibungen berücksichtigen den Wertverlust von Maschinen, Gebäuden u.a. Wirtschaftsgütern und bilden die Grundlage für die Wiederbeschaffung (Ersatzinvestition).

Umfinanzierung beinhaltet die Freisetzung finanzieller Mittel für andere Zwecke (z.B. Investitionen) durch Änderung der Vermögensstruktur. Der Gesamtbetrag der dem Unternehmen zur Verfügung stehenden finanziellen Mittel wird nicht erhöht.

Zunehmend werden bestimmte Anlagegüter *nicht* gekauft, sondern gegen Entgelt zur Nutzung überlassen. Diese Nutzungsform nennt man **Leasing**. Nach der vertraglichen Bindung werden beim Leasing unterschieden: operating leasing-Verträge (beidseitig kurzfristig kündbar) und financial leasing-Verträge (unkündbare Grundmietzeit).

Unter **Leasing** versteht man das mietweise Überlassen von Investitions- und Gebrauchsgütern.

Leasing, auch Mietfinanzierung, ist eine besondere Form der Finanzierung. Es werden in der Regel nur Nutzungsrechte zur Verfügung gestellt, die aber durch Mietkauf in Vermögen umgewandelt werden können.

Leasing (Mietfinanzierung)

- financial Leasing-Verträge sind durch eine unkündbare Grundmietzeit gekennzeichnet.
- operating Leasing-Verträge können beidseitig kurzfristig gekündigt werden.

Geleast werden: Autos, Maschinen, Anlagen, Hubschrauber, Lagerhallen usw.

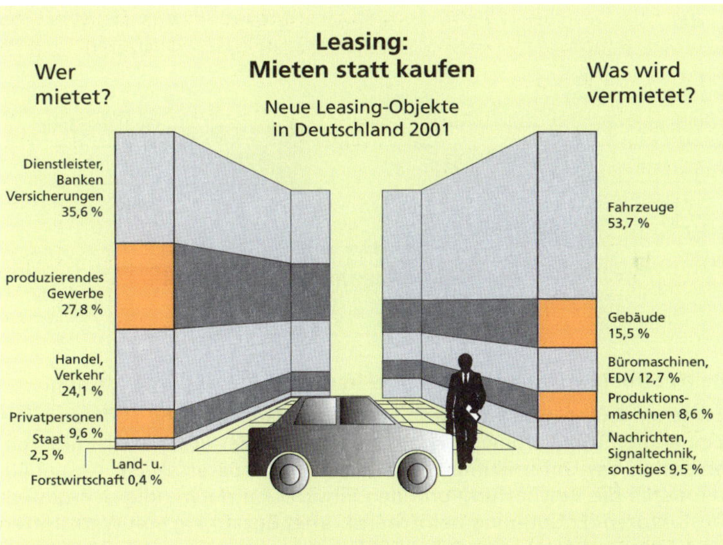

Factoring ist ebenfalls eine besondere Form der Finanzierung.
Unter Factoring versteht man eine Kombination von Dienstleistung, Kreditgewährung und Kreditsicherung.

Ein Finanzierungsinstitut kauft die Forderungen an und übernimmt das Ausfallrisiko. Der Factornehmer (Gläubiger) bekommt sofort Geld und kann somit seinem Kunden (Schuldner) Zahlungsziele einräumen, ohne selbst in Liquiditätsengpässe zu kommen.

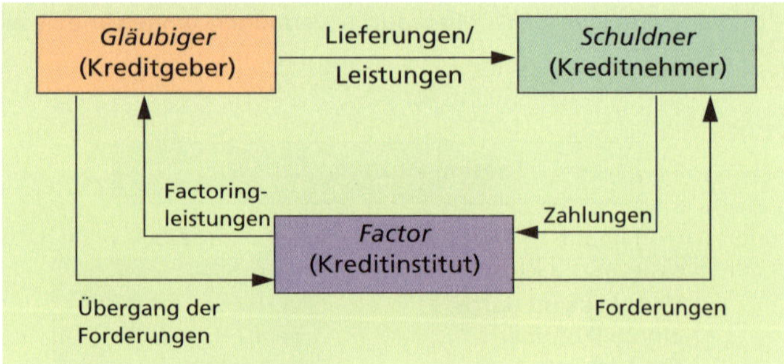

2.4.6 Güter- und Geldkreislauf

Der betriebliche Güter- und Geldkreislauf

Das *Modell des betrieblichen Güter- und Geldkreislaufes* spiegelt die betriebswirtschaftlichen Funktionen als Güter- und Geldströme wider.

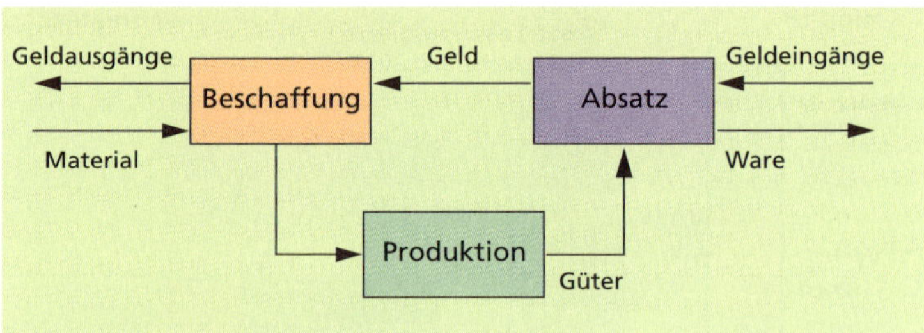

Beide Ströme verlaufen zueinander in entgegengesetzter Richtung.

Zwischen Güter- und Geldströmen besteht eine zeitliche Differenz. Die Einnahmen (Geldströme), die aus dem Absatz der Produkte resultieren, erreichen das Unternehmen meist wesentlich später als die Ausgaben, die durch die Beschaffung und den Einsatz von notwendigen Produktionsfaktoren (Entlohnung der Arbeitskräfte, Bezahlung von Werkstoffen und Arbeitsmitteln) entstehen.

Es ist notwendig, ein Gleichgewicht zwischen Geld- und Güterströmen auf *lange Sicht* herzustellen, um die Existenz des Unternehmens zu sichern. Alle betriebswirtschaftlichen Funktionen sind deshalb nicht isoliert zu betrachten. Sie wirken immer in ihrer Gesamtheit auf den wirtschaftlichen Erfolg des Unternehmens.

2.5 Personalwesen

2.5.1 Betriebliches Personalwesen

Personalwesen

Das **Personalwesen** hat die Aufgabe, allen Bereichen des Unternehmens das notwendige Personal bereitzustellen.

Der Umfang des Personalwesens eines Unternehmens wird bestimmt von
- Größe und Organisation des Unternehmens,
- den personalpolitischen Vorstellungen der Unternehmensleitung,
- der Konkurrenzsituation auf dem Arbeitsmarkt.

Die Unternehmen müssen ihre Entscheidungen im Personalbereich gründlich planen und abstimmen. Das ist umso wichtiger, je größer ein Unternehmen ist, denn die menschliche Arbeit ist für das Unternehmen sehr teuer (Lohn- und Lohnnebenkosten).

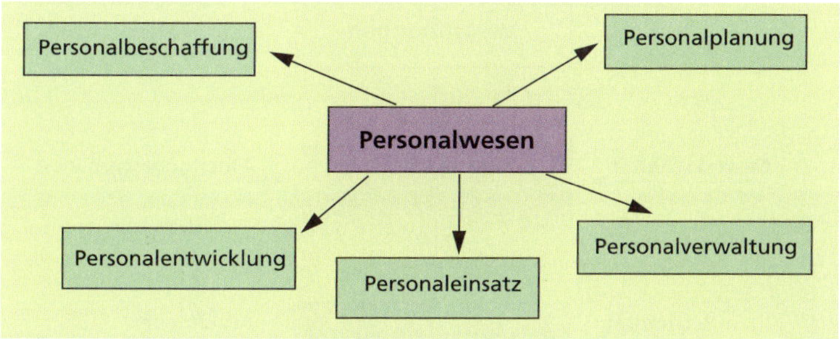

Hauptaufgabe der **Personalplanung** ist die Ermittlung des Personalbedarfs.

Auf der Grundlage der Personalplanung erfolgt die Auswahl des Personals nach **Qualifikation** und persönlicher Eignung.

Die **Personalbeschaffung** kann auf innerbetrieblichen Wegen (intern) oder von außerhalb des Unternehmens (extern) erfolgen.

Der **Personaleinsatz** umfasst die Zuordnung der Mitarbeiter zu bestimmten Aufgaben.

Der zielorientierte Einsatz der Mitarbeiter muss gewährleistet sein, d.h.
- *quantitativ*, die für die Aufgabe notwendige Anzahl der Mitarbeiter muss bereitgestellt werden.
- *qualitativ*, die für die Erfüllung der Aufgabe geeignete Qualifikation muss gesichert sein.
- *zeitlich*, der Mitarbeiter muss zum richtigen Zeitpunkt zur Verfügung stehen.

Aufgaben der Personalverwaltung

- Führung der Personalakten (Registrierung von Personaldaten)
- Abwicklung der Lohn- und Gehaltszahlung
- Überwachung der Anwendung von Rechtsvorschriften
- Abwicklung der Formalitäten bei Personaleinstellungen und Entlassungen.

Die Personalentwicklung ist eng mit der internen Personalbeschaffung verbunden. Vor allem in mittleren und größeren Unternehmen gewinnt die Pflege des internen Arbeitsmarktes an Bedeutung. Wichtigstes Ziel der Personalentwicklung ist die **Motivierung** der Mitarbeiter.

Personalentwicklung

Die Personalentwicklung umfasst alle Maßnahmen, die zur Erhöhung des Ausbildungsstandes der Mitarbeiter beitragen, z.B. Fördermaßnahmen:

berufliche Entwicklung des Führungsnachwuchses, Weiterbildung.

In engem Zusammenhang mit der Personalentwicklung steht die Planung der Personalerhaltung. Sie befasst sich mit der Schaffung von optimalen Arbeitsbedingungen, einem guten Betriebsklima, dem Ausbau von Sozialleistungen der Unternehmen und der Betreuung der Mitarbeiter.

Rechtsgrundlagen des Personalwesens

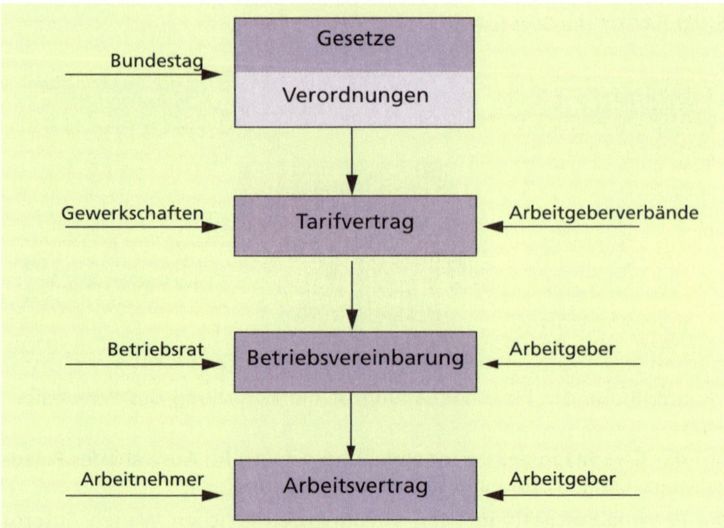

2.5.2 Ausbildung und Beruf

Die wichtigste Kraft in einem Unternehmen bzw. einem Betrieb ist trotz zunehmenden Einsatzes technischer Mittel der *Mensch*. Kein Betrieb kann ohne Menschen aufgebaut und ausgebaut werden.

Dadurch ist die Nachfrage z.B. an gut ausgebildeten Facharbeitern in den klassischen Berufen (bei den Männern sind dies vorwiegend Berufe im handwerklichen Bereich, bei den Frauen im kaufmännischen bzw. sozialen Bereich) nach wie vor sehr groß. Infolge des **Strukturwandels** in der Wirtschaft kommen *neue Berufe* insbesondere in der Informations- und Telekommunikationstechnik dazu. Sie stellen neue Anforderungen an den Menschen. Auch die Öffnung der innergemeinschaftlichen Grenzen zur Europäischen Gemeinschaft erwartet von den Menschen mehr **Mobilität**, die Bereitschaft, auch außerhalb des eigenen Landes einen Beruf auszuüben, sich fundierte Sprachkenntnisse anzueignen.

Diesen neuen, sich ständig verändernden Anforderungen müssen sich **Auszubildende** und **Ausbildende** stellen.

Berufswahl

> Unter **Beruf** wird die erlernte Tätigkeit (Arbeiten/Dienste leisten) eines Menschen im Rahmen seiner geistigen und körperlichen Fähigkeiten verstanden, um damit seine wirtschaftliche Existenzgrundlage zu sichern.

Weil der Beruf die wirtschaftliche Existenz sichert, erfordert die *Berufswahl* eine gründliche Vorbereitung.

Einflüsse auf die Berufswahl

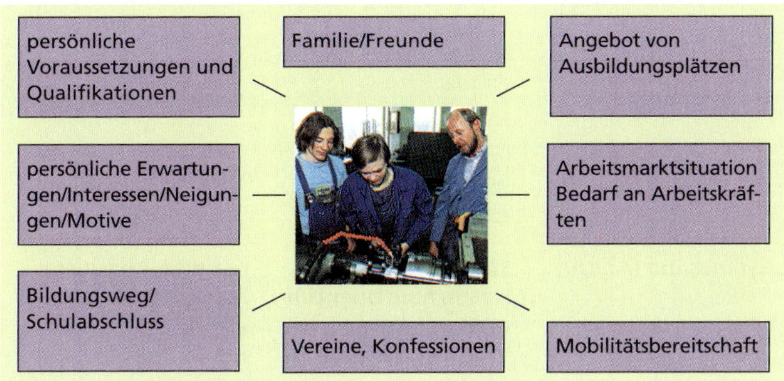

Vor der beruflichen Entscheidung sind neben den anderen Einflüssen die persönlichen Stärken und Schwächen über einen längeren Zeitraum und gründlich zu analysieren.

Was kann ich besonders gut? Welche Stärken habe ich? Was bin ich?	**Was würde ich am liebsten tun?**
• logisch denken, rechnen, • räumliches Vorstellungsvermögen, • Sprachfähigkeiten, • Kreativität und Phantasie, • Verantwortungsbewusstsein, • Einfühlungsvermögen, • Kontaktfreudigkeit, • Organisationsvermögen, • Flexibilität und Mobilität, • sportlich und gesund, • belastbar in Stresssituationen	• handwerklich arbeiten, • Menschen betreuen, • Tiere betreuen, • Betreuung der Umwelt, • für Recht und Ordnung sorgen, • werben und verkaufen, • mit Zahlen arbeiten, • Organisationsaufgaben übernehmen, • sportliche Tätigkeiten, • Wissen vermitteln

Neben den persönlichen Interessen/Neigungen, den geistigen und körperlichen Fähigkeiten entscheidet die Art des erreichten Schulabschlusses und die erzielten Noten mit über die Möglichkeiten den persönlichen Berufswunsch zu erfüllen.

Auskunft zur **Berufswahl** erteilen:
- BIZ (Berufsinformationszentrum)
- Berufsberater/in
- IHK (Industrie- und Handels- bzw. Handwerkskammer)
- Tage der offenen Tür
- Zeitschriften und Bücher wie „abi Berufswahl-Magazin", „Studien- und Berufswahl" eine jährliche kostenlose Ausgabe, die über die Bundesanstalt für Arbeit bezogen werden kann.

Allgemein gilt:

Je höher der Schulabschluss, umso mehr Möglichkeiten, umso mehr Chancen auf dem **Ausbildungsmarkt.**

Schulabschluss	erlaubt	ermöglicht
Hauptschulabschluss	Realschulbesuch Berufsfachschulbesuch	betriebliche Ausbildung (Lehre)
Realschulabschluss	Besuch einer Berufsfachschule, höheren Handelsschule, Fachoberschule (berufspraktische Ausbildung), eines Gymnasiums	betriebliche Ausbildung (Lehre)
Gymnasium (Abitur)	Studium an einer Hochschule oder Universität	mit dem Abitur stehen grundsätzlich alle Berufswege offen

Grundlage der ordnungsgemäßen Berufsausbildung ist das Berufsbildungsgesetz (BBiG).

Ausbildungsstelle und Bewerbung

Die Berufsausbildung erfolgt in der Bundesrepublik Deutschland in der Regel im dualen System.

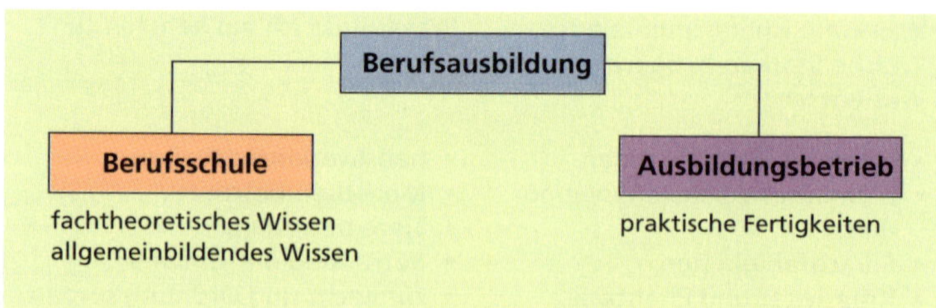

In der Bundesrepublik sind ca. 400 Ausbildungsberufe anerkannt.

Möglichkeiten, eine Ausbildungsstelle zu finden

- Berufsberater beim jeweiligen Arbeitsamt ansprechen:
  Die ausbildenden Betriebe können beim Arbeitsamt ihre offenen Ausbildungsplätze melden. Anforderungen an den Auszubildenden werden dargelegt. Das Arbeitsamt kann entsprechend der Wünsche und Vorstellungen beider Parteien Ausbildungsplätze vermitteln.

- Stellenanzeigen der regionalen und überregionalen Tageszeitungen verfolgen.
- Anfrage bei den Berufsverbänden, der Industrie- und Handelskammer oder bei der Handwerkskammer.
  Hier erfolgt keine Lehrstellenvermittlung, aber die Betriebe, die ausbilden, sind auch hier bekannt und können so erfragt werden.
- Persönliche oder telefonische Nachfrage bei ausgewählten Firmen nach Ausbildungsplätzen (Branchenbuch nutzen).
- Selbst in entsprechenden Zeitungen inserieren.
- Verschicken von „Blind"-Bewerbungen an ausgewählte Firmen.

Bewerbungsunterlagen

- das *Anschreiben*, der Bewerbungsbrief mit den Angaben: *Voraussetzungen*, die man mitbringt, z.B. besondere Fähigkeiten, Fertigkeiten, bereits absolvierte Arbeitseinsätze, Praktika, *Ausbildungswunsch* und Darlegung, warum gerade diesen, Angabe, warum Ausbildung gerade in diesem Betrieb
- der *Lebenslauf* (tabellarisch, wenn nicht anders gefordert, mit Foto und Hinweis auf besondere Fähigkeiten, Vorkenntnisse)
- Zeugniskopien.

Nach der Bewerbung können Eignungstest und Vorstellungsgespräch im Ausbildungsbetrieb erfolgen. Die Ausbildungszeit beträgt in der Regel 3 Jahre. In dieser Zeit erhalten die Azubis ein Lehrlingsentgelt, das nach zu erlernendem Beruf und Ausbildungsjahr gestaffelt ist.

Durchschnittliche monatliche Ausbildungsvergütung in ausgewählten Berufen 2001

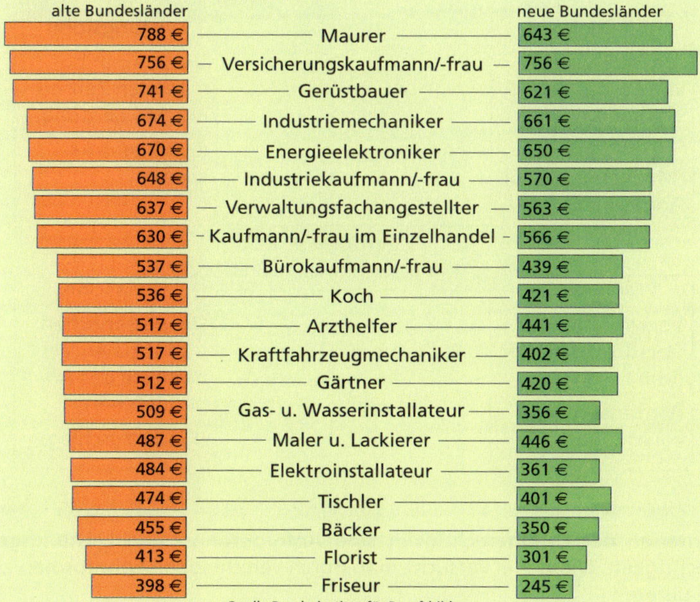

Quelle Bundesinstitut für Berufsbildung

AZUBI´s, Großhandelsunternehmen an der B1/B5 bei Herzfelde bietet noch freie Ausbildungsplätze zum Großhandelskaufmann an. Ihre aussagekräftigen Unterlagen schicken Sie bitte an PF, 10124 Bln.

Wer einen Ausbildungsplatz an einer Berufsfachschule sucht, muss dort die Bewerbungsunterlagen anfordern und nach seinen Chancen fragen.
Wer einen Studienplatz sucht, muss sich bei der entsprechenden Hochschule/Universität anmelden. Hier ist die Chance abhängig von der Bewerberzahl und den vorhandenen Plätzen.
Informationen und Unterstützung zur Vorbereitung auf diese **Tests** und **Gespräche** sind u.a. im BIZ zu erhalten.

2.5.3 Lohnformen

Lohn ist ein Begriff aus dem Steuerrecht. Im Sozialversicherungsrecht spricht man vom Entgelt.

> Der Arbeitnehmer bietet dem Arbeitgeber seine Arbeitsleistung gegen **Entgelt** an.
>
> Allgemein wird dieses Entgelt als **Lohn/Gehalt** bezeichnet.

Die *Entgeltzahlungspflicht* ist die *Hauptleistungspflicht* des Arbeitsgebers aus dem Arbeitsverhältnis. Im Gegenzug dazu hat der Arbeitnehmer die vereinbarte, zugesagte Leistung zu erbringen.

Lohn, Gehalt, Vergütung und Besoldung

Die Arbeitsentgeltzahlungen werden bei den
- Auszubildenden als Vergütung,
- Arbeitern üblicherweise als Lohn,
- Angestellten als Gehalt,
- Beamten, Richtern, Soldaten als Sold

bezeichnet. Der allgemeine Oberbegriff ist „Entgelt".

Bemessungsgrundlage für das Entgelt können sein:
- die vereinbarte *Zeit* (z.B. Stunden, Tage, Wochen, Monate), Entgelt auf der Grundlage von Zeiteinheiten wird auch **Fixbezug** genannt.
- die vereinbarte *Leistung* (z.B. Akkord, Provision, Prämien). Entgelt auf der Grundlage von Leistungen wird auch **Leistungsbezug** genannt.
- Quelle der Löhne und Gehälter, wie auch der Gewinne, Zinsen, Steuern und Abgaben ist der betriebliche Wertschöpfungsprozess.

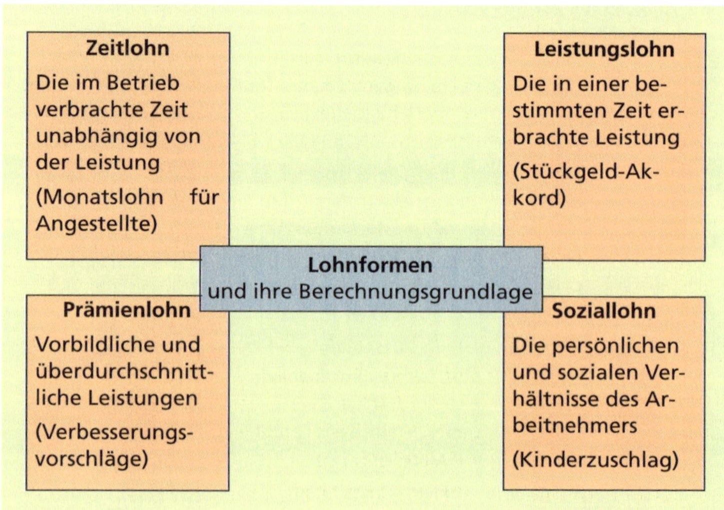

Kriterien der Lohngerechtigkeit sind Anforderungs- und Leistungsgerechtigkeit. Diese Ziel versucht man durch verschiedene Lohnformen zu realisieren.

Lohnformen				
	Zeitlohn (Gehalt/Festlohn)	*Leistungslohn* (Akkord-/Stücklohn)	*Prämienlohn*	*Soziallohn*
Vorteile	Einfache Lohnberechnung, Arbeitnehmer hat gleich bleibendes Einkommen.	Arbeitnehmer kann seinen Verdienst beeinflussen. Überdurchschnittlich produktive Arbeitnehmer verdienen mehr.	Anreiz zu sorgfältiger und zuverlässiger Mitarbeit.	Unterstützung langjähriger, kinderreicher oder älterer *Arbeitnehmer*, Bindung an das Unternehmen.
Nachteile	Anreiz zur Leistungssteigerung fehlt.	Aufwendige Lohnberechnung, Gefahr der Überlastung der *Arbeitnehmer*	kann zu Störungen im Betriebsklima führen, wenn sich Arbeitnehmer ungerecht behandelt fühlen	

Geld- und Naturalbezüge

Form der *Entgeltzahlung* ist der Geldbezug.

Jedes Entgelt, welches kein Geldbezug ist, stellt einen *Sachbezug* dar. Darunter fallen z.B. Deputate in der Land- und Forstwirtschaft, der Bezug von Waren, freie Unterkunft und Verpflegung, Kleidung, die Überlassung eines Firmenfahrzeugs zur privaten Nutzung und für Fahrten zwischen Wohn- und Arbeitsstätte.

Sonderformen der Vergütung

Neben der vereinbarten „Grundvergütung" können zusätzlich gewährte Vergütungsformen in Abhängigkeit der zu leistenden Arbeit gewährt werden, z.B.

Zuschläge für besondere Leistungen des Arbeitnehmers, vereinbart in Gesetzen/Tarifverträgen oder individuellen Arbeitsverträgen, für Überstunden/Mehrarbeit, Sonntags-, Feiertags- oder Nachtarbeit.

Zulagen sollen einen Ausgleich für besondere Belastungen bei der Erbringung der Arbeitsleistung bieten.

Sie werden vom Arbeitgeber zusätzlich zum vereinbarten Arbeitslohn auf der Grundlage eines **Tarifvertrags**, einer **Betriebsvereinbarung** oder einer *individuellen Vereinbarung* gezahlt. Hierbei kommt es besonders auf die Gleichbehandlung der Arbeitnehmer an. So angewendet, können sie zur Motivierung der Arbeitnehmer beitragen und die Bindung an einen Betrieb verstärken.

Zulagen können sein:
- Gefahren-, Erschwerniszulagen,
- Funktionszulagen,
- Leistungszulagen,
- persönliche Zulagen,
- Sozialzulagen.

Prämien

Sie werden gezahlt, um *besondere Leistungen* eines einzelnen Arbeitnehmers oder einer Gruppe zu honorieren. Sie sind *zusätzlich* zur vereinbarten Grundvergütung zu zahlen. Der Arbeitnehmer kann das Ergebnis selbst mitbestimmen. **Prämien** werden z.B. als Anreiz-, Anwesenheits-, Fang-, Qualitäts- oder Treueprämie gezahlt.

Tantiemen

Sie sind eine Gewinnbeteiligung des Arbeitnehmers am Betriebsergebnis (Gewinn oder Umsatzes) des Unternehmens. Sie können monatlich oder auch nur einmal jährlich gezahlt werden.

Neben den vertraglich vereinbarten Arbeitsentgelten hat der Arbeitgeber für jeden Arbeitnehmer **soziale Leistungen** zu erbringen, welche die **Lohnnebenkosten** für den Arbeitgeber darstellen.

Der Arbeitgeber ist zu folgenden **sozialen Abgaben** *gesetzlich* verpflichtet:
- Zahlung der Hälfte der Beiträge zur Kranken-, Pflege-, Renten- und Arbeitslosenversicherung,
- Zahlung des gesamten Beitrages zur gesetzlichen Unfallversicherung bei den Berufsgenossenschaften.

> **Freiwillige soziale Aufwendungen** können sein:
> - Unterhaltung von Werksküchen,
> - freier Hausarbeitstag,
> - Bildungsurlaub,
> - Weihnachtsgratifikationen,
> - Vermögenswirksame Leistungen

Daneben kann der Arbeitgeber **freiwillige soziale Aufwendungen** für seine Arbeitnehmer aus den verschiedensten Anlässen erbringen.

Zu den **freiwilligen sozialen Aufwendungen** des Arbeitgebers gehören auch alle Aktivitäten zur Absicherung des Arbeitnehmers für das Alter.

Gibt der Arbeitgeber seinem Arbeitnehmer eine Versorgungszusage, so erhält der Arbeitnehmer einen Anspruch auf die sich daraus ergebenden Leistungen. Die Regelung der Versorgungszusage kann durch verschiedene Möglichkeiten erfolgen, z.B. **Lebensversicherung** (Direktversicherung). Der Arbeitgeber schließt für den Arbeitnehmer eine Versicherung ab.

Pensionen

Pensionäre sind Personen, die nach dem Ausscheiden aus dem Berufsleben aus dem früheren Dienstverhältnis **Versorgungsbezüge** erhalten. Dazu gründet der Arbeitgeber für seine Arbeitnehmer eine eigenständige rechtlich unabhängige Versorgungseinrichtung (Pensionskasse – §1 III Betr. AVG). Das Gesetz zur Verbesserung der betrieblichen Altersversorgung begründet keine Verpflichtung des Arbeitsgebers zur Gewährung einer betrieblichen Altersversorgung, es trifft lediglich Regelungen zur möglichen Absicherung für das Alter.

Entgeltfortzahlung

Entsprechend dem **Entgeltfortzahlungsgesetz** ist der Arbeitgeber verpflichtet, dem Arbeitnehmer, der unverschuldet erkrankt, bis zu *sechs Wochen* das Entgelt weiterzuzahlen. Auch geringfügig oder kurzfristig Beschäftigte haben einen Anspruch auf Entgeltfortzahlung im unverschuldeten Krankheitsfalle. Der Arbeitnehmer hat dem Arbeitgeber die Arbeitsunfähigkeitsbescheinigung unverzüglich, spätestens bis zum 3. Tag der Arbeitsunfähigkeit, auszuhändigen.

Spesen

Sie sind kein Arbeitsentgelt. Hierbei handelt es sich um die Erstattung verauslagter Gelder des Arbeitnehmers gegenüber dem Arbeitgeber.

Lohn- und Gehaltsabrechnung

Hauptaufgabe der **Lohn- und Gehaltsabrechnung** in einem Unternehmen/Betrieb ist die Erstellung der **Brutto-Netto-Abrechnung** für jeden einzelnen Arbeitnehmer zum vereinbarten Zahltag.

Dabei kommt es darauf an, für *jeden* Arbeitnehmer
- *alle* Lohnbestandteile zusammenzutragen,
- die steuerrechtlichen und die sozialversicherungsrechtlichen Abzüge,
- den Nettoverdienst und
- den Auszahlbetrag zu ermitteln.

Vom errechneten Bruttolohn sind auf der Grundlage der Eintragungen auf der Lohnsteuerkarte des Arbeitnehmers (Steuerklasse, Religionszugehörigkeit, Zahl der Kinderfreibeträge, die Eintragung von Freibeträgen) und der aktuellen Lohnsteuertabellen die steuerrechtlichen Abzüge (Lohn- und Kirchensteuer, Solidaritätszuschlag) zu ermitteln.

Durch den Arbeitgeber sind die Beiträge für die Kranken- und Pflegeversicherung, für die Renten- und Arbeitslosenversicherung einzubehalten.

Der sich ergebende Nettolohn ist dem Arbeitnehmer entsprechend der Vereinbarung termingerecht auszuzahlen.

Zu jeder **Lohnabrechnung** erhält der Arbeitnehmer einen schriftlichen **Lohnnachweis** (Lohnstreifen/Gehaltsabrechnung).

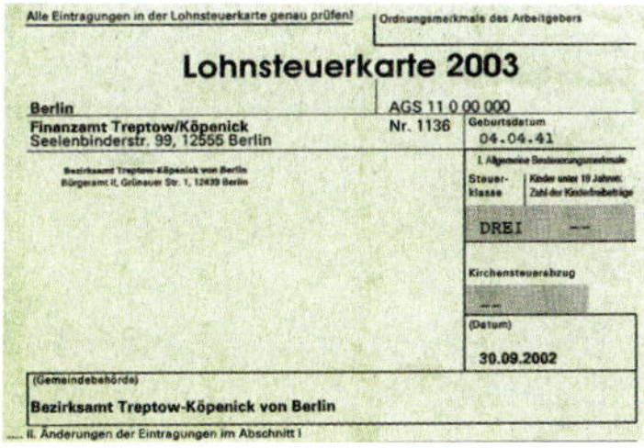
Alle Eintragungen in der Lohnsteuerkarte genau prüfen!
Ordnungsmerkmale des Arbeitgebers

Lohnsteuerkarte 2003

Berlin
AGS 11 0 00 000
Finanzamt Treptow/Köpenick
Seelenbinderstr. 99, 12555 Berlin
Nr. 1136
Geburtsdatum
04.04.41
Bezirksamt Treptow-Köpenick von Berlin
Bürgeramt II, Grünauer Str. 1, 12439 Berlin
I. Allgemeine Besteuerungsmerkmale
Steuerklasse
Kinder unter 18 Jahren: Zahl der Kinderfreibeträge
DREI --
Kirchensteuerabzug
--
(Datum)
30.09.2002
(Gemeindebehörde)
Bezirksamt Treptow-Köpenick von Berlin
II. Änderungen der Eintragungen im Abschnitt I

Die **Lohnsteuerkarte** wird von der Gemeinde/dem Bezirk für den Arbeitnehmer ausgestellt. Der Arbeitnehmer muss die Angaben auf der Lohnsteuerkarte auf ihre Richtigkeit prüfen (Geburtsdatum, Familienstand, Steuerklasse, Religionszugehörigkeit, Zahl der Kinderfreibeträge, Eintragung von weiteren beantragten Freibeträgen), um sie dann unverzüglich dem Arbeitgeber zu übergeben. Die **Lohnsteuer** ist eine Form der **Einkommenssteuer.** Der Arbeitgeber ist vom Finanzamt verpflichtet, sie vom Lohn einzubehalten.

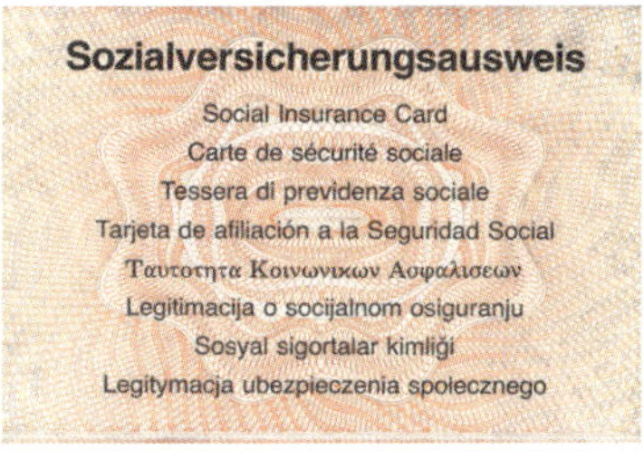

Bei Neueinstellung hatte der Arbeitnehmer bis 1999 sein **Sozialversicherungsnachweisheft** dem Arbeitgeber vorzulegen. Der **Sozialversicherungsausweis** verbleibt beim Arbeitnehmer. Bestimmte Berufsgruppen, wie Gebäudereiniger oder Schausteller, haben die Pflicht, den Ausweis *ständig* mitzuführen.

2.6 Organisation

Die **Organisation** beinhaltet die Festlegung von Regeln und Rahmenbedingungen für das Unternehmen, um alle betrieblichen Aufgaben möglichst effektiv zu erfüllen.

Eine Organisation ist überall dort notwendig, wo
- Menschen gemeinsam an der Erledigung einer Aufgabe arbeiten und
- Betriebsmittel sowie Arbeitskräfte zu kombinieren sind.

2.6.1 Aufbau- und Ablauforganisation

Aufbauorganisation	Ablauforganisation
Schaffung eines zweckmäßigen Aufbaus des Unternehmens	Schaffung eines zweckmäßigen Ablaufs aller anfallenden Arbeiten im Unternehmen
gliedert das Unternehmen in Unternehmensleitung, Abteilungen, Bereiche ...	regelt die zeitlichen und räumlichen Arbeitsabläufe
Herr Müller ist Abteilungsleiter der Abteilung Materialwirtschaft. Er ist Vorgesetzter von Herrn Meier.	Es wird festgelegt, wie der Materialeinkauf organisiert wird.

Unter **Arbeitsablauf** ist das Neben- und Nacheinander von Arbeitsgängen im Verlauf der Beschaffung, Produktion, des Absatzes ... zu verstehen.

Das Ergebnis der **Aufbauorganisation** ist die Stellengliederung des Unternehmens.

Weisungssysteme drücken sich in verschiedenen Formen der Leitungsstruktur aus. Es werden unterschieden:
- Einliniensystem
- Mehrliniensystem
- Stabliniensystem
- Gruppenkonzepte

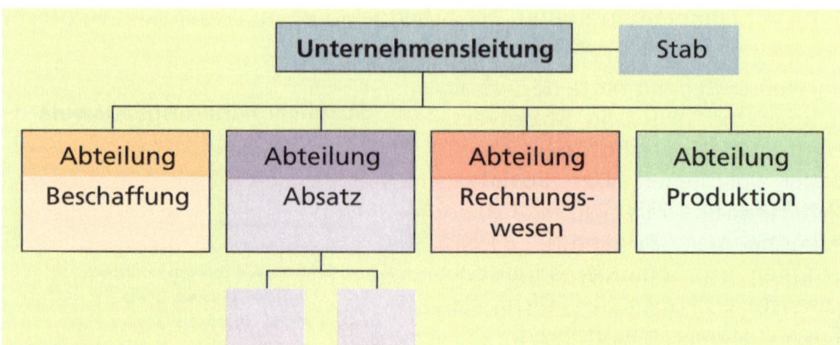

2.6.2 Betriebsorganisation, Produktionsorganisation, Prozessorganisation

Betriebsorganisation

Aufgabe der **Betriebsorganisation** ist es, die einzelnen Grundfunktionen des Unternehmens (Beschaffung ...) miteinander abzustimmen und somit einen reibungslosen Ablauf zu erreichen.

Die Betriebsorganisation findet in der Struktur des Betriebes (Unternehmensführung) ihren Niederschlag. Sie ist vom Gegenstand der Produktion bzw. Dienstleistung abhängig.

Produktionsorganisation

Der betriebliche Leistungsprozess ist gekennzeichnet durch
- Rationalisierung,
- Mechanisierung,
- zunehmende Automatisierung,

d.h., es erfolgt eine zunehmende **Arbeitsteilung**. Diese Arbeitsteilung muss organisiert werden.

Die **Produktionsorganisation** beinhaltet die Gewährleistung der Reihenfolge der zur Leistungserstellung erforderlichen Arbeitsgänge. Dazu zählen das Zusammenlegen oder Trennen einzelner Arbeitsgänge, die Aufteilung der Fertigung in mehrere Fertigungslinien usw.

Wenn verschiedene Produkte in einem Betrieb hergestellt werden, ist es Aufgabe der Produktionsorganisation, die Produktionsabläufe der Produkte zu *kombinieren*, um einen reibungslosen Produktionsablauf zu gewährleisten.

Prozessorganisation

In der **Prozessorganisation** werden für einzelne Abläufe und Prozesse detaillierte Festlegungen getroffen und teilweise standardisiert.

Die Prozessorganisation ist eng verbunden mit der **Arbeitsorganisation**.

Während die Arbeitsorganisation Teilprozesse bis zum einzelnen „Handgriff" analysiert, fügt die Prozessorganisation die einzelnen „Arbeitsgriffe"zusammen.

Die Prozessorganisation ist der wesentliche Bestandteil der Ablauforganisation.

In einer **Arbeitsanalyse** wird der Ist-Zustand erfasst. Es werden alle Arbeitsgänge auf ihre Notwendigkeit und Zweckmäßigkeit untersucht. Daraus wird der Soll-Zustand entwickelt.

Abgrenzung der Betriebs-, Produktions- und Prozessorganisation

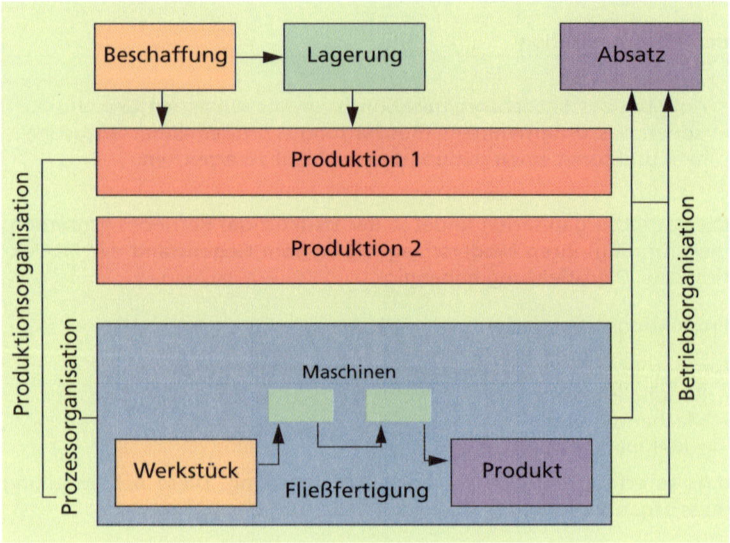

2.6.3 Produkte herstellen und vermarkten

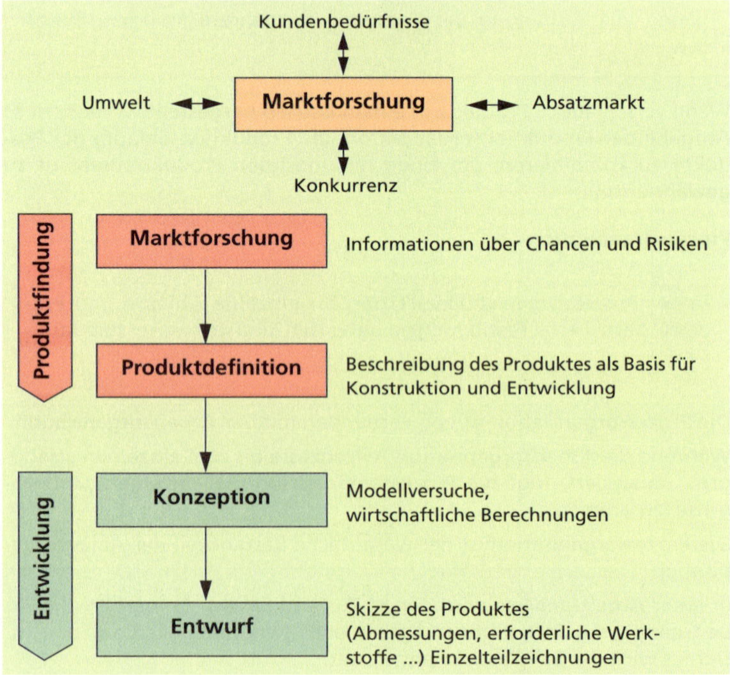

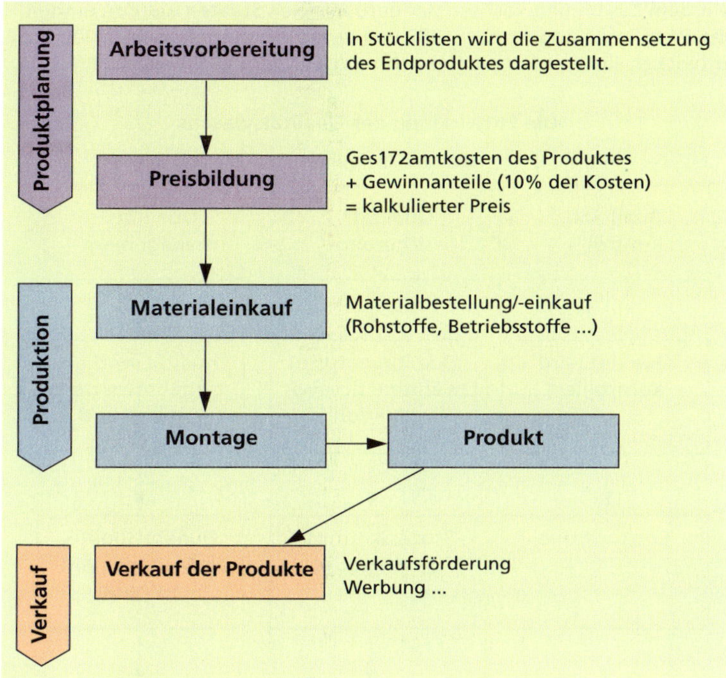

2.6.4 Qualitätsmanagement

Anliegen/Zielsetzung

Von entscheidender Bedeutung für die Wettbewerbsfähigkeit und das betriebswirtschaftliche Ergebnis eines Unternehmens ist die Qualität der Produkte und Dienstleistungen.

Ein Fehler liegt immer dann vor, wenn ein Produkt eine Qualitätsforderung nicht erfüllt.

Qualität ist die Übereinstimmung der Planung und Ausführung eines Produktes oder einer Dienstleistung mit den festgelegten Forderungen (Kundenwünschen).

Qualitätsmanagement (QM) umfaßt alle systematischen Tätigkeiten im Unternehmen, durch welche die Qualitätspolitik verwirklicht wird.

Historische Entwicklung

Die Grundgedanken der Qualitätssicherung reichen weit zurück. Schon in den frühen Zünften überprüften amtliche Sachkundige die Qualität erzeugter Produkte.

Mit zunehmender Industrialisierung entwickelten sich Fabrik- und Qualitätsmarken. Markenartikel sind Erzeugnisse in gleichbleibender/ verbesserter Qualität.

DIN = Deutsches Institut für Normung e.V.
EN = Europa Norm
ISO = International Organisation for Standardization
National und international entwickelte sich das Qualitätswesen vom kontrollierten Einzelprodukt bis hin zur Organisation und Führung des gesamten Unternehmens. Zunehmende horizontale und vertikale Verflechtungen bedürfen nicht mehr nur einer Qualitätskontrolle, sondern eines umfassenden **Qualitätsmanagements.**

Mit dem Zusammenwachsen der europäischen Staaten wurden einheitliche Richtlinien angestrebt. 1987 wurde die Normenreihe ISO 9000-9004 entwickelt (internationale Bezeichnung: DIN EN ISO 9000 ff.)

Aufbau eines QM-Systems

Ein QM-System nach DIN EN ISO 9000 ff unterteilt sich in das QM-Handbuch, die Verfahrensanweisungen und die Arbeitsanweisungen.
Dies wird häufig in Form einer Pyramide dargestellt.

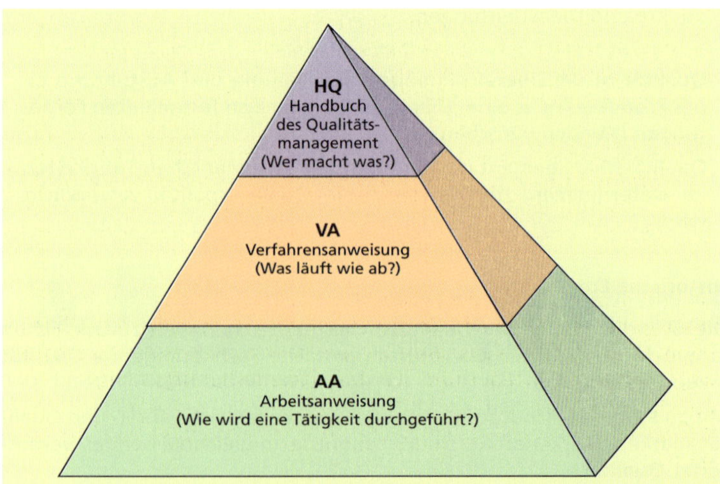

Die Abnahme eines QM-Systems kann gemäß der DIN EN ISO 9000 ff durch eine Zertifizierungsstelle, d.h. durch einen unabhängigen Prüfer erfolgen. Die Zertifizierungsstelle muss formell anerkannt sein. Das Unternehmen erhält dann ein **Zertifikat**.

Zertifizierung ist eine durch einen unparteiischen Dritten (Zertifizierer) durchgeführte Maßnahme, die anzeigt, dass das betriebliche QM-System die Normforderung erfüllt.

Vorteile des Qualitätsmanagement

Organisation des Betriebes	Durch ein QM-System werden betriebliche Abläufe in einem Unternehmen transparenter und jedem Mitarbeiter nachvollziehbar gemacht.
Rückverfolgbarkeit betrieblicher Abläufe	Durch die Dokumention aller betrieblichen Abläufe können die Arbeitsschritte besser und schneller nachvollzogen werden.
verbesserte Selbstkontrolle	Durch die Offenlegung einzelner Arbeitsschritte können diese besser kontrolliert und Schwachstellen schneller erkannt und behoben werden.
erhöhte Sicherheit Fehlervermeidung	Durch eine direkte Planung können Fehler von vornherein vermieden werden. Die Sicherheit der geforderten Qualität steigt.
bessere Absicherung im Streitfall	Durch ein QM-System hat ein Unternehmen im Streitfall, z.B. mit einem Kunden, eine bessere Ausgangsposition vor Gericht.
Imagegewinn durch das Zertifikat	Durch ein Zertifikat hebt sich ein Betrieb gegenüber der Konkurrenz hervor. Dadurch erhöhen sich die Chancen am Markt.

Zur Überprüfung, dass die Forderungen des QM-Systems aufrecht erhalten werden, führt die Zertifizierungsstelle jährlich ein **Überwachungsaudit** durch. Nach drei Jahren kann das gesamte Zertifizierungs-Verfahren wiederholt werden (**Wiederholungsaudit**). In den letzten Jahren führten die immer komplizierter werdenden Abläufe im Produktionsprozeß zu einer schnellen Veränderung des Qualitätswesen.

Zertifikat; lat. certus = sicher;
amtliches Zeugnis, Bescheinigung;
Audit; engl. audit; Prüfung, Überwachung
Schritte der Zertifizierung:

1. Festlegen der Ziele und Aufgaben des Qualitätsmanagements
2. Beseitigung der Fehler- und Störungsursachen
3. Ausstellen der Dokumente für Zertifizierung
4. Durchführung des Zertifizierungsverfahrens

Qualität und Konkurrenz

JOSEPH ALOIS SCHUMPETER war ein österreichischer Ökonom, der von 1883–1950 lebte. Sein wichtigstes Werk ist „Die Theorie der wirtschaftlichen Entwicklung".

Wichtiger für die Entwicklung der Betriebe als die **Preiskonkurrenz** (↗ 2.3) ist die Konkurrenz der **Qualität** und der **Produktionsverfahren**. Diese Behauptung stellte bereits JOSEPH ALOIS SCHUMPETER auf. Technische und kommerzielle Neuerungen werden so auch als Prozess der „schöpferischen Zerstörung" genannt.

Die Fabrik „zerstört" den Handwerksbetrieb, das Auto die Pferdekutsche, der Computer u.a. die Schreibmaschine. Die Herausforderungen des 21. Jahrhunderts erfordern zunehmend und vorausschauend ein **Qualitätsmanagement**. Dazu werden moderne Instrumente eingesetzt und stets weiterentwickelt.

	Management	Beschaffung	Dienstleistung
Qualitätsplanung	• Qualitätsziele • -strategie • -grundsätze • -standards	• Beschaffungsplan • Risikoanalyse	• Projektgruppen • Serviceleitbild • Servicenormen
Qualitätslenkung	• Personalauswahl • Personalentwicklung • Information	• Qualitätssicherungsvereinbarungen	• Serviceleitfaden • Aus-, Weiterbildung
Qualitätsprüfung	• Qualitätsaudit • Bewertung Qualitätsmanagement	• Lieferantenbeurteilung	• Qualitätskontrolle
Qualitätsmanagementdarlegung	Dokumentation (Handbuch)	Dokumentation (Handbuch)	Dokumentation (Handbuch) Service-Handbuch

Die Schweizer Handelsgenossenschaft Migros hat ihre Firmenziele auf das Qualitätsmanagement ausgerichtet. Als Marktführer erzielen sie dadurch ein hohes Betriebsergebnis sowie feste Kundenbindung.

VOLKSWIRTSCHAFT 3

3.1 Rahmenbedingungen für die Volkswirtschaft

Die Volkswirtschaft umfasst alle Einzelwirtschaften eines Staates und deren wirtschaftliche Beziehungen untereinander, d.h. die gesamtwirtschaftlichen Prozesse.

Die Funktionsfähigkeit jeder Volkswirtschaft ist von Rahmenbedingungen abhängig. Diese sind im Besonderen die
- politische Ordnung,
- geographischen Bedingungen und
- demographischen Bedingungen.

3.1.1 Politische Ordnung

Die Bundesrepublik Deutschland ist ein föderalistischer Bundesstaat mit drei politischen Ebenen:
- Gemeinde und Kreis,
- Land,
- Bund.

Artikel 20 GG
(1) Die Bundesrepublik Deutschland ist ein demokratischer und sozialer Bundesstaat.
(2) Alle Staatsgewalt geht vom Volke aus. Sie wird vom Volke in Wahlen und Abstimmungen und durch besondere Organe der Gesetzgebung, der vollziehenden Gewalt und der Rechtssprechung ausgeübt.
(3) ...

Die **verbindliche Rechtsgrundlage** für das gesellschaftliche Zusammenleben ist das **Grundgesetz** der Bundesrepublik Deutschland vom 23.05.1949.

Aus dem Grundgesetz lassen sich **gesellschaftspolitische Ziele** ableiten:
- freie Entfaltung der Persönlichkeit nach eigenem Willen,
- wirtschaftlicher Wohlstand der Gesellschaft und aller Bürger,
- Recht zur freien Wahl von Beruf, Arbeitsplatz und Ausbildungsstätte,
- soziale Sicherheit für alle Mitglieder der Gesellschaft,
- Durchsetzung der Demokratie durch Mehrheitsentscheidungen,
- Gerechtigkeit für alle (Leistungsgerechtigkeit, Verteilungsgerechtigkeit).

Zwischen den gesellschaftspolitischen Grundzielen und den wirtschaftspolitischen Zielen bestehen enge Zusammenhänge.

Die **Wirtschaft** bildet das Fundament eines Landes und sichert die materiellen Grundlagen des menschlichen Lebens.

Wesentlicher Träger der Wirtschaftspolitik ist der Staat.

Alle Maßnahmen und Entscheidungen, die den Wirtschaftsablauf in eine bestimmte Richtung lenken (z.B. stabiles wirtschaftliches Wachstum, stabile Preise, Vollbeschäftigung), werden im Begriff **Wirtschaftspolitik** zusammengefasst.

Der Handlungsspielraum des Staates wird durch außenwirtschaftliche und -politische Verflechtungen beeinflusst.

Träger der Gesellschafts- und Wirtschaftspolitik sind:
- Bundestag und Bundesrat (beschließen z.B. den Bundeshaushalt)

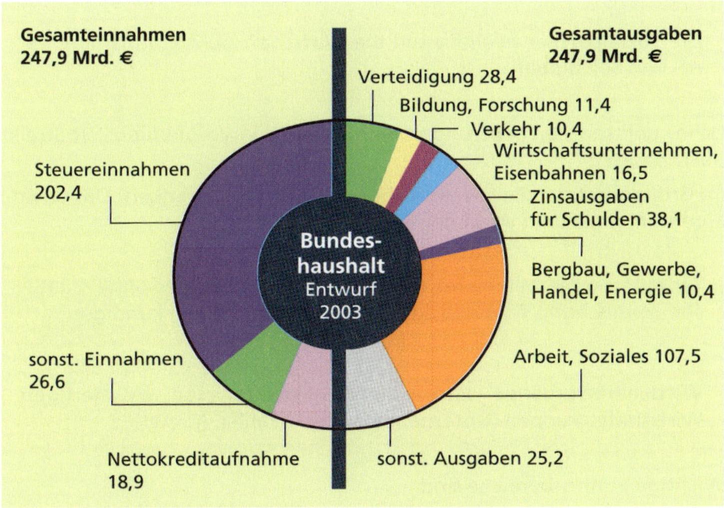

- Bundesregierung,
- Länder-, Kreis- und Gemeindevertretungen,
- Deutsche Bundesbank (Zentralbank),
- Wirtschaftskammern (Industrie- und Handelskammer, Handwerkskammer, Landwirtschaftskammer),
- Sozialpartner (Gewerkschaften und Arbeitgebervereinigungen),
- Wirtschaftsverbände (z.B. Bundesverband der Deutschen Industrie (BDI), Deutscher Bauernverband, Bund der Steuerzahler, Deutscher Mieterbund u.a.).

Oberste **gesetzgebende Organe** sind der Bundestag zusammen mit dem Bundesrat. Die **Bundesregierung** bestimmt die Richtlinien der Politik im Rahmen des Grundgesetzes und der Kontrollbefugnisse des Parlaments (Bundestag). Nach dem Grundgesetz liegt die **Richtlinienkompetenz** beim **Bundeskanzler**, der den einzelnen Bundesministern die gesellschafts- und wirtschaftspolitischen Leitlinien vorgibt. Meinungsverschiedenheiten müssen durch Mehrheitsbeschluss im Kabinett entschieden werden. Die **Deutsche Bundesbank** (seit 1.1.1999 im Rahmen der Währungsunion Zentralbank im Europäischen System der Zentralbanken) ist neben Bundestag und Bundesrat ein wichtiger Träger der Wirtschaftspolitik. Sie bestimmt aufgrund ihrer währungspolitischen Befugnisse (Gesetz über die Deutsche Bundesbank) die gesamte Geld- und Kreditpolitik im Lande.

Der Europäische Rat nimmt mit Verordnungen, die in deutsches Recht umgesetzt werden, Einfluss auf die Gestaltung der Wirtschaftspolitik.

Die **Wirtschaftskammern** sind Interessenvertreter von Wirtschaft und staatlichen Behörden.

Vertragsfreiheit ist ein wesentliches Element der sozialen Marktwirtschaft. So handeln die Arbeitgeber und Arbeitnehmer (Gewerkschaften) eigenverantwortlich die Löhne und Arbeitszeiten aus.

Ihre Aufgaben sind Beratung, Begutachtung und Berichterstattung für die Unternehmen der jeweiligen Wirtschaftszweige und der Staatsorgane. Sie nehmen aktiv an der wirtschaftspolitischen Willensbildung teil.

Die **Sozialpartner** beeinflussen die Wirtschaftspolitik durch ihre Tarif- und Sozialpolitik.

Lohn- und soziale Forderungen werden auch in Verbindung mit Streiks durchgesetzt.

Im Grundgesetz ist die Sozialpflicht des Eigentums verankert. Das private Eigentum muss dem Wohl der Gesellschaft dienen.

Tarifautonomie beinhaltet das Recht der Tarifpartner ohne staatliche Einmischung Tarifverträge auszuhandeln oder zu kündigen.

Wirtschaftsverbände sind Interessenvertreter von gleichartigen Wirtschaftsgruppen (Unternehmer, Steuerzahler, Mieter).

Wichtige Einflussbereiche sind:
- Änderung von gesetzlichen Ordnungen im Anbieter- oder Nachfragemarkt,
- die Aufstellung von gemeinsamen allgemeinen Geschäftsbedingungen und Wettbewerbsregeln,
- Änderungen bei staatlichen Wirtschaftsförderungen (Subventionen, Steuerermäßigungen, Preisregulierungen) und gewerblichen Zulassungsbeschränkungen,
- Öffentlichkeitsarbeit zur allgemeinen wirtschaftlichen Entwicklung (Einfluss auf wirtschaftspolitische Willensbildung).

3.1.2 Geographische Bedingungen

Die geographischen Bedingungen beeinflussen die Herausbildung der Wirtschaftsstruktur eines Landes.

Natürliche Voraussetzungen, wie Lage, Fläche, Klima, Boden, Wasser und Bodenschätze, sowie gesellschaftliche Bedingungen, wie Bevölkerungsstruktur, Bildungsniveau, Infrastruktur und politische Ordnung, kennzeichnen die räumliche und organisatorische Struktur einer Volkswirtschaft.

Die geographischen Bedingungen ordnen sich in die ressortübergreifenden staatlichen Aufgaben der Raumordnungspolitik ein. Die Standorte der Volkswagen AG zeigen das deutlich.

Wolfsburg: gute Verkehrsanbindung (z.B. Wasserwege, Autobahn, ...), ausreichende Fläche für Werkerweiterung, Werksiedlungen, günstige Lage zu anderen Industriestandorten (Braunschweig, Kassel).

Geographische Wirtschaftsbedingungen und ihre Zusammenhänge

Wirtschaftsgebiete sind durch bestimmte dominierende Produktionsrichtungen charakterisiert:
Industriegebiete (z. B. Standort Hannover–Wolfsburg–Braunschweig, Industriestandort Halle–Leipzig),
Landwirtschaftsgebiete (z. B. Magdeburger Börde, Ostfriesland),
Forstwirtschaftsgebiete (z. B. Bayern, Mittelgebirge).

3.1.3 Demographische Bedingungen

Demographische Bedingungen haben durch die Anzahl, Struktur und Entwicklung der Bevölkerung wesentlichen Einfluss auf die Wirtschaft. Die **Altersstruktur** der Bevölkerung bestimmt die Anzahl der Erwerbspersonen in einer Volkswirtschaft, beeinflusst die berufliche und räumliche Mobilität der Arbeitnehmer und hat außerdem erheblichen Einfluss auf die private und soziale Vorsorge. Die **Bevölkerungsdichte** gibt über den Besiedlungsumfang in einer Region Auskunft. Industrielle **Ballungszentren** führen zur Verstädterung (Ruhrgebiet). Ländliche Gebiete sind durch eine geringere **Besiedlungsdichte** gekennzeichnet.

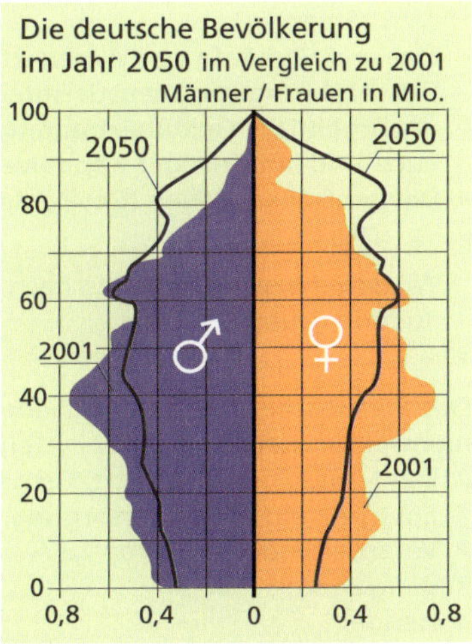

Die **Bevölkerungspolitik** ist auf Maßnahmen zur Beeinflussung der Bevölkerungsgröße und deren Struktur gerichtet (Mutterschutz, Steuerentlastungen für Familien, Angebot an Kitaplätzen) (↗ 1.7).

Demographie; griech. demos = Volk, graphein = schreiben; Bevölkerungswissenschaft; sie beschäftigt sich mit der Altersstruktur, Geschlechterstruktur, dem Bildungsniveau, der Bevölkerungsdichte, Bevölkerungsstatistik und -entwicklung.

Bevölkerungsstruktur beeinflusst:
- Wirtschaftswachstum
- Beschäftigungsgrad
- Einkommenverteilung und Pro-Kopf-Einkommen
- Konsumgüternachfrage
- gesamtwirtschaftliche Sparquote
- soziale Sicherung

3.2 Struktur der Volkswirtschaft

3.2.1 Wirtschaftssektoren, -zweige und -bereiche

Die volkswirtschaftliche Arbeitsteilung (Stufen der Produktion) unterteilt drei Produktionsbereiche:
- primärer Sektor = Urproduktion
- sekundärer Sektor = Be- und Verarbeitung, Dienstleistung (Industrie und Handwerk)
- tertiärer Sektor = Verteilung materieller und immaterieller Güter

Die Volkswirtschaft lässt sich nach folgenden Gesichtspunkten gliedern:
- nach der **Stufe der Produktion** (Urproduktion, Be- und Verarbeitung, Dienstleistung, Verteilung der Güter),
- nach der **Gleichartigkeit der Produktion** (produzierendes Gewerbe, Handelsgewerbe, Dienstleistungsgewerbe),
- nach der **Beteiligung am Wirtschaftskreislauf** (Warenproduzenten, Konsumenten, Investoren, Kreditgeber usw.),
- nach verschiedenen **verwaltungsrechtlichen** und **statistischen Zuordnungskriterien** (Systematik der Wirtschaftszweige des Statistischen Bundesamtes).

Wirtschaftssektoren fassen große Wirtschaftseinheiten (Wirtschaftssubjekte) nach den ökonomischen Aktivitäten Güterproduktion, Konsum, Haushalts- und Vermögensrechnung zusammen.

Nach den **Wirtschaftssubjekten** werden drei **Sektoren** unterschieden:
1. Private Haushalte,
2. Unternehmen und
3. Staat.

Transaktion; lat. transigere = ein Geschäft durchführen

Moderne Volkswirtschaften sind durch enge Verflechtungen mit den Volkswirtschaften anderer Länder gekennzeichnet. Die ökonomischen **Transaktionen** mit dem Ausland werden in der Zahlungsbilanz erfasst. Hierzu zählen:
- Ein- und Verkäufe von Waren (Handelsbilanz),
- Durchführung von Dienstleistungen (Dienstleistungsbilanz),
- unentgeltliche Geldübertragungen (Übertragungsbilanz),
- kurz- und langfristiger Kapitalverkehr (Kapitalbilanz),
- Devisentransaktionen (Devisenbilanz).

Wirtschaftszweige werden nach der Ähnlichkeit und Stufe ihrer Produktion gruppiert.

Das *Statistische Bundesamt* gliedert die **Wirtschaftszweige** (Unternehmenssektor) nach folgender Systematik:

0 Land- und Forstwirtschaft, Fischerei
1 Energie- und Wasserversorgung, Bergbau
2 Verarbeitendes Gewerbe
3 Baugewerbe
4 Handel
5 Verkehrs- und Nachrichtenübermittlung
6 Kreditinstitute und Versicherungsgewerbe
7 Dienstleistungen der Unternehmen und Freie Berufe
8 Organisationen ohne Erwerbszweck und private Haushalte
9 Gebietskörperschaften und Sozialversicherung

Weitere Untergliederungen berücksichtigen vorwiegend die *Gleichartigkeit* der Güter und des Produktionsprozesses.

Produzierendes Gewerbe	**Handel, Verkehr und Nachrichtenübermittlung**	**Dienstleistungen**
• Bauwirtschaft • Bergbau • Energiewirtschaft • Wasserversorgung • Verarbeitendes Gewerbe (Industrie u. produzierendes Handwerk)	• Binnen- und Seeschifffahrt • Einzelhandel • Eisenbahnverkehr • Großhandel • Luftverkehr • Nachrichtenübermittlung	• Dienstleistungen Freier Berufe • Dienstleistungen von Unternehmen • Geld- und Kreditinstitute • Versicherungsgewerbe

Das **Verarbeitende Gewerbe** unterteilt sich in eine Vielzahl von Industriezweigen. Wichtige sind: Fahrzeugbau, Maschinenbau, Chemische Industrie, Elektroindustrie und Ernährungsindustrie. Der gesamte Wirtschaftsbereich bringt den höchsten Beitrag zum **Bruttoinlandsprodukt**, beschäftigt die meisten Arbeitnehmer und stellt die Mehrzahl der Unternehmen.

3.2.2 Organisation und internationale Verflechtung der Wirtschaft

Eine moderne Gesellschaft ist durch eine arbeitsteilige Volkswirtschaft gekennzeichnet. Zunehmend werden die Unternehmen grenzüberschreitend tätig (Globalisierung).

An der Herstellung von Gütern ist eine Vielzahl von Arbeitskräften und Unternehmen beteiligt. Infolge der Arbeitsteilung entstehen **Spezialisierungen** in der Gütererzeugung, in den Produktionstechnologien sowie in den beruflichen Anforderungen.

Die **Arbeitsteilung** in der Volkswirtschaft bedingt erhöhte Abhängigkeiten der einzelnen Bereiche. Diese Abhängigkeit führt gleichzeitig zu Unternehmensverflechtungen und -konzentrationen. Ausdruck dafür sind die gegenwärtigen nationalen und internationalen **Unternehmensfusionen**, z. B. DaimlerChrysler, Deutsche Bank.

Wirtschaftliche Vorteile ergeben sich aus der Zusammenlegung von Kapital und der Durchsetzung einheitlicher Markt- und Absatzstrategien.

Durch die Übernahme von Bankers Trust erreichte das Volumen der Vermögens- und Fondsverwaltung 610 Mrd. Euro. Die Deutsche Bank gehört zu den weltweit führenden Asset-Managern.
asset; engl. assets = Vermögensstand, Aktiva.

Die Deutsche Bank hat weltweit etwa 1 700 Niederlassungen, davon über 900 in Deutschland. Über 77 000 Mitarbeiter betreuen mehr als 12 Millionen Kunden in 75 Ländern. Die Deutsche Bank ist die größte Bank im Euro-Währungsraum.

Wichtige **Formen der Unternehmensverbindungen** sind:

Konzern	Trust	Kartell	Syndikat
Zusammenschluss rechtlich selbstständiger Unternehmen	Zusammenschluss mit Verlust der rechtlichen Selbstständigkeit	Zusammenschluss von Unternehmen auf dem gleichen Markt	Sonderform des Kartells
Strukturform für Großunternehmen	Unternehmen gleicher Wirtschaftszweige	Beschränkung des Wettbewerbs	gemeinsame Absatz- und Verkaufsorganisation der Produkte
einheitliche Leitung	einheitliche Leitung	rechtliche und organisatorische Selbstständigkeit der Kartellmitglieder bleibt erhalten	einheitliche Preispolitik

Horizontale Konzentration bedeutet, dass Betriebe mit gleichartiger Produktion sich zusammenschließen.
Vertikale Konzentration beinhaltet den Zusammenschluss von Stufenproduzenten.
Konglomerate (Misch-)Konzentration hat den Zusammenschluss von Unternehmen unterschiedlicher Produktionsrichtungen zum Inhalt.

Die **Unternehmensverbindungen** (Konzentration) können auf verschiedenen Ebenen erfolgen: horizontal, vertikal und konglomerat.

Horizontale Konzentration: Stahlkonzern

Vertikale Konzentration: Mineralölkonzern vom Rohöl über Benzinherstellung bis zur Tankstelle

Konglomerate Konzentration: Siemenskonzern mit Kommunikationstechnik, Haushaltsgeräten u.a.

Fusion; lat. fusio = Gießen, Schmelzen. Statt Fusion wird deshalb auch oft von Verschmelzung gesprochen.
Beim **Bundeskartellamt** ist die Fusion anmelde- und zustimmungspflichtig. Innerhalb der EU ist die EU-Kommission verantwortlich für die Fusionskontrolle.

Die **Fusion** ist eine besondere Form der Konzentration von Unternehmen. Dabei schließen sich zwei oder mehrere Unternehmen zu einer wirtschaftlichen oder rechtlichen Einheit zusammen.

Alle Unternehmen können zu einem völlig neuen Unternehmen verschmelzen oder ein Unternehmen bleibt bestehen und nimmt das/die andere(n) auf.

Als **Kooperation** wird jede Form der Zusammenarbeit zwischen Unternehmen auf nationaler und internationaler Ebene bezeichnet.

In der gegenwärtigen Wirtschaftsentwicklung ist eine zunehmende **internationale Verflechtung** zwischen den einzelnen Volkswirtschaften eingetreten. Die europäischen Länder sind ein typisches Beispiel für die Herausbildung eines einheitlichen **Wirtschaftsraumes**.

Wirtschaftsziele im **EG-Vertrag** sind:
- Errichtung einer **Zollunion** (Abschaffung aller Zölle und Güterkontingente),
- Schaffung eines **einheitlichen Binnenmarktes** mit freiem Waren-, Dienstleistungs- und Kapitalverkehr, Freizügigkeit der Arbeitnehmer und Niederlassungsfreiheit für Unternehmen,
- *Koordinierung* der **Wirtschaftspolitik**, z.B. gemeinsame Politik in der Landwirtschaft, im Umweltschutz, im Verkehr, im Außenhandel und beim Wettbewerbsrecht,
- Schaffung **gemeinsamer Geldfonds** zur Verbesserung der Sozial-, Regional- und Agrarstruktur,
- Durchführung einer **Währungsunion** mit einheitlicher Währung.

Am 1. Januar 1958 trat der Vertrag über die **Europäische Wirtschaftsgemeinschaft** zwischen Belgien, Deutschland, Frankreich, Italien, Luxemburg und den Niederlanden in Kraft. Heute gehören 15 europäische Staaten der **Europäischen Union** an. 2004 wird die Mitgliederzahl auf 24 steigen.

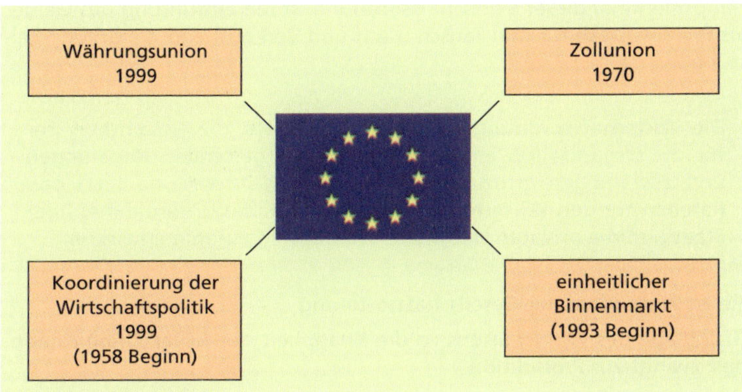

Die Mitgliedsländer gehören untereinander zu den jeweils wichtigsten Handelspartnern.

Strukturwandel

Der Staat wirkt mit seiner Strukturpolitik auf die Ausprägung wirtschaftlicher Strukturen ein. Er setzt Rahmenbedingungen z.B. mittels Fördermitteln oder Abgaben.

Strukturpolitik ist immer mittel- oder langfristig ausgerichtet. Der Strukturwandel wird vor allem bestimmt durch wissenschaftlich-technische Innovationen, die zunehmende Verflechtung nationaler und internationaler Volkswirtschaften, die demographischen Bedingungen. Beispiel hierfür ist die Entwicklung der **Landwirtschaft**. Landwirtschaftlich genutzte Flächen gehen zurück u.a. mit Regulierungsmaßnahmen der Länder und der EU aufgrund von Überproduktion, durch moderne Anbaumethoden und ertragreiche Sorten (Stilllegungsprämien und Quotenregulierung durch die EU). Es werden ökologische Anbauformen und artgerechte Tierhaltung staatlich, vor allem mit der Preisgestaltung, gefördert.

3.3 Wirtschaftsordnung

3.3.1 Kennzeichen der Wirtschaftsordnung

Betrachtet man die Wirtschaftsordnungen unter *historischen Gesichtspunkten*, so sind die Anfänge wirtschaftlichen Handelns in der „geschlossenen" Hauswirtschaft (**Familienwirtschaft**) zu sehen. Hier wurden die Güter zur Deckung des täglichen Bedarfs (Nahrung, Kleidung, Wohnung) durch die Mitglieder der Familie selbst beschafft oder hergestellt. Über die **Naturalwirtschaften** mit Gütertausch, z.B. Weizen gegen Vieh, Muscheln gegen Salz, bildeten sich die verschiedenen Formen der **Geldwirtschaften** heraus.

Hauptmerkmal dieser Wirtschaftsordnung ist die Einführung des Geldes als Wertmaßstab für den Tausch (Kauf und Verkauf) von Waren und Leistungen.

Regelungen:
- Eigentumsstruktur
- Geldwirtschaft
- Gesetze u. Verordnungen
- Marktordnung
- Planungsmechanismen
- Wettbewerbsbedingungen

Institutionen:
- private Haushalte
- staatliche Einrichtungen
- Unternehmen
- Wirtschaftsinstitute
- Wirtschaftsverbände

Die **Wirtschaftsordnung** eines Landes umfasst die Gesamtheit der für die Organisation einer Volkswirtschaft geltenden *Regelungen* und zuständigen *Institutionen*. Die *Wirtschaftsordnung* setzt den Rahmen für den **Wirtschaftsprozess,** in dem die Unternehmen, der Staat und die privaten Haushalte arbeitsteilig zusammenwirken.

Sie ist Bestandteil der Gesellschaftsordnung.

Grundlage des Wirtschaftens ist die Knappheit der Güter. Diese Knappheit zwingt zur **Produktion**.

Durch die Art und Weise der Kombination der Produktionsfaktoren entstehen verschiedene **Produktionsverfahren** (z.B. Handarbeitsverfahren, technische Verfahren, automatisierte Verfahren).

In der heutigen Zeit werden die Wirtschaftsordnungen der einzelnen Länder vorwiegend nach zwei Merkmalen gruppiert:
1. nach den **Eigentumsrechten** an den **Produktionsmitteln** und
2. nach dem **Planungsmechanismus**.

Danach werden zwei *Grundtypen* von Wirtschaftsordnungen, die **freie Marktwirtschaft** und die **zentrale Planwirtschaft**, unterschieden.

Die **freie Marktwirtschaft** ist eine Wirtschaftsordnung mit dezentraler Planung und Lenkung der Wirtschaftsprozesse, die über Märkte (Angebot und Nachfrage) koordiniert werden. Vorherrschend ist das private Eigentum an den Produktionsmitteln.

Die **zentrale Planwirtschaft** ist eine Wirtschaftsordnung mit zentraler Planung der Produktion, der Verteilung und Verwendung der Güter. Die wirtschaftliche Grundlage bildet das Staatseigentum an den Produktionsmitteln.

Wirtschaftsordnungen stellen in ihrer Beschreibung theoretische **Modelle** dar, die gleichzeitig Bewertungsmaßstab für die die jeweilige realtypische Wirtschaftsordnung sind.

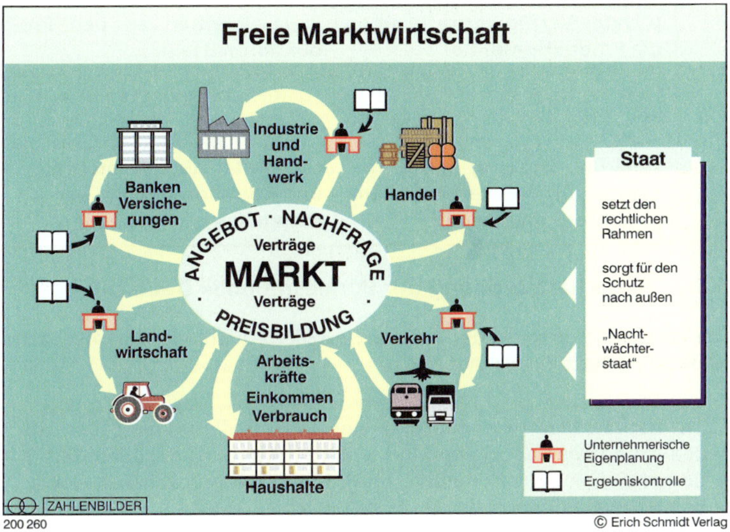

200 260 © Erich Schmidt Verlag

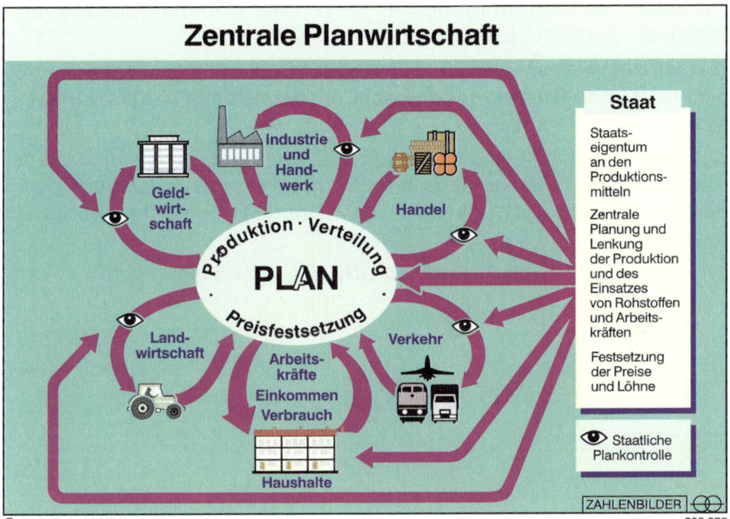

© Erich Schmidt Verlag 200 255

Freie Marktwirtschaft	Zentrale Planwirtschaft
Planungsautonomie	zentrale staatliche Planung
Produzentenfreiheit und freier Wettbewerb	Planvorgaben und Kontingentierung der Güterproduktion

Wirtschaftsordnungen der europäischen Länder sind **Mischsysteme.**
Neben den Merkmalen der freien Marktwirtschaft existieren staatlich regulierte Wirtschaftsbereiche, z. B. die Landwirtschaft der EU-Länder, oder der Staat sorgt für die Bereitstellung der **öffentlichen Güter,** wie Bildung, Gesundheit und Sicherheit.

privates Verfügungsrecht über die Produktionsmittel	Staatseigentum an den Produktionsmitteln
freie Preisgestaltung auf Märkten	staatlich festgelegte Preise
freie Entscheidung der Konsumenten über Güterkauf (Konsumentensouveränität)	regulierter Güterverbrauch und Kontingentierung der Mangelware

3.3.2 Wirtschaftsordnung der Bundesrepublik Deutschland

Die Wirtschaftsordnung der Bundesrepublik Deutschland wird als **soziale Marktwirtschaft** bezeichnet.

Die **soziale Marktwirtschaft** ist eine Wirtschaftsordnung, die auf den Grundlagen der freien Marktwirtschaft beruht und deren Funktionsfähigkeit durch einen **staatlichen Ordnungsrahmen** sowie durch **soziale Gesetze** gewährleistet wird.

Zur Erreichung der wirtschaftspolitischen Ziele sind erforderlich:
- Sicherung der marktwirtschaftlichen Ordnung,
- Stabilisierung des Wirtschaftsprozesses,
- Sicherung der **Vollbeschäftigung**,
- **Wirtschaftswachstum**,
- Stabilität des Preisniveaus und Vermeidung von **Inflation**,
- außenwirtschaftliches Gleichgewicht,
- gerechte Einkommens- und Vermögensverteilung,
- Leistungsgerechtigkeit,
- **soziale Sicherheit**.

Ziel dieser Wirtschaftsordnung ist die soziale Grundabsicherung aller Mitglieder der Gesellschaft.

Die praktische Durchsetzung der sozialen Marktwirtschaft wird durch die bestehende **Rechtsordnung** in der Bundesrepublik Deutschland gesichert.

Wichtige rechtliche Grundlagen sind das **Grundgesetz** der Bundesrepublik, das **Bürgerliche Gesetzbuch** (BGB) und das **Sozialgesetzbuch** (SGB). Hier sind **gesellschaftspolitische** und **wirtschaftspolitische Grundziele** formuliert.

Pyramide gesellschafts- und wirtschaftspolitischer Ziele

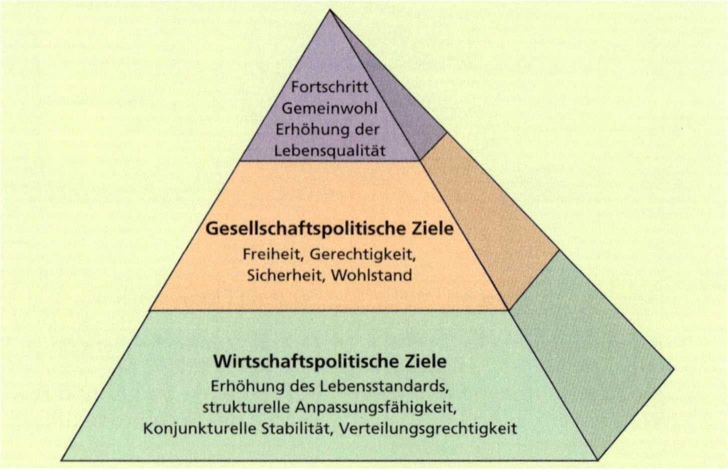

Bei Erhaltung der marktwirtschaftlichen Ordnung sichert der Staat durch **ordnungspolitische Rahmenbedingungen** das Privateigentum an den Produktionsmitteln, die Vertrags- und Gewerbefreiheit, die freie Berufs- und Arbeitsplatzwahl sowie die Produktions-, Handels- und Konsumfreiheit.

Mit der Sicherung des **freien Wettbewerbs** durch Gesetze (Gesetz gegen unlauteren Wettbewerb, Gesetz gegen Wettbewerbsbeschränkungen, Gesetz zur Regelung der Allgemeinen Geschäftsbedingungen, Rabattgesetz, Patentgesetz u. a.) soll die Leistungsfähigkeit der Wirtschaft stetig verbessert werden. Außerdem versucht der Staat insbesondere durch die Kartellgesetzgebung Marktmacht und wirtschaftlichen Machtmissbrauch zu verhindern.

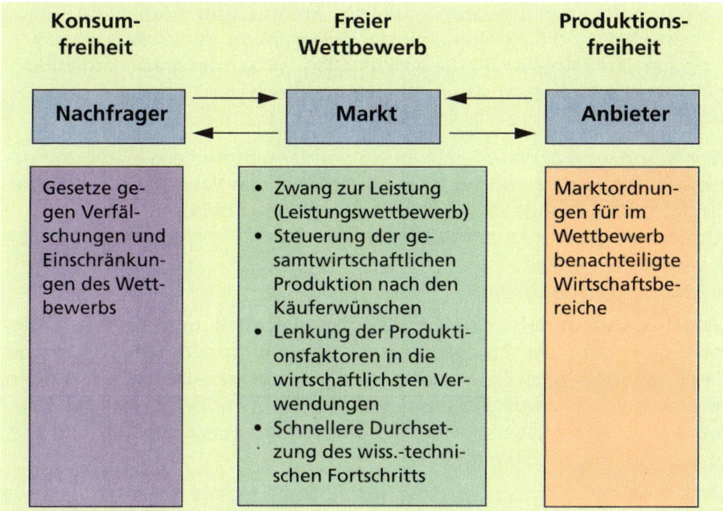

Marktordnungen und finanzielle Hilfen **(Subventionen)** des Staates sichern Wirtschaftszweigen, z. B. Landwirtschaft und Bergbau, internationale Wettbewerbsfähigkeit. Diese wirtschaftserhaltenden Maßnahmen werden seit Jahrzehnten im Rahmen der Länder der Europäischen Union praktiziert. (lat. subventio = Hilfeleistung) zu subvenire = zu Hilfe kommen)

Die *Merkmale* der **sozialen Marktwirtschaft,** soziale Sicherheit und soziale Gerechtigkeit, werden über zahlreiche Sozialgesetze und Verordnungen verwirklicht.

Haushaltsausgaben des Bundes (in Mrd. €)

	1999	2000	2001	2002
Ausgaben insgesamt	246,9	244,4	243,1	249,3
darunter Sozialleistungen	100,3	100,8	102,0	111,9
Prozent der Gesamtausgaben	40,6	41,2	42,0	44,9

Die Sozialleistungen des Bundes werden anteilig im jährlichen Haushaltsplan ausgewiesen.
Die Haushaltsausgaben sind Beleg für Sozialleistungen.

3.4 Grundzüge der Wirtschaftspolitik

3.4.1 Staat und Wirtschaft

Die Wirtschaftspolitik wird geprägt von den jeweiligen historischen Bedingungen. Ausdruck findet das in den verschiedenen **wirtschaftspolitischen Theorien** (z.B. Soziale Marktwirtschaft – LUDWIG EHRHARD).

Wirtschaftspolitik umfasst die Summe aller Maßnahmen des Staates zur Beeinflussung von Ablauf und Struktur der Wirtschaft.

Obwohl die Gesetze der freien Marktwirtschaft gelten, beeinflusst der Staat im beträchtlichen Umfang das Wirtschaftsgeschehen durch seine **Wirtschaftspolitik.**

Träger der **staatlichen Wirtschaftspolitik** sind Bund, Länder und Gemeinden mit ihren Regierungen und Parlamenten.

Wirtschaftspolitische **Grundziele** des Staates sind **Wohlstand, Gerechtigkeit** und **Sicherheit**. Bei der *Bestimmung der wirtschaftspolitischen Ziele* werden die Gewerkschaften, Arbeitgeberverbände und zahlreiche Interessenvereinigungen einbezogen.

Wohlstand wird in erster Linie an steigender materieller Versorgung gemessen. Die wirtschaftliche Grundlage bildet das Wachstum des **Sozialprodukts**. Das Wohlstandsziel beinhaltet drei Aufgaben:
1. reichhaltiges Angebot an Gütern,
2. vermehrte Freizeit,
3. lebensgerechte Umwelt.

Gerechtigkeit bezieht sich auf **Chancengleichheit** und **Verteilungsgerechtigkeit**. Bei der Forderung nach Verteilungsgerechtigkeit stehen wirtschaftspolitische Ziele und marktwirtschaftliche Gesetze im Widerspruch. Der Staat muss für ausgleichende Gerechtigkeit bei der Einkommens- und Vermögensverteilung sorgen, insbesondere bei Not- und Härtefällen (Krankheit, Invalidität).

Sicherheit bedeutet aus wirtschaftlicher Sicht **soziale Sicherheit** für alle Mitglieder der Gesellschaft.

Sozialpolitik und **Verteilungspolitik** des Staates sind eng miteinander verknüpft. Sie garantieren eine Mindestabsicherung der menschlichen Existenz, z.B. durch die Sozialhilfe.

Die **Konjunkturpolitik** in den 60er Jahren wurde entsprechend den **keynesianischen Forderungen** gestaltet. Auf dieser Grundlage wurde 1967 das Stabilitäts- und Wachstumsgesetz verabschiedet.

Wirtschaftspolitische Maßnahmen des Staates sind u.a. im **Gesetz zur Förderung der Stabilität und des Wachstums der Wirtschaft** (Stabilitätsgesetz) festgelegt. Danach werden Bund und Länder verpflichtet, ihre wirtschafts- und finanzpolitischen Maßnahmen im Rahmen der marktwirtschaftlichen Ordnung gleichzeitig auf **vier Stabilitätsziele** zu richten.

Im **Stabilitätsgesetz** wurden auch die Instrumente genannt, die einer antizyklischen Entwicklung (vor allem in der Finanzpolitik) entgegenwirken. Dazu zählen u.a. Steuerpolitik, Konjunkturausgleichsrücklagen, Kreditaufnahmen.

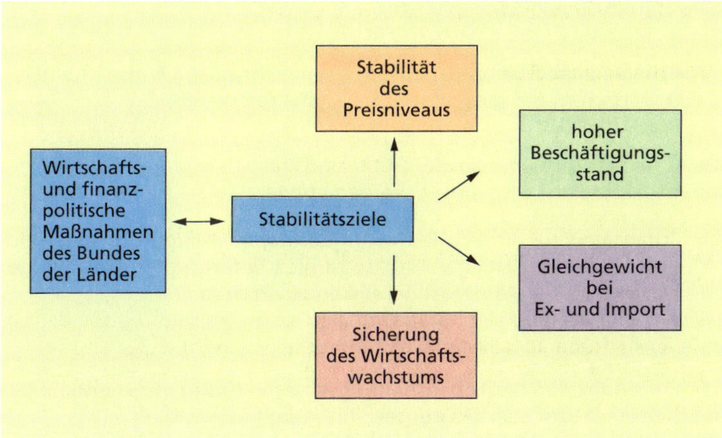

Diese vier Stabilitätsziele werden auch als **Magisches Viereck** dargestellt.

Magisch wird das **Viereck** genannt, weil nur durch „Zauberei" alle vier Ziele gleichzeitig erreicht werden können (Zielkonflikt).

Elemente des Magischen Vierecks

1. Wirtschaftswachstum

Wirtschaftswachstum wird erreicht, wenn das **Bruttoinlandsprodukt** zu Marktpreisen bewertet steigt. Das **Bruttoinlandsprodukt** ist eine statistische Größe, mit der die gesamte Güterproduktion (Waren und Dienstleistungen, die die Bürger eines Landes im In- und Ausland erbracht haben) in einem Jahr im Geldwert erfasst wird.

2. Preisniveaustabilität

Preisniveaustabilität heißt, dass im Durchschnitt die Preise in einer Volkswirtschaft auf gleichem Niveau gehalten werden.

Die **Kaufkraft** gibt an, wie viel Güter und Dienstleistungen für eine bestimmte Geldeinheit erworben werden können.

Erhält man z.B. im Vergleich zum Vormonat weniger für sein Geld, weil die Preise gestiegen sind, so ist die Kaufkraft gesunken. Umgekehrt steigt die Kaufkraft bei sinkenden Preisen.
Die Entwicklung der Kaufkraft wird über Preisindizes für die Lebenshaltung vom Statistischen Bundesamt ermittelt.

Preisindex; lat. index = Anzeiger; Preisentwicklung, bezogen auf das Basisjahr, das mit 100 angesetzt wird.

Der **Preisindex** für die Lebenshaltung eines 4-Personen-Arbeitnehmerhaushalts in Deutschland in ausgewählten Jahren

	1992	1997	2002
Preisindex = 100	94,4	99,3	101,8
Veränderung zum Vorjahr in %	+ 2,6	+ 0,5	+ 0,7

Der **Warenkorb** als statistische Größe: Zusammenstellung bestimmter Mengen an Waren und Dienstleistungen, die eine bestimmte Person oder Personengruppe in einer Periode anbietet oder nachfragt.
Für private Haushalte werden repräsentative Warenkörbe ermittelt, die z.B. für die Berechnung des Preisindex für Lebenshaltung Verwendung finden.

Neuer Warenkorb für den Preisindex

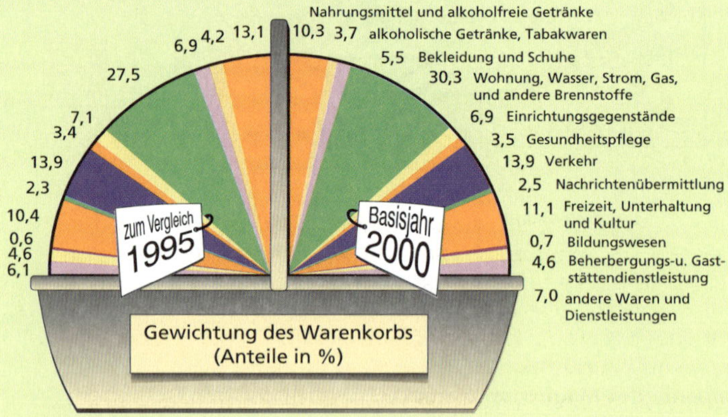

3. Vollbeschäftigung

Aus volkswirtschaftlicher Sicht schließt die **Vollbeschäftigung** die Auslastung *aller* Produktionsfaktoren ein. Als wirtschaftspolitisches Hauptziel bezieht sich Vollbeschäftigung auf den *Faktor* **Arbeit**.

Für das Ziel der Vollbeschäftigung wird als Indikator die Höhe der **Arbeitslosenquote** herangezogen.

Die Arbeitslosenquote gibt den prozentualen Anteil der registrierten Arbeitslosen an den abhängigen Erwerbspersonen an. Abhängige Erwerbspersonen sind alle beschäftigten Arbeitnehmer und alle registrierten Arbeitslosen.

Erwerbstätige sind alle beschäftigten Arbeitnehmer und Selbstständige. Die **Erwerbspersonen** umfassen die Erwerbstätigen und die Arbeitslosen (Erwerbslosen).

Beteiligung der Bevölkerung am Erwerbsleben in Deutschland im Jahresdurchschnitt in ausgewählten Jahren

	1998	1999	2000	2001
Anzahl der Bevölkerung in 1000	82 029	82 087	82 193	82 371
Erwerbspersonen in 1000	41 233	41 431	41 769	41 815
... in % der Bevölkerung	50,3	50,5	50,8	50,8
Erwerbstätige in 1000	37 611	38 081	38 706	38 773
... in % der Bevölkerung	45,6	46,4	47,1	47,1
Arbeitslose in 1000	4 279	4 099	3 889	3 852
... in % der Bevölkerung	5,2	5,0	4,7	4,7
Arbeitslosenquote	12,3	11,7	10,7	10,3

Im Mai 2003 ist die Arbeitslosenzahl auf 4,3 Mio. gestiegen, obwohl die Anzahl der Erwerbspersonen fast gleich geblieben ist.

4. Außenwirtschaftliches Gleichgewicht

Außenwirtschaftliches Gleichgewicht heißt, dass der Import und Export von Waren und Dienstleistungen ausgeglichen ist.

Die zunehmende **internationale Verflechtung** der Volkswirtschaften im Waren- und Kapitalverkehr erfordert die Beachtung dieser Zielstellung. Wenn z.B. die Importe die Exporte stets übersteigen, würde ein Land zahlungsunfähig werden. Die Differenz (Saldo) zwischen Export (Ausfuhr) und Import (Einfuhr) von Waren kommt in der **Handelsbilanz** eines Landes zum Ausdruck.

Warenverkehr und **Handelsbilanz** in Deutschland in ausgewählten Jahren (in Mrd. €)

	Warenimport	Warenexport	Handelsbilanz
1997	394,8	454,3	+59,5
1999	444,8	510,0	+65,2
2001	550,3	637,3	+87,0

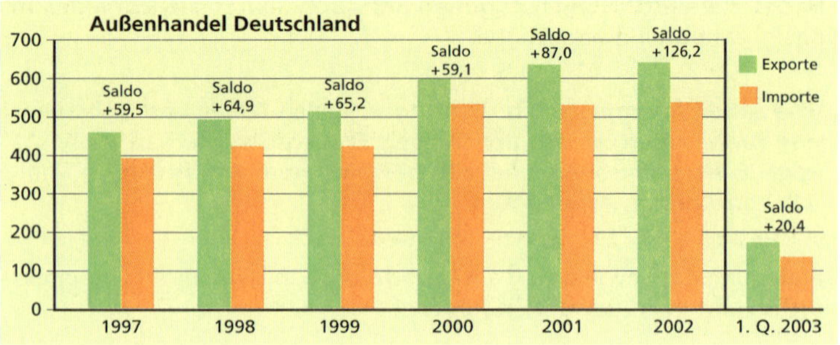

Wirtschaftsregulierung und Wirtschaftsförderung

Im tatsächlichen Wirtschaftsleben treten bei der Verwirklichung der wirtschaftspolitischen Ziele Konflikte auf. Hohe Arbeitslosigkeit, geringes Wirtschaftswachstum, Konjunkturflauten, Umweltbelastungen durch die produzierende Wirtschaft sind typische Erscheinungsformen dieser Konflikte

Deshalb greift der Staat zur Erhaltung des **marktwirtschaftlichen Gleichgewichts** regulierend in das Wirtschaftsgeschehen ein.

Wichtige Elemente der **staatlichen Marktregulierung** sind:
- Steuern und Abgaben für Unternehmen und Haushalte,
- Subventionen und finanzielle Hilfen,
- Preisfestsetzungen in Form von Höchst- und Mindestpreisen.

Gesamtvolumen der Subventionen in Deutschland

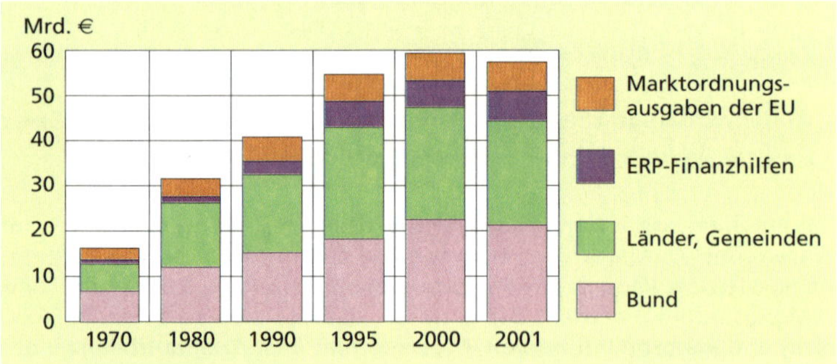

Mit **Steuervergünstigungen** und **Subventionen** werden insbesondere Umwelt erhaltende und Energie sparende Projekte gefördert.

In einzelnen Wirtschaftsbereichen dienen Subventionen der Sicherung von Arbeitsplätzen (z. B. Landwirtschaft, Kohlebergbau, Stahl- und Werftindustrie). Eine der wichtigsten verteilungspolitischen Maßnahmen des Staates ist das Vermögensbildungsgesetz zur Förderung des privaten Sparens.

Finanzielle Hilfen leistet der Staat an private Haushalte z. B. durch Förderung der Vermögensbildung (Sparzulagen, Wohnungsbauprämie) und Zahlung von Wohngeld als Mietzuschuss.

Im Jahr 2002 betrugen die Subventionen und Steuervergünstigungen des Bundes 21,4 Mrd. Euro. Von den Subventionen aus dem Bundeshaushalt entfielen 2002
- 28 % auf das Wohnungswesen
- 14,3 % auf den Bergbau,
- 15,7 % auf regionale Strukturmaßnahmen und
- 8,1 % auf die Landwirtschaft.

Höchstpreisfestlegungen haben das Ziel, knappe lebenswichtige Güter gerechter zu verteilen. Ein Beispiel ist die Mietpreisbindung bei der Vermietung von Sozialwohnungen.

Mindestpreise werden für wichtige landwirtschaftliche Produkte von den staatlichen Behörden der EU-Länder festgelegt, um den landwirtschaftlichen Betrieben ein Einkommen und damit die wirtschaftliche Existenz zu sichern.

Weitere wirtschaftsfördernde Leistungen sind:
- **Finanzierungshilfen** für die gewerbliche Wirtschaft (Eigenkapitalhilfeprogramm, Existenzgründerprogramm, Förderung von Ausbildungsplätzen),
- **regionale Wirtschaftsförderung** zur Verbesserung der Wirtschaftsstruktur (Erschließung von Gewerbegebieten, Investitionen zur Verbesserung der Infrastruktur (z. B. Verkehrswege), Förderung wirtschaftsschwacher Gebiete),
- Finanzierung **arbeitsmarktpolitischer Maßnahmen** (Arbeitsbeschaffungsmaßnahmen, Lohnkostenzuschüsse, Umschulung und Fortbildung, Ausbildung von Jugendlichen),
- **steuerliche Förderungen** (Investitionszulagen, Sonderabschreibungen).

3.4.2 Wirtschaftswachstum und Wirtschaftsentwicklung

Die Leistungsfähigkeit einer Volkswirtschaft wird im Wesentlichen bestimmt durch Umfang und Qualität der hergestellten Waren und Dienstleistungen (Güterproduktion).

Das Gesamtergebnis wirtschaftlicher Tätigkeit eines Jahres wird mit dem **Bruttoinlandsprodukt** (oder Bruttosozialprodukt) ausgedrückt.

Das **Bruttoinlandsprodukt** erfasst die wirtschaftlichen Leistungen eines politisch-geographischen Raumes, z. B. Bundesrepublik Deutschland.
Das Sozialprodukt gibt die Wirtschaftskraft der Bewohner dieses Wirtschaftsraumes an. Es enthält auch die Erwerbs- und Vermögenseinkünfte.

In Abhängigkeit von Erfassung und Bewertung wird das Bruttinlandsprodukt ausgewiesen als
- das **reale Bruttoinlandsprodukt**
  Hiermit werden alle wirtschaftlichen Leistungen eines Landes zu vergleichbaren Marktpreisen bewertet. Steigt das reale Bruttosozialprodukt von Jahr zu Jahr, so entspricht das einem realen Wirtschaftswachstum.
- das **nominale Bruttoinlandsprodukt**
  Bei der Ermittlung des nominalen Bruttoinlandsproduktes werden die tatsächlichen Marktpreise zugrunde gelegt. Diese Berechnung führt bereits zur Steigerung des Sozialprodukts, wenn nur die Preise steigen und die erzeugte Gütermenge konstant bleibt (nominales Wirtschaftswachstum).
- die **Wertschöpfung**
  Sie ergibt sich durch Abzug der Wertminderung (Verschleiß, Abschreibung) der eingesetzten Produktionsmittel, wie Gebäude, Maschinen, Fahrzeuge u. a. vom Bruttoinlandsprodukt. Die errechnete Wertschöpfung kann noch um die im Preis enthaltenen indirekten Steuern (Mineralölsteuer, Tabaksteuer, Kaffeesteuer, Biersteuer usw.) und die staatli-

chen Subventionen korrigiert werden. Das so erhaltene **reale Nettoinlandsprodukt** wird auch als Wertschöpfung bezeichnet.

Bruttoinlandsprodukt
'/. Abschreibungen (Geldwert des Verschleißes)
= Nettoinlandsprodukt
'/. indirekte Steuern (Verbrauchssteuern)
\+ Subventionen
= Nettoinlandsprodukt = Volkseinkommen = Wertschöpfung

Bruttoinlandsprodukt und **Wertschöpfung** in ausgewählten Jahren (in Mrd. €)

	2000	2001	2002
Bruttoinlandsprodukt[1]	2 020,8	2 055,8	2 099,1
('/. **Abschreibungen**	302,3	312,1	318,5
(=) **Nettoinlandsprodukt**[1]	1 718,5	1 743,7	1 780,6
('/.) **indirekte Steuern**	244,5	246,3	249,5
(+) **Subventionen**	35,2	33,8	30,9
= **Wertschöpfung**[2]	1 509,2	1 531,2	1 562,0

[1] jeweils zu Marktpreisen; [2] jeweils zu Faktorkosten

Anteil der **Wirtschaftsbereiche** an der **Entstehung des Bruttoinlandsprodukts** 2002: **Bruttowertschöpfung** 2002 = 100 %

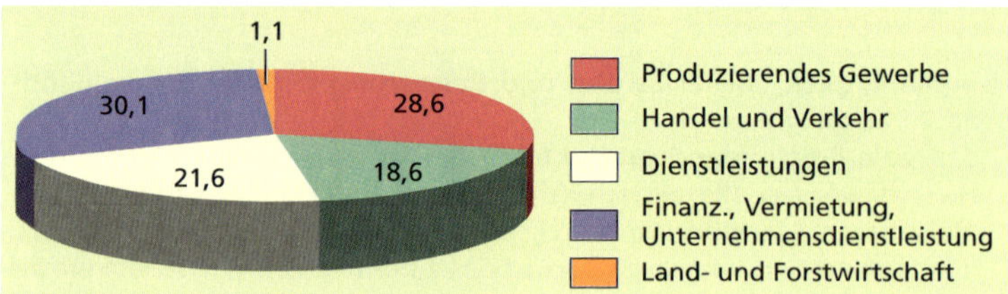

Das **Bruttoinlandsprodukt** wird nach vier Verwendungsarten aufgeteilt.

Verwendung des Bruttoinlandsprodukts 2002 (in %)

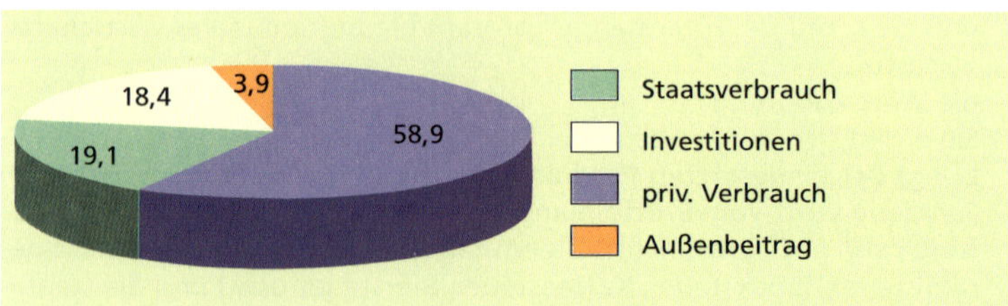

Marktpreis = der erzielte Preis, der durch die Angebots- und Nachfragesituation auf dem Markt erreicht wurde.
Faktorkosten = Kosten, die den Produktionsfaktoren zugerechnet werden, z. B. Lohn- und Gehälter dem Faktor Arbeit, Pacht dem Faktor Boden. Faktorkosten sind mit der **Nettowertschöpfung** identisch.
Wertschöpfung sind die in einer Periode hergestellten Waren und Leistungen. Die Bruttowertschöpfung errechnet sich aus der Differenz von Produktionswert (Summe der Umsätze, Halb- und Fertigwaren aus eigener Produktion) und Vorleistungen (z. B. Rohstoffe, Hilfsstoffe, ...)

Wirtschaftsentwicklung

Volkswirtschaften wachsen im Zeitverlauf nicht kontinuierlich. Typisch ist ein ständiges Auf und Ab in bestimmten Zeitabständen (4 bis 7 Jahre). Man spricht von **Konjunkturzyklen.**

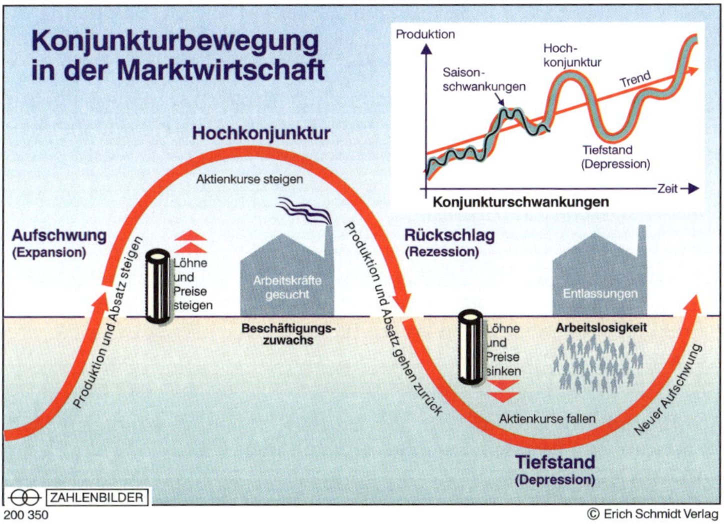

Den Phasen werden bestimmte typische Merkmale zugeordnet:

Merkmale des Wirtschaftsaufschwungs	Merkmale des Wirtschaftsabschwungs
steigende Güterproduktion und steigende Erlöse der Unternehmen	sinkende Güterproduktion und Zunahme der Warenbestände
steigende Nachfrage und steigende Preise	sinkende Nachfrage und sinkende Preise
steigende Investitionen und Rückgang der Arbeitslosigkeit	sinkende Investitionen und Anstieg der Arbeitslosigkeit
steigende Unternehmergewinne und steigende Löhne	sinkende Unternehmergewinne und sinkende Löhne

Die **Hochkonjunkturphase,** auch Wirtschaftsboom genannt, ist durch ein hohes wirtschaftliches Wachstum gekennzeichnet. In der Volkswirtschaft herrschen fast *volle* **Beschäftigung,** gute **Absatzchancen,** große **Güternachfrage** im Inland und Ausland sowie *steigende* **Einkommen** bei Unternehmen und Haushalten vor.

Die **Konjunkturpolitik des Staates** zielt auf eine möglichst gleichmäßige Wirtschaftsentwicklung ab. Mit Maßnahmen zur Sicherung der Vollbeschäftigung (Auslastung aller Produktionsfaktoren der Volkswirtschaft) und stabiler Preise wird ein stetiges Wirtschaftswachstum angestrebt (siehe auch wirtschaftspolitische Ziele).

Besonderen Einfluss auf den **Konjunkturverlauf** hat die **Geldpolitik** der Deutschen Bundesbank und der Europäischen Zentralbank, z.B. durch die Kontrolle der Geldmenge und des Zinsniveaus.

Fiskal; lat. fiscalis = die Staatskasse betreffend

Die **staatliche Finanzpolitik** (Fiskalpolitik) beeinflusst die Konjunktur durch die Gestaltung der öffentlichen Haushaltsausgaben und der Steuergesetzgebung.

3.4.3 Wirtschaftskreislauf

Die Beziehungen, die zwischen den einzelnen Wirtschaftssubjekten bestehen, werden in einem Modell „Kreislaufschema"(Wirtschaftskreislauf) abgebildet. Es dient zur Erläuterung *volkswirtschaftlicher Zusammenhänge.*

Am **Wirtschaftskreislauf** der Volkswirtschaft sind verschiedene Wirtschaftssubjekte (Wirtschaftseinheiten) beteiligt:
- private Haushalte,
- Unternehmen,
- Staat (Bund, Länder, Gemeinden),
- Ausland.

Ausgangspunkt ist das **Modell des einfachen Wirtschaftskreislaufes** ohne Beteiligung des Staates und des Auslandes.

Modell des einfachen Wirtschaftskreislaufes

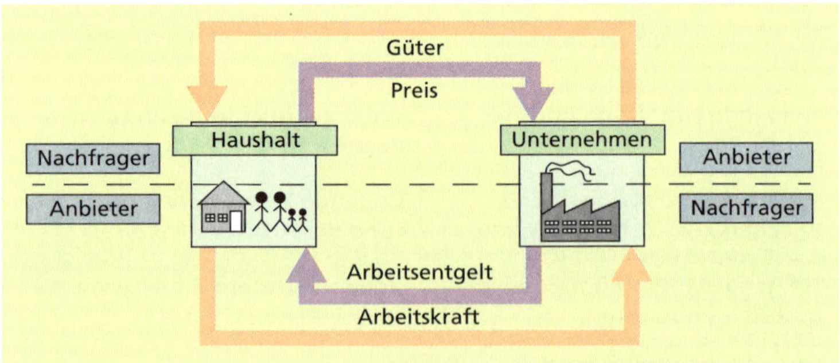

Die *privaten Haushalte* besitzen als Produktionsfaktor insbesondere ihre Arbeitskraft, die sie auf dem Arbeitsmarkt anbieten. Für ihre Arbeitsleistung erhalten sie von den Unternehmen ein Arbeitsentgelt. Dieses Geld geben die Haushalte zum überwiegenden Teil auf den Gütermärkten für Konsumzwecke und Dienstleistungen wieder aus. Die *Unternehmen* sichern sich so ihre Einnahmen (Erlöse) aus der Güterproduktion. Es entstehen zwei gegensätzliche Kreislaufströme, der **Güterstrom** und der **Geldstrom**.

Der tatsächliche **volkswirtschaftliche Kreislauf** ist komplexer. Geld und Güter fließen zwischen den privaten Haushalten und den Unternehmen. Gleichzeitig üben der Staat und die Banken sowie das Ausland Einfluss auf den Wirtschaftskreislauf aus. Die Abbildung dieses komplexen Kreislaufes ist ersichtlich im **Modell des erweiterten Wirtschaftskreislaufs**.

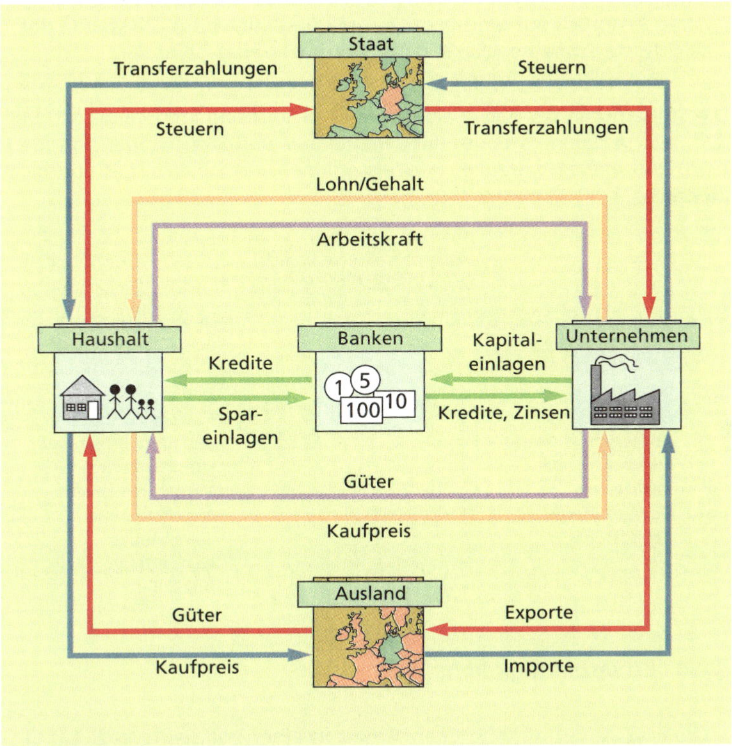

Im Modell des erweiterten Wirtschaftskreislaufs sind die **Transferzahlungen, Subventionen** und **Steuerzahlungen** des Staates enthalten.

Transferzahlungen sind einseitige Geldzahlungen des Staates. Ein hoher Anteil der Transferzahlungen wird als **Subventionen** gezahlt.

Die Transferzahlungen werden überwiegend im Rahmen von Sozialversicherungen und -leistungen gewährt.

Transferzahlungen sind z.B. Renten, Arbeitslosengeld, Krankengeld, Erziehungsgeld, Kindergeld, Ausbildungsbeihilfen, Wohngeld u.a. Bei diesen Zahlungen handelt es sich um Umverteilungen des Sozialprodukts (Volkseinkommens).

Durch Transferzahlungen des Staates werden auch bestimmte Formen der **Einkommensverwendung** gefördert:

- Vermögensbildung der Haushalte durch Arbeitnehmersparzulage,
- Wohneigentumsbildung durch Wohnungsbauprämie und Eigenheimzulage.

Es gibt über 40 **Einzelsteuerarten** in Deutschland. Die Umsatz- und Lohnsteuer haben einen Anteil von etwa 62 % an den gesamten Steuereinnahmen, danach folgen **Mineralölsteuer** (ca. 10 %) und **Gewerbesteuer** (ca. 6 %).
Die gesamten Steuereinnahmen betrugen rund 476,60 Mrd. € (2002).

Steuern sind Geldleistungen aller steuerpflichtigen Personen an das öffentlich-rechtliche Gemeinwesen (Bund, Länder, Gemeinden) ohne Anspruch auf eine unmittelbare Gegenleistung. Sie stellen die wichtigste Einnahmequelle der öffentlichen Haushalte dar.

Die Steuern können nach verschiedenen Gesichtspunkten eingeteilt werden, z. B. in *direkte Steuern* (Steuerschuldner und Steuerträger sind identisch) und *indirekte Steuern* (Steuerschuldner und Steuerträger sind nicht identisch).

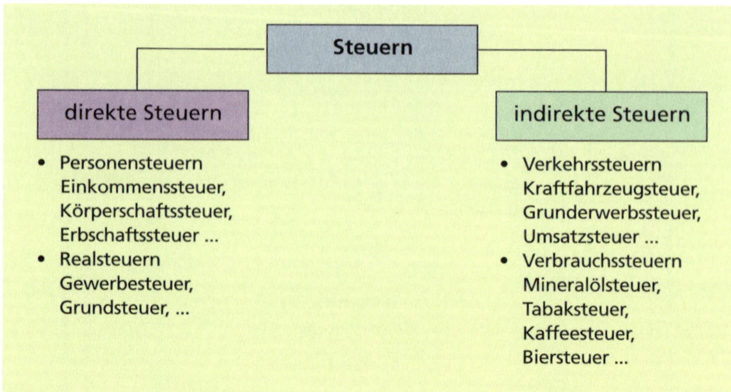

3.4.4 Erwerbstätigkeit

Die Menge der angebotenen **Arbeit** in einer Volkswirtschaft hängt ab von der Anzahl der *erwerbsfähigen Personen* an der Gesamtbevölkerung und dem Arbeitszeitangebot dieser **Erwerbspersonen**.

Natürliche Bevölkerungsentwicklung (Geburten und Sterbefälle) sowie Ein- und Auswanderungen bestimmen Umfang und Altersaufbau der Gesamtbevölkerung und damit den Anteil der erwerbsfähigen Bevölkerung. Da nicht jede Person im erwerbsfähigen Alter (z. B. alle Personen im Alter von 18 bis 62 Jahren) in der Lage oder bereit ist Arbeit anzubieten, ist die Zahl der Erwerbspersonen geringer. **Erwerbspersonen** üben eine auf Erwerb gerichtete Tätigkeit aus (Erwerbstätige) oder suchen eine Erwerbstätigkeit (Erwerbslose).

Erwerbstätige sind alle Personen, die in einem Arbeitsverhältnis stehen oder selbstständig ein Gewerbe betreiben. Zu ihnen zählen auch Soldaten und Soldatinnen sowie mithelfende Familienangehörige.

Erwerbspersonen, die eine Erwerbstätigkeit suchen, sind **Erwerbslose**. Sie müssen *nicht arbeitslos* gemeldet sein.

Seit 1975 öffnet sich die Schere zwischen der Anzahl der **Arbeitslosen** und den verfügbaren offenen Stellen auf dem **Arbeitsmarkt**.

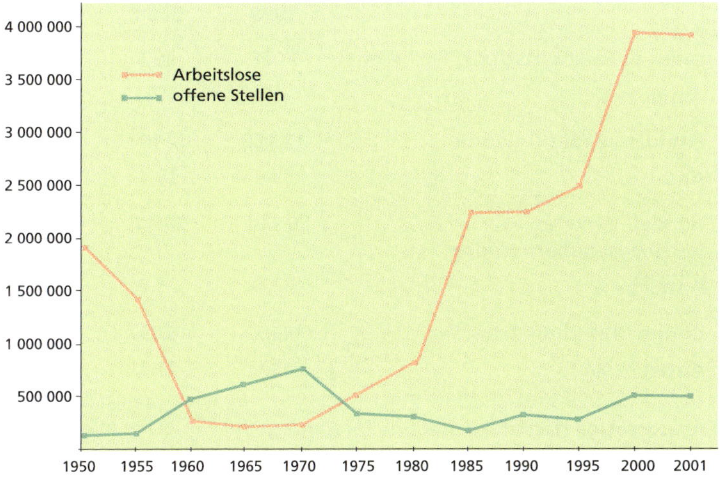

In den neuen Bundesländern und Ost-Berlin ist die **Arbeitslosenquote** höher als in den früheren Bundesländern. Umgekehrt verhält es sich mit den offenen Stellen.

Das Ziel staatlicher **Arbeitsmarktpolitik** ist die Sicherung eines hohen Beschäftigungsstandes.

Durch **aktive Arbeitsmarktpolitik** werden Arbeitsplätze erhalten und neue angeboten. **Passive Arbeitsmarktpolitik** bedeutet eine finanzielle Absicherung der von Arbeitslosigkeit betroffenen Erwerbspersonen.

Instrumente aktiver und passiver Arbeitsmarktpolitik

Arbeitsmarktpolitik		
aktive Arbeitsmarktförderung	aktive Gestaltung der Arbeitsbedingungen	passive Arbeitsmarktpolitik
• Berufsberatung	• Arbeitsschutz	• Arbeitslosengeld
• Arbeitsvermittlung	• Kündigungsschutz	• Arbeitslosenhilfe
• Lohnkostenzuschüsse	• Mutterschutz	• Sozialhilfe
• Umschulung	• Jugendschutz	
• Arbeitsbeschaffungsmaßnahmen		
• Kurzarbeitergeld		

Erwerbstätige nach *Wirtschaftsbereichen* in der Bundesrepublik Deutschland (Erwerbstätige im Jahresdurchschnitt in 1000)

	1999	2000	2001
Land- u. Forstwirtschaft, Fischerei	1 026	987	943
Anteil in %	2,9	2,7	2,6
Produzierendes Gewerbe	12 150	12 102	11 934
Anteil in %	33,4	33,1	32,4
Handel, Verkehr, Nachrichtenübermittlung	8 349	8 417	8 531
Anteil in %	22,8	23,0	23,2
übrige Wirtschaftsbereiche	14 877	15 097	15 408
Anteil in %	40,9	41,2	41,8

Der durchschnittliche **Beschäftigungsgrad** ausgedrückt als prozentualer Anteil der Erwerbstätigen an den Erwerbspersonen lag in den letzten Jahren (1993–2001) zwischen 88–92 %. Dementsprechend betrug die Arbeitslosenquote zwischen 8 und 12 %.

Erwerbstätige nach ihrer *Stellung im Beruf* in %

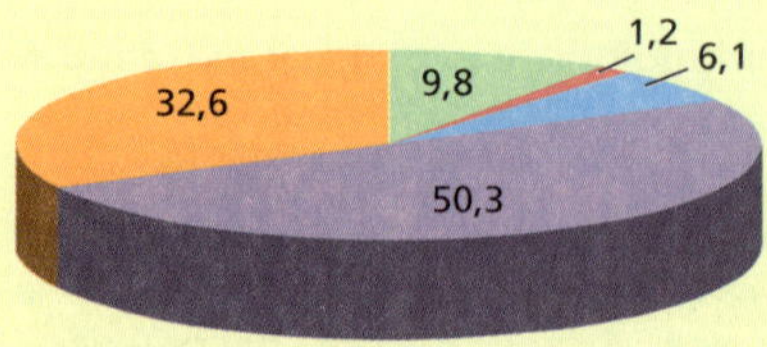

Im Anteil der Erwerbstätigen nach Wirtschaftsbereichen ist nicht der Anteil der Beschäftigten in **Stiftungen**, **Vereinen** und **gemeinnützigen Organisationen** enthalten. In Deutschland beträgt der Anteil der Vollzeitbeschäftigten in diesem Bereich 4,9 %. In der Tendenz zeigt dieser Bereich ein starkes Wachstum.

Eine Studie der John-Hopkins-Universität Baltimore hat die **Wirtschaftskraft** dieses so genannten „Dritten Sektors" seit etwa 10 Jahren in 22 Ländern untersucht. So werden im Durchschnitt weltweit 4,7 % des **Bruttoinlandsprodukts** hier erwirtschaftet. 18,8 Mio. Menschen arbeiten in gemeinnützigen Organisationen. Während in Deutschland **Kirchen** und **Verbände** Mitglieder verlieren, steigt die Zahl der Vereine. Damit wandelt sich auch das Gefüge von **Staat** und **Markt** in der Gesellschaft.

Anteil der Beschäftigten (Auswahl)	
Niederlande	12,4
Israel	9,2
USA	7,8
Deutschland	4,9
Japan	3,5

3.5 Geld und Geldverkehr

3.5.1 Bedeutung des Geldes

Historische Entwicklung des Geldes

Geld hat eine lange Geschichte. Der genaue Zeitpunkt der Entstehung des Geldes ist heute nicht mehr bestimmbar. Es lässt sich aber für die vorderorientalischen Kulturen der Stein- und Bronzezeit bereits nachweisen. Geld hat sich aus einem geeigneten Tauschgut heraus entwickelt. Im Altertum dienten Güter mit *besonderen* Eigenschaften, wie Lagerfähigkeit und Teilbarkeit, als Tauschgut, das als **Naturalgeld** bezeichnet wird. Solche Güter waren:
- Felle, Kleidung, Vieh und Geräte,
- Perlen und Muscheln,
- Salz,
- Metall (Kupfer- und Bronzebarren).

Später erwiesen sich vor allem Edelmetalle als besonders geeignet. Um das umständliche Wägen zu vermeiden, wurden die Metallstücke mit einem Stempel versehen, der das Gewicht und damit den Wert garantierte. Dieses **Münzgeld** trat etwa im 7. Jahrhundert v. Chr. auf. Bei den Edelmetallen hat das Gold das Silber verdrängt.

Heute gelten nur noch in wenigen Ländern Goldmünzen als **Zahlungsmittel**.

Die Phönizier waren zuerst auf die Idee gekommen, Metallbarren in Umlauf zu bringen, auf denen ein Stempel eingeprägt war. Geschichte des Geldes

Dem Lyderkönig KRÖSUS werden goldene Münzen mit Löwe und Stier zugewiesen.

Euro und Cent

Für das Münzgeld werden widerstandsfähige Metall-Legierungen verwendet. Den Nennwert dieser Münzen bestimmt nicht das Material, sondern das **Münzgesetz**.

Münzen sind nicht nur zweckmäßige Zahlungsmittel, sondern auch seit allen Zeiten ein Kulturdokument.

Deutsche Euro-Münzen (seit 01. 01. 2002 Zahlungsmittel)

Münzen sind nur in beschränktem Umfang gesetzliches Zahlungsmittel.

In Deutschland werden in fünf Städten Münzen geprägt. Der Prägeort ist auf jeder Münze vermerkt.

Niemand ist verpflichtet, mehr als 50 Münzen zur Begleichung einer Forderung entgegenzunehmen.
Die Kassen des Bundes müssen Münzen in jedem Betrag annehmen.

In China gab es bereits im 7. Jahrhundert **Papiergeld,** erst im 18. Jahrhundert hat es sich in Europa durchgesetzt.

Wertvoller als die Münzen (**Hartgeld**) sind die **Geldscheine (Banknoten)**. Sie werden in Deutschland ausschließlich von der **Zentral- und Notenbank** der Deutschen Bundesrepublik in Frankfurt am Main ausgegeben.

Seit dem 1. 1. 2002 sind Euro-Geldscheine und -Münzen in Deutschland und den übrigen Teilnehmerländern der Europäischen Wirtschafts- und Währungsunion unbeschränktes gesetzliches Zahlungsmittel. In Deutschland löste der Euro die Deutsche Mark (DM) ab.

Als Zahlungsmittel muss Geld sein:

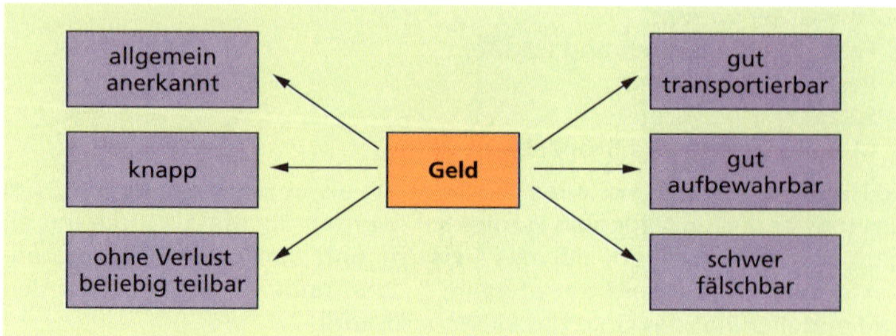

3.5.2 Funktionen des Geldes

Geld ist das allgemein akzeptierte **Zahlungsmittel**.

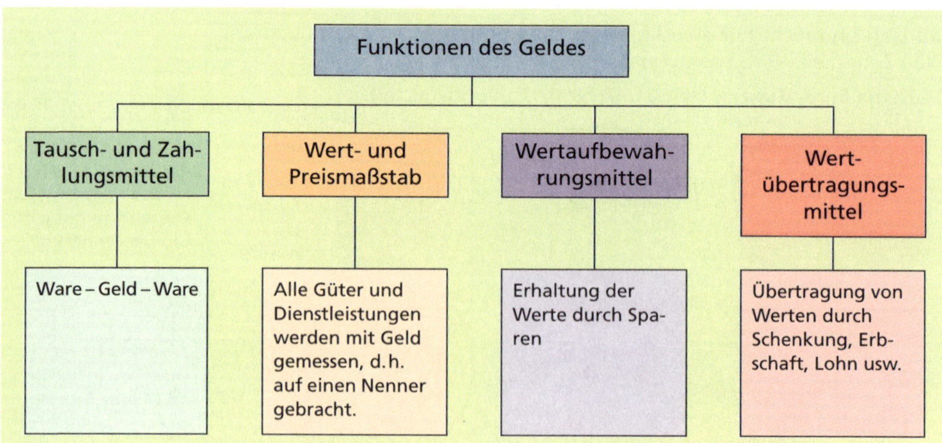

Als allgemeines **Tausch-** und **Zahlungsmittel** dient das Geld dem Austausch und Erwerb von Gütern und Dienstleistungen.

Unter den Bedingungen der Spezialisierung einzelner Wirtschaftseinheiten auf die Herstellung bestimmter Erzeugnisse, die von anderen Wirtschaftseinheiten benötigt werden, entsteht Tauschwirtschaft. Zur Vereinfachung des Tauschverkehrs zwischen den Produzenten und Konsumenten dient das Geld als allgemein anerkanntes Zahlungsmittel.

Bedingt durch die Arbeitsteilung und Spezialisierung entwickelte sich aus dem **Tauschhandel** der **Kaufhandel**.

Wert- und **Preismaßstab** sowie **Recheneinheit** ist das Geld, indem es der Bewertung und dem Vergleich der Güter und Leistungen dient.

Mit Hilfe des Geldes werden z.B. solche Güter wie Getreide, Autos und Werkzeugmaschinen *vergleichbar* und *addierbar* gemacht.

Ein Gut A kostet 10 €, das Gut B kostet 50 €. Es kann eine Mengeneinheit von Gut B gegen fünf Mengeneinheiten von Gut A getauscht werden.

Ein Vorteil des Kaufhandels ist, dass erworbenes Geld nicht sofort gegen andere Waren eingetauscht werden muss. Das Geld kann aufbewahrt werden.

Geld ist also auch ein **Wertaufbewahrungsmittel.** Das für den Verkauf von Gütern bzw. Dienstleistungen empfangene Geld speichert die erbrachte Leistung. Voraussetzung dafür ist die *Stabilität des* **Geldwertes**.

Unter wirtschaftlich und politisch stabilen Verhältnissen treten die genannten Funktionen des Geldes gleichzeitig auf. Unter anormalen Bedingungen ist das nicht der Fall. Solche anormalen Bedingungen können **Inflation** oder **Deflation** sein.

Inflation: Die Preise für alle Güter und Leistungen steigen, die Kaufkraft sinkt.
Deflation: Die Preise sinken und die Kaufkraft steigt.
Kaufkraft: Die Kaufkraft gibt an, wie viel für eine bestimmte Geldeinheit erworben werden kann.

In der Zeit der Inflation in Deutschland in den Jahren 1923/24 war
der **Dollar** = Rechnungseinheit,
die **Mark** = Zahlungsmittel und
Sachwerte oder **fremde Währungen** = Wertaufbewahrungsmittel.

Als **Wertübertragungsmittel** dient das Geld, weil es Tausch- *und* Wertaufbewahrungsmittel ist. Das Kreditsystem basiert auf der Wertübertragungsfunktion.

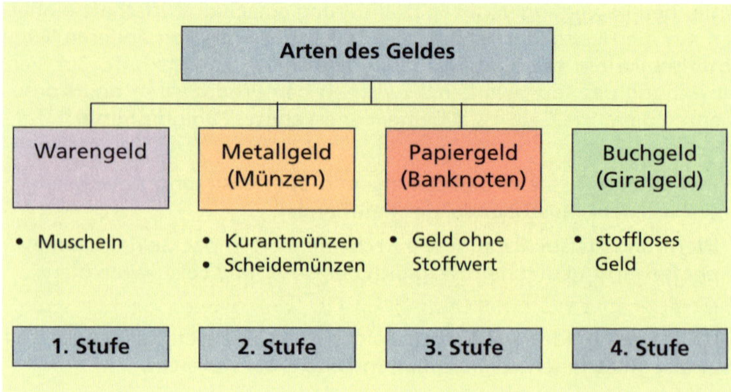

Kurantmünzen: Nennwert = Materialwert
Scheidemünzen: Nennwert größer als Materialwert

Der Begriff **Giralgeld** kommt aus dem italienischen Wort giro = der Kreis.

- **Metallgeld:** Im Umlauf befinden sich Münzen (Scheidemünzen). Das Recht zur Ausgabe hat das so genannte Münzregal, das in der BR Deutschland beim Bund liegt. Die gemeinsame Euro-Währung schränkt diese Recht ein.
- **Papiergeld:** Geldscheine gibt die Bundesbank in sieben verschiedenen Euro-Banknoten heraus. Die ersten Banknoten entstanden durch Hinterlegung ungeprägten oder geprägten Edelmetalls bei Goldschmieden, welche dafür Depotscheine – Banknoten – herausgaben.
- **Buchgeld** oder Giralgeld: Buchgeld befindet sich als jederzeit verfügbare Einlage auf einem Bankkonto. Gebildet wird es durch Einzahlungen und eingeräumte Kredite. Es wird vor allem für den bargeldlosen Zahlungsverkehr verwendet. Es bildet im Gegensatz zum Bargeld (Banknoten und Scheidemünzen) den größten Teil des Geldumlaufs.

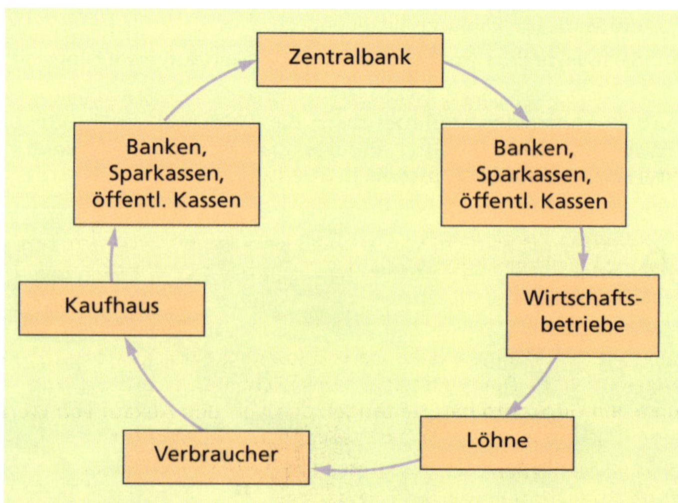

3.5.3 Geldinstitutionen

Entwicklung des Bankwesens

Die Geldinstitute unterscheiden sich in ihrer Geschäftsstruktur, Organisation und Rechtsform sowie ihrer Betriebsgröße. Als **Universalbank** erledigen sie im Allgemeinen alle die gleichen banküblichen Geschäfte.

Nach ihrer *Organisations- und Rechtsform* werden unterschieden:
- private Geschäftsbanken, z. B. Deutsche Bank AG, Dresdner Bank AG, Commerzbank AG
- öffentlich-rechtliche Kreditinstitute, z. B. Sparkassen
- genossenschaftliche Kreditinstitute, z. B. Volksbanken, Raiffeisenbanken

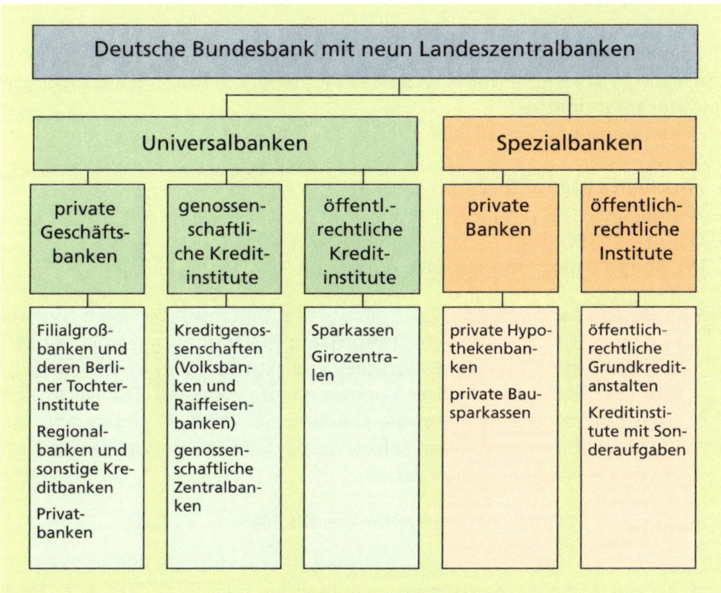

Die ersten deutschen Banken entstanden im 16. Jahrhundert Sie wurden von der Familie FUGGER in Augsburg gegründet. **Großbanken** gibt es in Deutschland erst seit der zweiten Hälfte des 19. Jahrhunderts. Ihre Gründung hing mit der Entwicklung der Industrie zusammen. Inzwischen hat sich das Bankwesen in Deutschland dynamisch entwickelt.

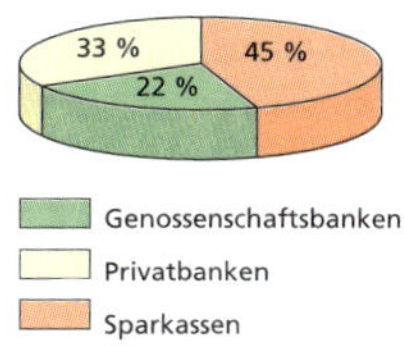

Aufgaben der Banken und anderer Geldinstitute

> Geldinstitute übernehmen vielfältige Aufgaben im **Zahlungsverkehr,** bei der **Vermögensbildung** durch verschiedenen **Spar-** und **Anlageformen.**

Geldinstitute erledigen beim bargeldlosen Zahlungsverkehr **Überweisungen,** sichern Daueraufträge, ermöglichen Lastschriften, wenn ein Kunde ein Girokonto hat. Sie tätigen den Ver- und Ankauf von Wertpapieren und bieten ausländische Währungen zum Erwerb an.

Wegen ihrer großen wirtschaftlichen Bedeutung unterliegen die Geldinstitute einer besonderen Aufsicht.

Die Entwicklung des Kreditwesens ist unverändert im Gange. Es bilden sich neue Bankenarten (z. B. Direktbanken), es kommt national und international zu Fusionen. Neue Anforderungen an die Banken, neue Zugangswege und Technologien sorgen für einen steten Wandel in der Bankenlandschaft.

Im System der Banken nimmt die **Zentralbank** eine dominierende Stellung ein. Ihre wichtigste Aufgabe besteht darin, die Volkswirtschaft mit stabilem Geld zu versorgen.

Der Kurs der **Währungs- und Kreditpolitik** wird von der Zentralbank bestimmt.

In Deutschland hat die Deutsche Bundesbank (Zentralbank) das alleinige Recht des Druckes und der Ausgabe von Banknoten.

Die Aufgaben und Funktionen der **Zentralbank** sind:
- Steuerung des Geldumlauf
- Kreditversorgung
- technische Abwicklung des Zahlungsverkehrs
- mithilfe ihrer Geldpolitik für Geldstabilität zu sorgen.

Die Zentralbank trifft mit ihrer Geldpolitik Entscheidungen und beeinflusst die Wirtschaftspolitik. Oberstes Ziel ist die Stabilisierung des Euro und der Inlandpreise.
Maßnahmen der Zentralbank zur Sicherung und Vermehrung des Geldumlaufs:
- Zinspolitik (Diskontpolitik)
- Mindestreservepolitik
- Offenmarktpolitik
- Wertpapierpensionsgeschäfte

Mit der **Mindestreservepolitik** verpflichtet die Bundesbank die Kreditinstitute, eine Geldreserve (unverzinsliches Guthaben) bei der Bundesbank zu belassen.

In Deutschland stellt die Zentralbank den Geldinstituten Geld für Kredite zu einem Zinssatz, dem **Diskontsatz**, zur Verfügung. Sinkt der Diskontsatz, ist zu erwarten, dass die Geldinstitute den Zinssatz für Kredite und Spareinlagen ihrer Kunden ebenfalls senken. Die Nachfrage nach Krediten steigt, denn die Kredite sind „billiger" geworden. Die Kreditinstitute entscheiden selbst, ob sie die Senkung des Diskontsatzes an ihre Kunden weitergeben.

Die **EZB** ist nach dem Vorbild der Deutschen Zentralbank = Deutsche Bundesbank aufgebaut. Grundlegende Merkmale sind: politische Unabhängigkeit, föderale Struktur, Verbot der Finanzierung staatlicher Defizite.

Europäisches System der Zentralbanken (ESZB)

Bis zum 31. 12. 1998 wurde die Geldpolitik von den einzelnen Zentralbanken der Länder unabhängig voneinander bestimmt. Am 1. 1. 1999 trat an diese Stelle im Rahmen der **Währungsunion** das Europäische System der Zentralbanken (ESZB).

Das **ESZB** besteht aus der **Europäischen Zentralbank (EZB)** sowie den 12 **Zentralbanken der Länder** der Währungsunion. Für Deutschland ist das die Deutsche Bundesbank.

Die einzelnen Zentralbanken führen die nationale Geldpolitik abgestimmt durch. Als Bank des jeweiligen Staates sind sie keine Bank für private Kunden.
Der **Rat der Europäischen Zentralbank** trifft alle Entscheidungen zur Geldpolitik. Sein Direktorium legt gemeinsam mit den nationalen Zentralbanken die geldpolitischen Weisungen fest. Oberstes Ziel der Währungshüter ist die Stabilität des Euro und der Inlandpreise.

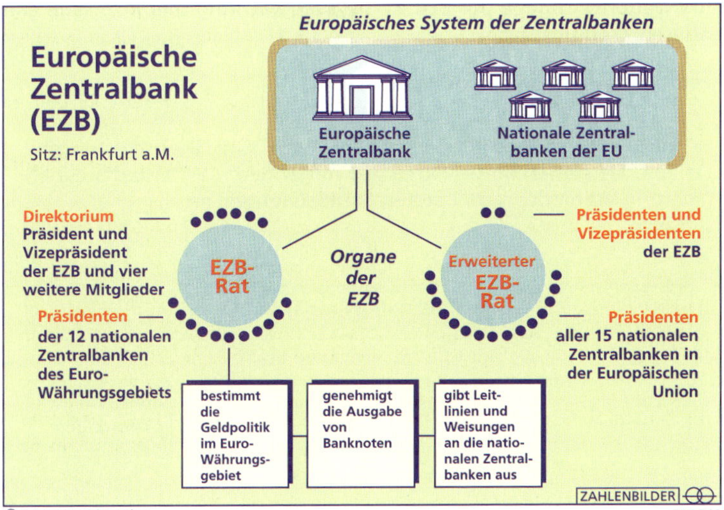

715 560

Die Aufgaben der EZB sind global und für 12 nationale Zentralbanken bindend.

Hauptaufgaben sind:
- Stabilität der Preise gewährleisten (niedrige Inflation) z. B. durch Kontrolle der Geldmenge
- Zahlungsablauf in der Europäischen Union organisieren
- Eurogeld in Umlauf bringen

Zur Erfüllung dieser Aufgaben bedient sich die EZB der Instrumentarien Mindestreserve-Politik, Offenmarktgeschäfte und ständige Fazilitäten.

Europäische Zentralbank

Mindestreserve	Offenmarktgeschäfte	ständige Fazilitäten
Kreditinstitute werden verpflichtet, einen bestimmten Anteil ihrer Geschäfte als verzinsliches Kontoguthaben bei der EZB anzulegen. Die Höhe des Anteils wird von der EZB festgelegt.	Kreditinstitute können wöchentlich oder monatlich bei der EZB einen Kredit aufnehmen. Kredite haben feste Laufzeit und festen Zinssatz. Als Gegenleistung verpfänden Kreditinstute Wertpapiere an die EZB.	Im Gegensatz zu den Offenmarktgeschäften können die Kreditinstitute täglich Kredite bei der EZB aufnehmen oder Geld anlegen. Der Zinssatz dieser Geschäfte hat entscheidenden Einfluss auf die Zinssätze der Banken für Sparkonten und Kundenkredite. Er entspricht in etwa dem ehemaligen Diskont- und Lombardsatz der Bundesbank.

Das **Mindestreservesystem** dient dazu, die Geldmarktzinsen zu stabilisieren.
Offenmarktgeschäfte spielen eine wichtige Rolle, um Zinssätze und die Liquidität am Markt zu steuern.
Ständige **Fazilitäten** setzen Signale bezüglich des allgemeinen Kurses der Geldpolitik; sie stecken Grenzen der Geldmarktsätze für Tagesgelder ab.
Fazilität; lat. facilitas = Leichtigkeit; Zahlungserleichterung.
Lombardsatz; frz. Leihhaus = Zinssatz für best. Bankgeschäfte.

Eine weitere Aufgabe der EZB ist die *Überwachung* und *Kontrolle* aller anderen Kreditinstitute.

Die größten **Banken der Welt,** gemessen an der Bilanzsumme (Stand Oktober 2002)

1. Mizuho Financial Group (Japan)
2. Citigroup (USA)
3. Sumitomo Mitsui Banking (Japan)
4. Deutsche Bank (Deutschland)
5. Mitsubishi Tokyo Financial Group (Japan)

Kreditinstitute (Banken und Sparkassen)

Kreditinstitute (Banken und Sparkassen) sind Dienstleistungsbetriebe. Sie stehen im Geldkreislauf mit anderen Wirtschaftsteilnehmern in Verbindung und bieten **Bankleistungen** an.

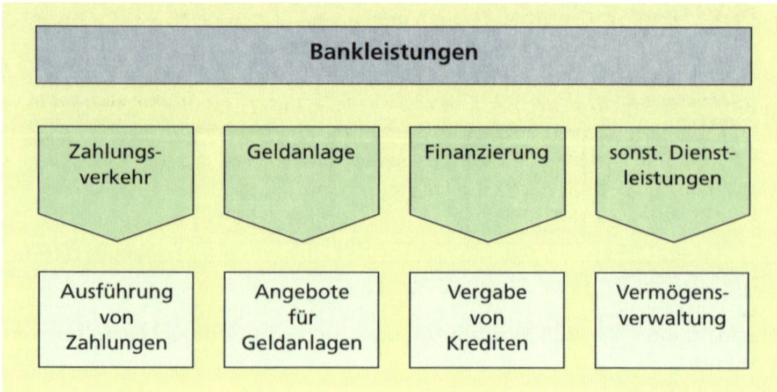

3.5.4 Zahlungsverkehr

Unter **Zahlungsverkehr** versteht man Zahlungsvorgänge, die zwischen privaten und öffentlichen Haushalten, Unternehmen und Geldinstituten stattfinden. Ein Schuldner (Zahlungsleistender) leistet an den Gläubiger (Zahlungsempfänger) eine Zahlung.

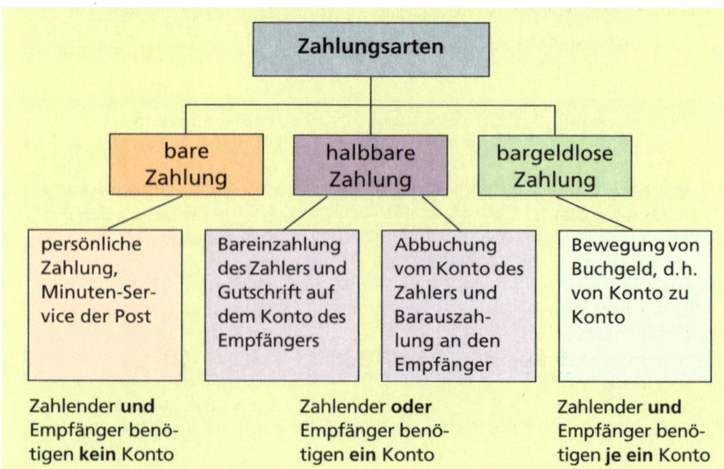

Zahlungsmodalitäten

Bei *Barzahlung*
- Das Bezahlen einer Rechnung erfolgt persönlich durch den Zahlungspflichtigen mit gesetzlichen Zahlungsmitteln oder durch einen von ihm beauftragten Boten. Eine **Quittung** ist der Beleg, dass die Forderung (Rechnung) bezahlt worden ist.
- Die Barzahlung erfolgt durch den Minuten-Service der **Post,** bei der der Empfänger den Betrag in einer Postfiliale abholt.

Bei *halbbarer Zahlung*
- Die Zahlung mit einem **Zahlschein** ist möglich, wenn der Empfänger ein Bank- oder Postgirokonto besitzt. Ein bar eingezahlter Betrag wird dem Konto des Empfängers gutgeschrieben.
- Im Warenversandhandel ist häufig die Zahlung per **Nachnahme** anzutreffen. Der Kunde zahlt die Rechnung bei Lieferung des Sachgutes bar, die Post überweist dem Lieferer den Rechnungsbetrag.
- Die Zahlung per **Scheck** ist eine Anweisung an ein Kreditinstitut, einen bestimmten Betrag aus einem Guthaben zu zahlen.

Der Scheck ist ein **Inhaberpapier** und ein **Zahlungsmittel.** Es besteht kein Annahmezwang.

Inhaberpapier heißt, die Bank zahlt an jeden, der den **Scheck** vorlegt (Inhaber des Schecks).

Scheckarten sind
- **Verrechnungsscheck**: Der Scheck trägt den Vermerk „nur zur Verrechnung"und wird *nicht bar* ausgezahlt, sondern der auf dem Scheck namentlich genannten Person auf deren Konto gutgeschrieben. Diese Scheckart gehört deshalb zum *bargeldlosen Zahlungsverkehr.*
- **Inhaberscheck**: Er enthält keine zusätzlichen Angaben über den Begünstigten.
- **Barscheck**: Der Geldbetrag wird dem Vorleger des Schecks bar ausgezahlt.
- **Orderscheck**: Der Scheck ist zugunsten einer bestimmten Person mit oder ohne ausdrücklichen Vermerk „an Order" ausgestellt.

Reiseschecks sind Zahlungsmittel im internationalen Reiseverkehr. Sie werden von deutschen und ausländischen Banken ausgestellt.

Bei *bargeldloser Zahlung*

Die **Überweisung:** Der Inhaber eines Kontos weist sein Institut an, von seinem Konto auf das Konto eines anderen Geld zu überweisen. Die Höhe des Betrages ist unbegrenzt. Eine Überweisung kann weltweit uneingeschränkt erfolgen mit der Angabe der Kontonummer und **Bankleitzahl.**

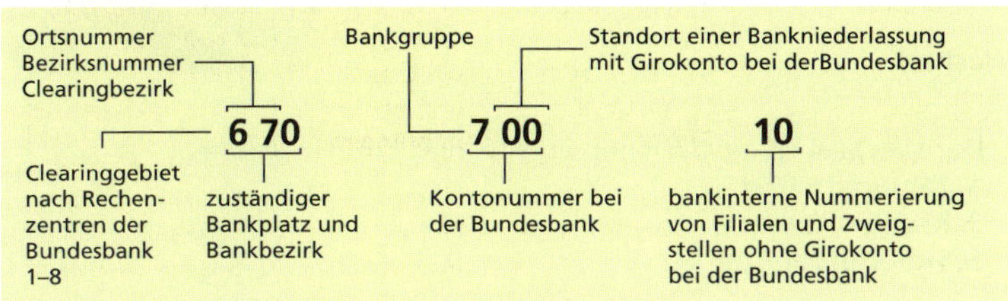

Bedeutung der Ziffern der Bankleitzahl

Es werden folgende Überweisungen unterschieden:
- Die **Einzelüberweisung:** Der Schuldner überweist *einen* Betrag auf das Konto des Gläubigers.
- Die **Sammelüberweisung:** Es können mehrere Beträge an einen oder unterschiedliche Empfänger mittels eines *einzigen* Auftrages überwiesen werden.
- Der **Dauerauftrag:** Er dient der Vereinfachung des Überweisungsverkehrs. Mit dem Dauerauftrag werden regelmäßig wiederkehrende gleichbleibende Zahlungen an den Empfänger überwiesen (Miete, Beiträge, Zeitungsabonnement usw.). Die Überweisung wird vom Geldinstitut zum jeweiligen Termin an den vorgegebenen Kunden mit dem entsprechenden Betrag vorgenommen.
- Das **Lastschriftverfahren:** Der Empfänger lässt durch sein Geldinstitut gleich bleibende oder wechselnde Beträge zu Lasten des Kontos des Zahlungspflichtigen einziehen. Es werden zwei Verfahren unterschieden:
  Das **Einzugsermächtigungsverfahren**: Hier erteilt der Zahlungspflichtige dem *Zahlungsempfänger* schriftlich die Ermächtigung, Forderungen des Empfängers bei Fälligkeiten zu Lasten seines Kontos einzuziehen.
  Das **Abbuchungsverfahren:** Der Zahlungspflichtige erteilt seinem Geldinstitut den Auftrag, die vom Empfänger geforderten Beträge zu Lasten seines Kontos abzubuchen.

Vorteile des Electronic cash-Symbol: Unabhängigkeit von Bargeld und Schecks, hoher finanzieller Spielraum, Verwendung im In- und Ausland, Minimierung des Diebstahl- und Verlustrisikos usw. Das Besondere für den Händler: Da reine Online-Überprüfung beim kontoführenden Geldinstitut des Kunden erfolgt, ist die Zahlung garantiert.

Moderne Überweisungsformen

Überweisungen können auch mithilfe des Electronic Bankings ohne Formular erfolgen. Der Kunde muss über einen Personalcomputer und einen Internetanschluss verfügen. Durch **Telefon-Banking** können alle Bankgeschäfte per Telefon erledigt werden.

Kreditkarten sind ein Instrument des nationalen und internationalen Zahlungsverkehrs. Der Wunsch, nur mit einer ec-Karte zu bezahlen, führte zu **Electronic cash**. Es ermöglicht das bargeldlose Zahlen an elektronischen Kassen („Point of sale“) mit der ec-Karte und Geheimnummer.
Die Kreditkarten werden zur Bargeldbeschaffung an Geldautomaten genutzt, hauptsächlich aber für das bargeld- und schecklose Bezahlen in Hotels, Gaststätten, Supermärkten und Tankstellen.

In Deutschland sind über 15 Millionen Kreditkarten im Einsatz.

Wechsel

> Der **Wechsel** ist ein Wertpapier. Er erfüllt drei Funktionen:
> 1. Zahlungsmittel
> 2. Kreditmittel
> 3. Sicherungsmittel

Als **Zahlungsmittel** wird der Wechsel vom Schuldner an den Gläubiger übergeben. Die Schuld ist jedoch erst erloschen, wenn der Wechsel vom Bezogenen (Schuldner) oder vom Aussteller am Verfallstag eingelöst wird.

Der Wechsel ist in dem Sinne **Kreditmittel**, dass eine Geldschuld später beglichen werden kann. In der Regel beträgt die Laufzeit eines Wechsels drei Monate.

Sicherungsmittel ist der Wechsel deshalb, weil jeder, der den Wechsel unterschreibt, für den Wechselbetrag haftet. Je mehr Unterschriften ein Wechsel trägt, desto sicherer ist er.

Im Wechselgeschäft werden zwei Wechselarten unterschieden:

Der **gezogene Wechsel (Tratte)** ist eine **Zahlungsanweisung**.

Der Aussteller des Wechsels (Trassant) weist den Bezogenen (Trassat) an, an den Wechselnehmer (Remittent) eine bestimmte Geldsumme zu zahlen.

Beim **eigenen Wechsel (Solawechsel)** verspricht der Aussteller selbst, an den Wechselnehmer einen bestimmten Betrag zu zahlen. Es handelt sich um ein Zahlungsversprechen zwischen nur zwei Personen.

Der Wechsel kann weitergegeben werden. Dazu ist eine Übertragungserklärung auf der Rückseite des Wechselformulars abzugeben (Indossament). Dieses Indossament hat drei Funktionen:
- **Übertragungswirkung,** d. h., ein Indossament überträgt sämtliche Rechte aus dem Wechsel an einen Dritten,
- **Legitimationswirkung** bedeutet, dass der Inhaber des Wechsels Wechselberechtigter ist,
- **Haftungs- bzw. Garantiewirkung** heißt, jeder Weitergebende (Indossant) haftet für die Annahme und Einlösung des Wechsels.

Die *äußere Form* des Wechsels ist streng geregelt. Nach dem **Wechselgesetz** (in Kraft seit 1934) muss der Wechsel acht Bestandteile haben.
1. Ort und Tag der Ausstellung
2. das Wort „Wechsel"
3. die Verfallzeit
4. den Wechselempfänger
5. den Wechselbetrag
6. den Bezogenen (Name des Schuldners)
7. den Zahlungsort
8. die Unterschrift des Ausstellers (Gläubiger)

Tratte; ital. tratta = die Gezogene; Trassat = zur Bezahlung Verpflichteter.

3.5.5 Zinsen

Unter **Zinsen** versteht man den Preis für zeitweilig überlassenes Geld. Für den Kreditgeber sind Zinsen der Ertrag aus der Geldanlage. Für den Kreditnehmer sind die Zinsen die Kosten für das erhaltene Geld.

Das Zinsniveau hängt ab von der allgemeinen Wirtschaftslage und der Politik der Europäischen Zentralbank.

Zinshöhe

Der genaue **Zinssatz** für eine Geldanlage oder einen Kredit ergibt sich aus dem allgemeinen Zinsniveau sowie der Zinspolitik der entsprechenden Bank.

Entscheidend ist die Laufzeit, die Höhe der Anlage/des Kredites und das Risiko, das die Bank eingeht.

Formeln für die Zinsberechnung

Berechnung der Zinsen für mehrere Jahre:

$$\text{Zinsen} = \frac{\text{Kapital} \times \text{Zinssatz} \times \text{Jahre}}{100}$$

Berechnung der Zinsen für mehrere Tage (1 Jahr in der Zinsrechnung = 360 Zinstage)

$$\text{Zinsen} = \text{Kapital} \times \frac{\text{Zinssatz}}{100} \times \frac{\text{Zinstage}}{360}$$

Festzins/variabler Zins

Sowohl bei Geldanlagen als auch bei Krediten gibt es die Möglichkeit, für die Dauer des Geschäfts einen unveränderlichen, **festen Zins** zu vereinbaren oder eine Zinsanpassung zuzulassen.

Sparbücher haben im Normalfall einen **variablen Zins**, Festgelder dagegen einen **unveränderlichen Zinssatz**.

Bei Krediten gibt es Festzinsdarlehen für Anschaffungen oder den Dispositionskredit (Dispo) mit einem variablen Zins.

Sollzinsen/Habenzinsen

Als **Sollzinsen** bezeichnet man aus der Sicht der Bank die Zinsen, die der Kreditnehmer für einen erhaltenen Kredit zahlen muss.

Habenzinsen sind die Zinsen, die die Bank den Anlegern für die Sparkonten zahlt.

Die Habenzinsen liegen in der Regel unter den Sollzinsen.

Nominalzins/Effektivzins

Nominalzins ist der Zinssatz in Prozent auf den Betrag der Geldanlage/des Kredits für genau ein Jahr (p.a. = per anno = pro Jahr).

Der **Effektivzins** ist der Zinssatz unter Berücksichtigung der *gesamten Laufzeit* sowie aller weiteren Kosten.
Er gibt den Ertrag der Anlage bzw. die gesamten Kosten des Kredites an. Für den Vergleich verschiedener Angebote ist er der entscheidende Zinssatz.

Autokauf auf Kredit:
Kreditbetrag: 10000 €; Nominalzins: 8,5 % p.a.; Effektivzins: 10,43% p.a.; Disagio: 200 €; Laufzeit: 2 Jahre
Für die Gesamtlaufzeit sind zu zahlen: Zinsen: 1334,51 €; Tilgung: 10200 €; Summe: 11534,51 €

Datum	Zahlung	Tilgung	Zinsen	Kontostand
22.08.02	10000,00	0,00	0,00	10200,00
Kosten bei Auszahlung:		200,00		
30.08.02	320,41	298,73	24,68	9901,27
30.12.02	320,41	255,63	64,78	8889,46
30.06.03	320,41	266,69	53,72	7317,22
30.12.03	320,41	302,82	17,59	2180,42
30.07.04	320,16	317,91	2,25	0,00

Dieses Beispiel stellt einen Auszug des Tilgungsplanes dar.

3.5.6 Börse

Börsen sind organisierte *Marktplätze*. Je nach gehandelten Gütern unterscheidet man zwischen **Waren-**, **Devisen-** oder **Wertpapierbörsen**.

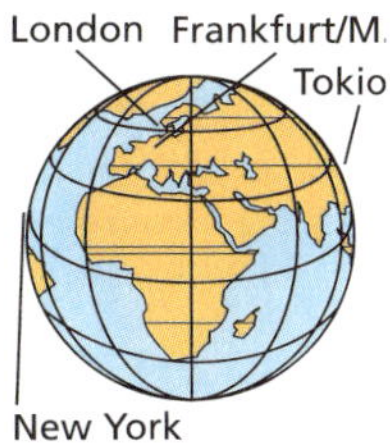

An den **Börsen** werden nur Verpflichtungsgeschäfte (z.B Kaufverträge) geschlossen. Die Erfüllung dieser Verträge erfolgt zu einem späteren Zeitpunkt. Die gehandelten Güter (Kapital, Waren ...) sind an der Börse stofflich *nicht* vorhanden.

Aufgaben von Börsen
- *Zusammenführen von* **Angebot** und **Nachfrage**, um so den Handel zu ermöglichen.
  In der ursprünglichen Form des Marktes trafen sich Verkäufer und Käufer an einem bestimmten Ort zu einer bestimmten Zeit, um ihren Handel abzuwickeln. Das gleiche Prinzip gilt noch heute: an den Börsenplätzen gibt es festgelegte Handelszeiten.
- **Preisbildung**: Auf diesen Märkten entstehen durch die Zusammenführung von Angebot und Nachfrage **Preise** (Gleichgewichtspreis), die als realer Wert anzusehen sind.

Börsen (nach Art der Handelsobjekte)

- **Warenbörsen** Handel mit Rohstoffen (Metalle) und landwirtschaftlichen Produkten (z.B. Getreide)
- **Devisenbörsen** Handel mit ausländischen Währungen (z.B. Dollar)
- **Wertpapierbörsen** Handel mit Wertpapieren (Aktien, festverzinslichen Wertpapieren)

Die erste moderne **Börse**, an der Waren nur durch Austausch von Quittungen und Beschreibung der Waren verkauft wurden, war die Börse in Antwerpen (1531).

Börsen gibt es heute in nahezu jedem Land der Erde.

Wichtige **Börsenplätze** sind:

Die Warenbörse in Chicago, die Aktienbörsen in New York (Wall Street), in Tokio, London und in Frankfurt am Main. Kleinere Länder wie die Schweiz mit ihrer Börse in Zürich oder Luxemburg sind auch finanzpolitische Standorte. Durch die verschiedenen Zeitzonen und die Globalisierung der Finanzmärkte wird nahezu rund um die Uhr mit Wertpapieren gehandelt. Börsen, insbesondere **Wertpapierbörsen,** sind die wichtigsten *Marktplätze* der Welt.

Das Handelsvolumen der Börsen beträgt mehrere 100 Mrd. Dollar am Tag.

Die **Deutsche Börse AG** ist eine Aktiengesellschaft, an der hauptsächlich Banken (über 80 %) beteiligt sind. Die Börsen werden staatlich überwacht.

In den USA besitzt jeder fünfte Bürger Aktien, in Deutschland nur jeder 13.

Festverzinsliche Wertpapiere können sein: Bankschuldverschreibungen wie Pfandbriefe, Kommunalobligationen, Anleihen.

Handel mit Wertpapieren

Aktien sind Wertpapiere, die ein Anteilsrecht an einer Aktiengesellschaft (AG) ausweisen. Der Inhaber einer Aktie (*Aktionär*) ist mit einem festen Anteil (*Nennwert*) Miteigentümer dieser Gesellschaft. Ihm stehen als Miteigentümer bestimmte gesetzlich festgelegte Rechte zu. Er ist am Gewinn „seiner" Firma beteiligt, er hat ein Recht auf eine Gewinnausschüttung (**Dividende**). Außerdem darf er auf der Versammlung aller Aktionäre (Hauptversammlung) seine Mitbestimmungsrechte ausüben (Stimmrecht).

Es wird unterschieden:
- Aktie ist Stammaktie = Aktionär hat alle Rechte,
- Aktie ist Vorzugsaktie = Aktionär verzichtet auf einige Rechte. Für diesen Verzicht erhält er einen Ausgleich.

Festverzinsliche Wertpapiere stellen keine Unternehmensbeteiligung dar. Es handelt es sich hierbei vom Prinzip her um einen **Kredit**, den der Herausgeber des festverzinslichen Wertpapiers (*Emittent*) bei einer Vielzahl von Kapitalgebern (*Gläubiger)* aufnimmt.

Diese *Gläubiger* erhalten als Ausgleich für die Zurverfügungstellung von Kapital einen Anspruch auf Zinszahlung sowie auf Rückzahlung des Kapitals bei Ende der festgelegten Laufzeit.

Das ist festgeschrieben in einem Wertpapier. Diese Rechte werden an der Börse gehandelt.

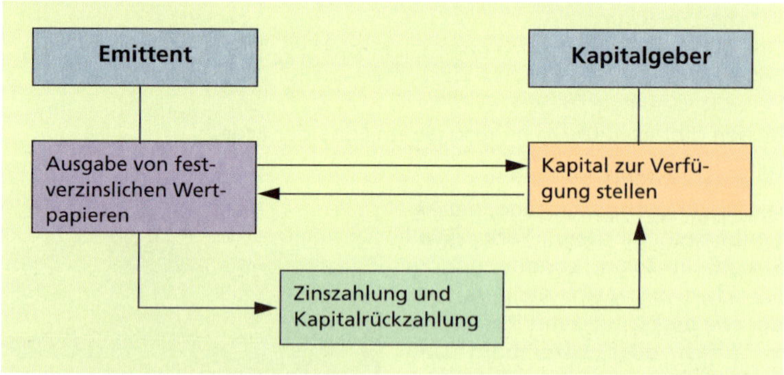

Option; lat. optio = freier Wille. Hier das Recht, ein vereinbartes Angebot innerhalb einer bestimmten Frist anzunehmen oder abzulehnen.

Der Inhaber eines **Optionsscheines** hat weder eine Beteiligung an einer Aktiengesellschaft noch einen Anspruch auf Zinszahlung oder Rückzahlung des eingesetzten Kapitals. Er hat lediglich ein Anrecht auf den Erwerb oder die Veräußerung dieser Rechte. Das Optionsgeschäft ist eine besondere Form des **Termingeschäfts**. Der Käufer erwirbt das *Recht,* innerhalb einer **Optionsfrist** vom Verkäufer die Waren oder Wertpapiere zu einem bestimmten Kurs (Preis) zu verlangen.

Das Recht bezieht sich auf einen bestimmten Zeitraum, einen im Voraus festgelegten Preis, eine bestimmte Anzahl einer bestimmten Aktie: Z. B. 100 Aktien einer AG müssen bis zum 31. 12. 2003 zu 40 Euro gekauft werden.

Börsenhandel

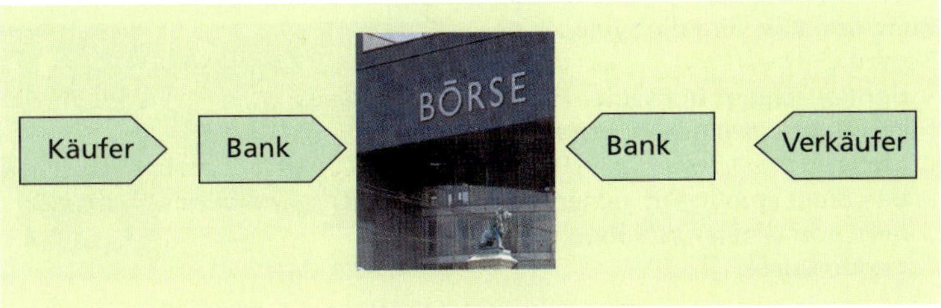

Jeder Käufer oder Verkäufer erteilt seiner Bank einen entsprechenden Auftrag, die gewünschten *Wertpapiere* über die Börse zu erwerben. Er kann einen Betrag angeben, den er maximal ausgeben möchte (beim Kauf) bzw. den er als *Mindesterlös* erzielen möchte (beim Verkauf). Die jeweils vorgegebenen Werte heißen **Limit**.

Limit; lat. limes = Grenze; wirtsch. festgelegte Grenze, die räumlich, zeitlich, mengenmäßig o. Ä. nicht über- oder unterschritten werden darf.

Aufträge der Käufer werden über ein Computersystem zu der gewünschten Börse weitergeleitet. An der Börse führen **Makler** (Kursmakler) den Kauf und Verkaufsaufträge (Order) zusammen. Sie sorgen für den größtmöglichen Umsatz.

Wird dieser Vorgang ausschließlich automatisch von Computern gesteuert, spricht man vom **Computerhandel**. Wenn die Makler noch selbst aktiv werden, nennt man das Präsenzhandel (Parketthandel).

Der **Kurs** eines Wertpapiers ist der **Preis,** den der Käufer zu zahlen bereit ist.

Kommt ein Geschäft zu einem bestimmten Preis zustande, wird somit ein **Kurs** festgestellt.

Während der Handelszeiten werden nach Angebot und Nachfrage permanent Geschäfte abgeschlossen, also laufend Kurse festgestellt. Diese Kurse werden z.B. in Tageszeitungen (FAZ), im Videotext oder im Internet veröffentlicht und sind somit für jeden sichtbar.

Die Kursentwicklung ist von einer Vielzahl von Faktoren abhängig, z.B:
- der wirtschaftlichen Lage,
- der zukünftigen Entwicklung der Wirtschaft,
- politischen Einflüssen (Steuerbelastungen),
- Auslandseinflüssen und sehr stark von
- psychologischen Faktoren, wie Gerüchten, vermuteten Zusammenschlüssen von Unternehmen ...

Im **Börsenhandel** werden unterschieden:
- **Termingeschäft:** Es findet ein fortlaufender Handel während der gesamten Handelszeit statt.

In den USA sind *Broker* als Börsenhändler tätig, die im Gegensatz zu *Maklern* auch private Kunden haben.
Im Zeitalter der **Computerbörsen** ist mit *Parketthandel* das Börsengeschäft gemeint, das von Händler zu Händler abgewickelt wird.
Ein dramatischer Abfall der Börsenkurse innerhalb kurzer Zeit wird als **Börsencrash** bezeichnet.

- **Kassahandel:** Der Handel findet nur einmal täglich statt. Es gibt einen vorgeschriebenen Einheitskurs. Somit ist sichergestellt, dass es täglich einen Kurs zur Bewertung gibt.

Hausse; franz. hausse = Erhöhung; Baisse; franz. baisse = Senkung (Fallen der Börsenkurse).

Je nach Entwicklung der Kurse wird an der Börse unterschieden in:

Hausse: stetiger Anstieg der Kurse über einen längeren Zeitraum und

Baisse: stetiger Kursverfall über einen längeren Zeitraum.

Bulle und Bär: sind die Symbole der Börsen:

- der *Bär* schlägt mit seiner Pranke von oben nach unten = sinkende Kurse,
- der *Bulle* spießt mit seinen Hörnern von unten nach oben = steigende Kurse.

Der **Aktienindex** ist das *Börsenbarometer*, es spiegelt die Kursentwicklung wider. Wichtige Aktienindizes:
DAX = Deutschland (Durchschnittskurs der 30 wichtigsten deutschen Aktien),
Dow Jones = USA,
Nikkei = Japan,
FTSE 100 = London

Aktienindizes: Um den Kursverlauf der Vielzahl der Aktien besser zu veranschaulichen, werden die größten Aktien eines Landes oder einer Region in einem Wert zusammengefasst.

Ziel des Börsenhandels

Ziel des Börsenhandels ist die *Kapitalbeschaffung.*

Die Ausgabe von Wertpapieren dient der Beschaffung von Kapital für neue *Investitionen*. Der Käufer dieser Papiere hat je nach Art der Überlassung von Kapital einen Anspruch auf Gegenleistung.

Ziel der *Anleger* ihres Geldes in Wertpapieren ist der höhere Ertrag im Vergleich zu Geldanlagen auf dem Sparbuch.

Dieser Ertrag wird allerdings mit einem höheren *Risiko* erkauft.

Risiko im Börsenhandel

- Verlustmöglichkeit (z.B. Konkurs der Aktiengesellschaft),
- Erträge sind nicht garantiert (bei Aktien).

Durch höchstes Risiko sind die **Optionsscheine** gekennzeichnet. Sie weisen oft heftige Kurssprünge auf.

Aktien haben Kursrisiken entsprechend der wirtschaftlichen Lage und dem allgemeinen Börsentrend.

Festverzinsliche Wertpapiere haben ein *niedriges Risiko*. Sie bringen über die gesamte Laufzeit eine gesicherte Rendite.

Fonds; franz. fonds = Grund, Grundstock. **Investmentfonds** = Sondervermögen einer Kapitalanlegegesellschaft, das in Wertpapieren und Grundstücken angelegt wird.

Fonds sind eine Sonderform von Wertpapieren.

Investmentgesellschaften (Kapitalanlagegesellschaften) sammeln das Kapital vieler Anleger in einem Fonds und legen es in verschiedenen Formen an, z.B in Aktien *unterschiedlicher* Unternehmen.

Damit ist das *Risiko* von Verlusten breiter gestreut und insgesamt gering.

Arten von Investmentfonds sind u. a.:

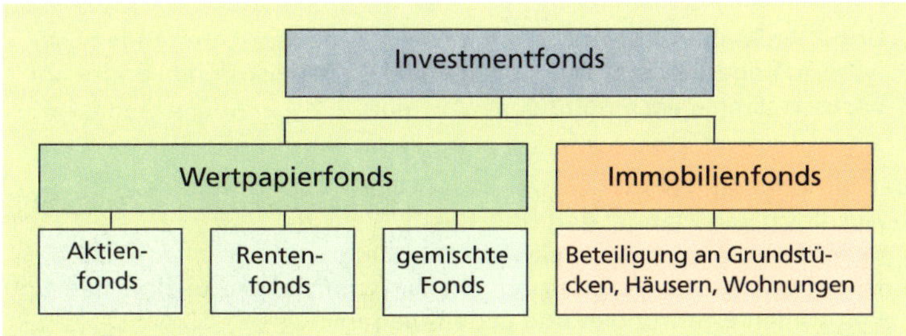

Fonds sind besonders für Anleger geeignet, die sich weniger für wirtschaftliche Entwicklungen und den Wertpapierhandel interessieren bzw. über nicht genügend Geld und Zeit verfügen, um andere Anlageformen zu nutzen, aber trotzdem in Aktien investieren wollen.

Börsenaufsicht

Der Handel mit Wertpapieren unterliegt der staatlichen Aufsicht:
- Bundesaufsichtsamt für den Wertpapierhandel
- Bundesaufsichtsbehörde des Bundeslandes (Börsenaufsicht), in dem die Börse ihren Sitz hat.

Die Börsenaufsicht stellt sicher, dass der Handel an den Börsen rechtmäßig und fair durchgeführt wird.

Insider sind Personen, die aufgrund ihrer Tätigkeit (Aufsichtsratsmitglied) bestimmte Kenntnisse über Unternehmen haben und deshalb Einfluss auf Aktienkurse nehmen können. Diese Kenntnisse sind Insidertatsachen.
Es ist verboten, Insidertatsachen auszunutzen.

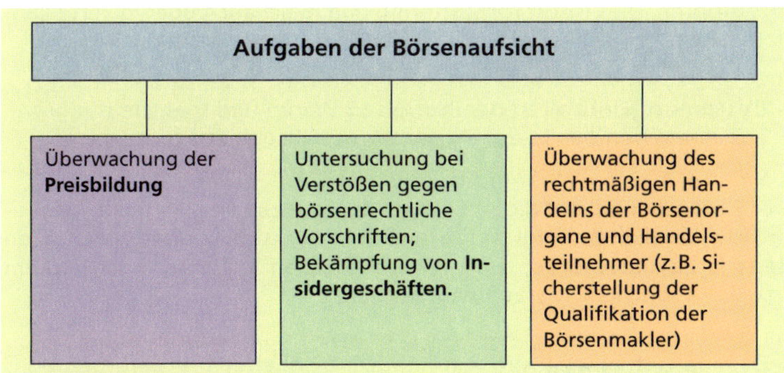

Im Bereich der Börse ist unter **Spekulation** der Kauf von Wertpapieren nicht zum Zweck der Anlage, sondern des *Wiederverkaufs* mit Gewinn zu verstehen.

Ein **Spekulationsgeschäft** liegt vor, wenn ein Anleger seine Wertpapiere mit Gewinn bereits nach einem Jahr (Spekulationsfrist) wieder verkauft. Der *Spekulationsgewinn* ist zu versteuern.

Für eine erfolgreiche **Aktienanalyse** ist die realistische Einschätzung und Bewertung der Ertragskraft der Unternehmen eine wichtige Voraussetzung, da sich daraus Hinweise auf die Kursentwicklung (Kursverlauf) der Aktien ableiten lassen.

Kursverläufe über einen bestimmten Zeitraum werden als **Chart** bezeichnet. Chart; engl. chart = Tabelle; grafische Darstellung von Zahlenreihen

3.6 Außenhandel

Der **internationale Handel** verstärkt den Wettbewerb zwischen den Produzenten und regt zu Innovationen an.

Unter **Außenhandel** versteht man den grenzüberschreitenden, gewerbsmäßigen Austausch von Waren, Dienstleistungen und – im weiteren Sinn – auch Kapital.

Der Außenhandel dient dem
- Ausgleich von Mangel und Überfluss.
- Er fördert die internationale Arbeitsteilung.
- Er ermöglicht die Verbreitung von wirtschaftlichen, technischen und kulturellen Erfahrungen und Lebensweisen.
- Er unterstützt menschliche Beziehungen der Völker untereinander und führt zur fortschreitenden Verflechtung der Staaten miteinander.

Ausdruck des Außenhandels sind der **Import**, **Export** und **Transithandel**.

3.6.1 Export und Import

Zu den **Dienstleistungen** gehören u.a. der Reiseverkehr, Transportleistungen, Finanz- und Versicherungsleistungen.
Devisen = alle ausländischen Zahlungsmittel. Besonders zählen die Guthaben bei ausländischen Banken hierzu sowie in fremder Währung ausgestellte Schecks und Wechsel.

Export (Ausfuhr) ist das Verkaufen von Gütern und Dienstleistungen ins Ausland.

Ein intensiver Export ermöglicht durch die einfließenden **Devisen** Waren einzuführen. Dies ist für rohstoffarme und meist auch übervölkerte Länder wie die Bundesrepublik Deutschland besonders wichtig.

Der **Import** (Einfuhr) ist der Bezug von Waren und Dienstleistungen aus einem fremden in das eigene Wirtschaftsgebiet.

Der Einfuhrhandel hat die Aufgabe, Engpässe zu überwinden, Produktionsschwierigkeiten aufgrund technischen Rückstands oder überstarken Bedarfs zu überbrücken und Preisdifferenzen zwischen inländischem und ausländischem Markt auszugleichen.

Der **Transithandel** (Durchfuhrhandel) beinhaltet die Beförderung von Sachen aus fremden Wirtschaftsgebieten durch das eigene Wirtschaftsgebiet, ohne dass die Sachen in den freien Verkehr gelangen.

Bedeutung des internationalen Handels

Der internationale Handel (Außenhandel) hat für die Bundesrepublik Deutschland zentrale Bedeutung. Etwa ein Drittel des **Bruttoinlandsprodukts** wird im Export erwirtschaftet. Andererseits ist Deutschland importabhängig. Die Importe machen etwa 20 % des Bruttoinlandsprodukts aus. Im Welthandel nimmt die Bundesrepublik Deutschland den zweiten Platz ein, hinter den USA (Tabelle).

Weltwirtschaft: Die wichtigsten Handelsnationen 2001			
Land	**% vom Weltexport**	**Land**	**% vom Weltimport**
USA	11,9	**USA**	18,3
Deutschland	9,3	**Deutschland**	7,7
Japan	6,6	**Japan**	5,4
Frankreich	5,2	**Großbritannien**	5,2
Großbritannien	4,4	**Frankreich**	5,1
China	4,3	**China**	3,8
Kanada	4,2	**Italien**	3,6
Italien	3,9	**Kanada**	3,5

In der **Handelsbilanz** werden nur die Exporte (Aktiva) und die Importe (Passiva) gegenübergestellt. Bei Exportüberschuss ist die Handelsbilanz aktiv, bei Importüberschuss ist die Handelsbilanz passiv.
Die **Leistungsbilanz** umfasst die Handels-, Dienstleistungs- und Übertragungsbilanz.

Soll	**Haben**	**Bilanzart**	
Warenexporte	Warenimporte	Handelsbilanz	**Leistungsbilanz**
Dienstleistungsexporte	Dienstleistungsimporte	Dienstleistungsbilanz	
empfangene Übertragungen	geleistete Übertragungen	Übertragungsbilanz	

Der Außenhandel der Bundesrepublik Deutschland vollzieht sich vor allem mit den EU-Ländern und den USA.

	Ausfuhr (in Mrd. €)		**Einfuhr (in Mrd. €)**	
	EU-Länder	**USA**	**EU-Länder**	**USA**
1997	252,3	39,2	217,0	30,2
1998	276,0	45,9	231,1	34,9
1999	293,4	51,4	239,6	36,8
2000	337,4	61,8	274,0	47,1
2001	351,5	67,3	286,9	45,5

Die Exporte der Bundesrepublik Deutschland sind vorwiegend auf Industriegüter ausgerichtet, die Importe beziehen sich neben Industriegütern besonders auf Nahrungsmittel und Roh- und Brennstoffe.

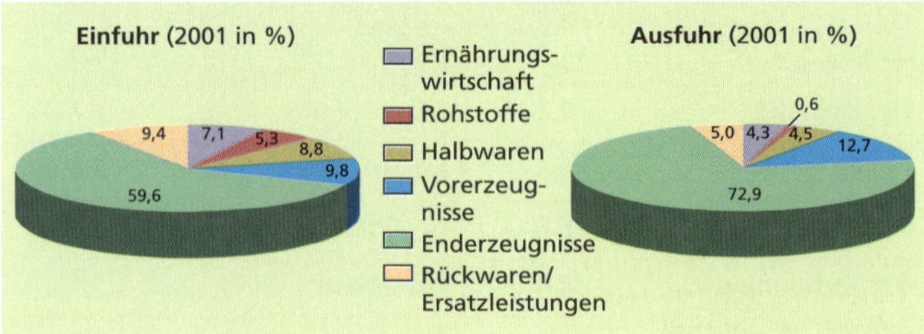

Unterschiede zwischen **Binnenhandel** und **internationalem Handel**:
- Zahlungen im Gütertausch erfolgen in der Regel in verschiedenen Währungen.
- Die Mobilität der Produktionsfaktoren Kapital und Arbeit ist geringer zwischen den Ländern.
- Kontrollen zwischen den Ländern, z. B. Zölle, Kontingente, von denen das Inland nicht betroffen ist.

Instrumentarien in der Politik des internationalen Handels

Die Gesamtheit aller staatlichen Maßnahmen zur Beeinflussung des grenzüberschreitenden Warenverkehrs drückt sich in der **Außenhandelspolitik** aus.

Zölle sind Abgaben, die im grenzüberschreitenden Warenverkehr vom Staat erhoben werden. **Kontingente** sind quantitative Limitierungen im grenzüberschreitenden Warenverkehr. Es handelt sich in der Regel um Importkontingente.

Maßnahmen der Außenhandelspolitik sind:
- die Zollpolitik,
- die Kontingentpolitik,
- der Abschluss von internationalen Handelsabkommen (GATT, EU),
- administrative Handelsbeschränkungen (z. B. DIN-Vorschriften).

Kontrollen des internationalen Handels sind **Zölle** und **Kontingente**.

Es werden Ein- und Ausfuhrzölle unterschieden. Heute kommen nur noch Einfuhrzölle zur Anwendung. Diese haben das Ziel, entweder dem Staat finanzielle Einnahmen zu bringen oder inländische Wirtschaftszweige vor ausländischer Konkurrenz zu schützen (Schutzzoll).

Dem Schutz inländischer Wirtschaftszweige dient die Festsetzung von Kontingenten.

Ein wichtiges Instrument zur Beeinflussung des internationalen Handels sind die **Handelsabkommen.**

Bei solchen Abkommen handelt es sich z. B. um die von EU-Ländern mit assoziierten AKP-Staaten (Entwicklungsländer Afrikas, der Karibik und des pazifischen Raumes) abgeschlossenen Verträge. Diese Verträge beinhalten nicht nur die handelspolitische Kooperation, sondern auch eine

Erlösstabilisierung für bestimmte Exportgüter der Entwicklungsländer sowie eine Zusammenarbeit im industriellen und landwirtschaftlichen Bereich.

Handelsabkommen und **Handelsverträge** bilden die unerlässliche Voraussetzung für die Entwicklung von Außenhandelsbeziehungen.

Es können auch politisch gewollte **Handelshemmnisse** aufgebaut werden.

Handelshemmnisse sind Erschwernisse im Abfertigungs- und Genehmigungsverfahren, wie die Vorgabe technischer Standards, die Notwendigkeit von Gesundheitszeugnissen, ein generelles Ein- und Ausfuhrverbot usw.

Handelshemmnisse sind:
- Dumping,
- Protektionismus,
- Freihandel,
- Handelsembargo.

Die deutsche, europäische und internationale Normungsarbeit ist durch eine immer stärkere Verzahnung gekennzeichnet. **Normen** werden nach gründlicher Überlegung und Erprobung festgelegt. Im Zwang der Normenanerkennung liegt sowohl ein Hemmnis als auch die Förderung des Außenhandels.

Letztendlich bewirkt die zunehmende Vereinheitlichung eine effektivere Arbeitsteilung und fortschreitende Rationalisierung.

Wichtigste Normen sind die Normen des **Deutschen Instituts für Normung (DIN),** die **Europäischen Normen (EN)** und die Normen der **International Organization for Standardization (ISO).**

Die **Normung** ist eine administrative Maßnahme, die die Handelspartner zwingt, materielle wie immaterielle Werte einzuhalten.

Beim **Dumping** wird ein Erzeugnis im Ausland zu Preisen verkauft, die unter den Produktionskosten liegen.

Der *Protektionismus* nimmt durch Zölle und Kontingente Einfluss auf den internationalen Handel.

Protektionismus; lat. protectio = Beschützung

Freihandel ist ein ungehinderter internationaler Warenaustausch. Die Idee des Freihandels ist im klassischen **Wirtschaftsliberalismus** vorherrschend. Die Vorzüge der Arbeitsteilung können demnach im freien Wettbewerb unabhängiger Produzenten und Konsumenten realisiert werden. Dabei würde sich die Beeinflussung durch den Staat ungünstig auswirken.

Instrumentarien der Außenhandelspolitik

fördernde Instrumentarien	hemmende Instrumentarien
• Zölle (Finanzzölle, Schutzzölle) • Kontingente • Handelsabkommen	• Dumping • Protektionismus • Freihandel

Wechselkurs = in ausländischer Währung ausgedrückter Preis für eine Einheit inländischer Währung

Wechselkurs und internationaler Handel

Der **Wechselkurs** ist der Preis, zu dem zwei Währungen ausgetauscht werden.

Der Wechselkurs wird gemäß Angebot und Nachfrage nach Devisen am **Devisenmarkt** bestimmt (flexibler Wechselkurs) oder/und politisch festgesetzt durch Devisenkauf bzw. Devisenverkauf der Zentralbank (fixer Wechselkurs).

Der Preis des Dollars beträgt z. B. 0,95 €, der Preis von 1,00 € macht danach 1,05 Dollar aus.
Der Wechselkurs verbindet die in der inländischen Währung ausgedrückten Preise der in einzelnen Ländern produzierten Güter. Damit dient der Wechselkurs der internationalen Vergleichbarkeit der Preise.

In der Bundesrepublik Deutschland kostet eine Maschine 25 000,00 €. In den USA kostet die gleiche Maschine 20 000,00 Dollar. Die Vergleichbarkeit der Preise ist erst nach der Kenntnis des Wechselkurses möglich. Ausgehend vom Wechselkurs 1 Dollar = 0,95 € beträgt der in Euro ausgedrückte Preis der amerikanischen Maschine 19 000,00 € (20 000,00 Dollar x 0,95), ist also bedeutend geringer als der Preis der deutschen Maschine.

Änderungen des Wechselkurses haben auch Änderungen der Preisrelationen im internationalen Verkehr zur Folge.

Man unterscheidet zwischen Auf- und Abwertung.

Eine **Aufwertung** des Euro hat eine Verbilligung z. B. US-amerikanischer Güter in Euro zur Folge. Deutsche Güter in fremder Währung werden teurer. Verhält es sich umgekehrt, wird der Euro abgewertet.

Mit dem Euro gehören Wechselkurse zwischen den Teilnehmerländern der Europäischen Währungsunion der Vergangenheit an, sodass Kursschwankungen für die Außenhandelsbeziehungen zwischen diesen Staaten entfallen. Da der Außenhandelsanteil zwischen den EU-Ländern sehr hoch ist, entfällt ein großer Teil des Wechselkursrisikos für die Unternehmen.

Ausgangssituation: 1,05 €/US-$	**0,95 US-$/€**
Fall 1: Der US-Dollar wird billiger	*Fall 2: Der US-Dollar wird teuerer*
1,10 €/US-$ = 0,91 US-$/€	*0,95 €/US-$ = 1,05 US-$/€*
↓	↓
Abwertung des US-Dollar / Aufwertung des Euro	Aufwertung des US-Dollar / Abwertung der Euro
↓	↓
amerikanische Waren in Deutschland billiger / deutsche Waren in den USA teurer	amerikanische Waren in Deutschland teurer / deutsche Waren in den USA billiger

Terms of Trade

Terms of Trade bezeichnen das in einer Währung gemessene Austauschverhältnis zwischen dem Import und dem Export eines Landes. Sie geben an, welche Menge an Gütern eine Volkswirtschaft importieren kann, gemessen an der Gütermenge, die exportiert wird.

terms of trade; engl. = Handelsbedingungen
Die **Terms of Trade** der Industriestaaten verbesserten sich langfristig gesehen im Vergleich zu den Terms of Trade der Rohstofflieferanten, bei denen es sich in der Regel um **Entwicklungsländer** handelt.

Bei einer Tauschrelation von
1 t Kohle = 0,6 t Rohzucker
(Land A) (Land B)
ergeben sich folgende Terms of Trade:
Land A erhält für eine Einheit (t) exportierter Kohle 0,6 t Rohzucker;
Land B erhält für eine exportierte Einheit (t) Rohzucker 1,67 t Kohle.
Die Berücksichtigung von Preisen *und* Wechselkursen zeigt für Terms of Trade das folgende Beispiel.

Land A exportiert eine Maschine im Wert von 10 000,00 € und importiert Zitrusfrüchte aus dem Land B zum Preis von 70 Dollar pro 100 kg Zitrusfrüchte.
Wechselkurs: 0,95 € = 1 Dollar, 100 kg Zitrusfrüchte kosten also 66,50 €.
Nun kann die Menge Zitrusfrüchte berechnet werden, die für eine Maschine gekauft werden kann:

$$\frac{10\,000{,}00\,€/\text{Maschine}}{66{,}50\,€/100\,\text{kg Zitrusfrüchte}} = 15\,038\,\text{kg Zitrusfrüchte}$$

Das Land A könnte 15038 kg Zitrusfrüchte für eine Maschine kaufen.

Das tatsächliche Austauschverhältnis ist also von den **Preisen** *der Erzeugnisse* und vom **Wechselkurs** abhängig.

Die Terms of Trade verbessern sich, wenn die Preise der Exporterzeugnisse stärker steigen als die Preise der Importerzeugnisse (z.B. Maschinen werden teurer, der Preis der Zitrusfrüchte bleibt konstant).

3.6.2 Europäischer Binnenmarkt

Wirtschaftliche Zusammenschlüsse

Freihandelszone: Vereinigung mehrerer Staaten zu einem einheitlichen Zollgebiet. Gegenüber Drittländern wird *kein gemeinsamer* Außenzolltarif festgelegt. Jedes Land bestimmt die Außenzölle selbst. Beispiel für diese Form des Zusammenschlusses ist die EFTA (Europäische Freihandelsassoziation). Ihr gehören gegenwärtig Island, Norwegen, Lichtenstein und die Schweiz an.

Zollunion: Zusammenschluss zweier oder mehrere Staaten zu einem einheitlichen Wirtschaftsgebiet ohne Zollschranken zwischen den Partnern aber mit einem *gemeinsamen* Außenzoll. Die Zollunion ist ein Kernstück der **Europäischen Union**.

A. SMITH und D. RICARDO waren Vertreter des klassischen Liberalismus. Sie lehnten Außenhandelsbeschränkungen ab, um optimale Arbeitsteilung und hohes Wirtschaftswachstum zu ermöglichen.
Gegner dieser Freihandelspolitik war F. LIST mit seiner theoretischen Begründung des Erziehungszollsystems.

EU-Mitgliedsländer und ihr jeweiliges Beitrittsjahr:
Deutschland 1951
Frankreich 1951
Italien 1951
Belgien 1951
Niederlande 1951
Luxemburg 1951
Dänemark 1973
Irland 1973,
Großbritannien 1973
Griechenland 1981
Portugal 1986
Spanien 1986
Finnland 1995
Österreich 1995
Schweden 1995

Beitritt geplant für 2004: Polen, Ungarn, Tschechien, Estland, Litauen, Slowakei, Slowenien, Malta und Zypern.
Beitritt in Aussicht gestellt für 2007: Rumänien und Bulgarien.
Anwartschaft: Türkei.
Geschichte der EG/EU

Freier Warenverkehr

Die Waren können ohne **Zölle** dorthin geliefert werden, wo es für das jeweilige Unternehmen am günstigsten ist.

Fast 50 % des deutschen Exports werden von europäischen Partnerländern abgenommen, gleichzeitig stammen ca. 50 % des deutschen Imports aus den Ländern der EU.

Zölle sollten ursprünglich den eigenen Markt vor billigeren Konkurrenten schützen (z. B. die Landwirtschaft). Zölle behindern aber gleichzeitig den Export, da die anderen Staaten mit den gleichen Instrumenten reagieren.

Zölle behindern den Handel in Europa nicht mehr. Die Angleichung der Vorschriften und technischen Normen und die Vereinheitlichung der Steuergesetze erfolgen schrittweise und erleichtern so die wirtschaftlichen Beziehungen.

Besonders nach dem Zweiten Weltkrieg nahm die **Internationalisierung** sowohl der Produktion als auch des Handels sowie der Finanzmärkte stark zu. Es entwickelten sich verschiedene **Integrationsstufen** wirtschaftlicher Zusammenschlüsse.

Mit der zunehmenden Verschmelzung nationaler Volkswirtschaften innerhalb Europas wird der gemeinschaftliche **Binnenmarkt** geschaffen.

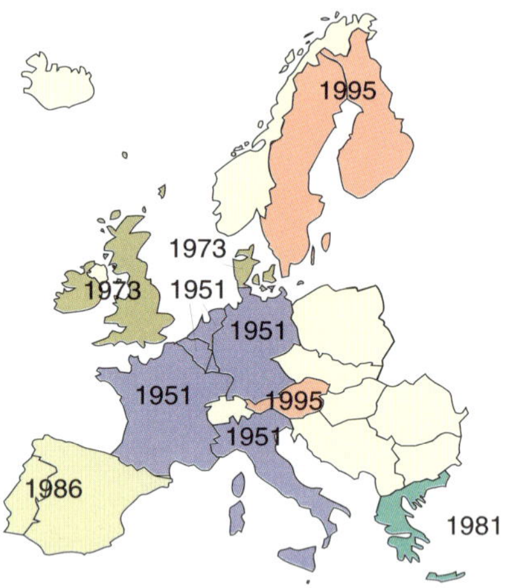

Kriterien für einen gemeinsamen **Binnenmarkt** sind:
- Niederlassungsfreiheit für die Unternehmen und Erwerbstätigen,
- Handels- und Dienstleistungsfreiheit,
- Kapitalverkehrsfreiheit.

Die Schaffung des Europäischen Binnenmarkts wurde Ende 1985 vom Europäischen Rat der EG beschlossen. Er wurde zum Jahreswechsel 1992/1993 weitgehend verwirklicht. Seitdem gibt es einen Wirtschaftsraum ohne Binnengrenzen, in dem der freie Verkehr von Personen, Waren, Dienstleistungen und Kapital gewährleistet ist.

> Der **Europäische Binnenmarkt** umfasst 15 Mitgliedsstaaten (Stand 2002).

Die **Europäische Union** ist mit mehr als 342 Mio. Bürgern der größte Wirtschaftsraum der industrialisierten Welt (USA = 247 Mio. Einwohner).

3.6.3 Europäische Währungsunion

Am 2. Februar 1992 wurde in Maastricht der Vertrag über die Europäische Union unterzeichnet. Der Vertrag trat am 1. November 1993 in Kraft. Damit wurde aus der Europäischen Gemeinschaft die Europäische Union. Ziel des Vertrages ist die politische und die Wirtschafts- und **Währungsunion**.

Auf die **EU** entfallen:
6,5% der Weltbevölkerung,
28,3% der Weltwirtschaftsleistung,
34,6% der Weltwährungsreserven,
39,0% der staatlichen **Entwicklungshilfen.**

> Die Einführung des Euro war keine **Währungsreform,** sondern eine **Währungsumstellung**.

	Währungsreform (z. B. 1923, 1948)	**Währungsumstellung (z. B. Euro-Einführung)**
Stabilität der Altwährung	Reichsbank ausgehöhlt durch offene oder zurückgestaute Inflation	Niedrige Inflationsraten im Vorfeld
Akzeptanz der Altwährung	Währung war verdrängt durch Tauschwirtschaft	Voll konvertible Währung, verwendet als internationale Anlage und Reservewährung
Umstellungskurs	Unterschiedlich für laufende Zahlungen und Geldvermögen	Einheitlich für laufende Zahlungen und für Geldvermögen
Auswirkungen auf die Kaufkraft	Weitgehend reale Entwertung	Realer Wert wird durch Umstellung nicht berührt

Die Banknoten werden zu 5 €, 10 €, 20 €, 50 €, 100 €, 200 € und 500 € ausgegeben.

Die Ausgabe muss von der Europäischen Zentralbank (EZB) genehmigt werden und erfolgt durch die nationalen Zentralbanken und die EZB.

Münzen gibt es zum Wert von 1 ct, 2 ct, 5 ct, 10 ct, 20 ct 50 ct 1 € und 2 €.

Während es für den Euro ein von der EZB festgelegtes Symbol (€) gibt, wird für den Cent die Abkürzung „ct" verwendet.

Es galt der Grundsatz der Vertragskontinuität, d. h., alle Verträge, wie Arbeits-, Miet-, Pacht- sowie Handels- und Kaufverträge behalten Gültigkeit. Auch Verträge mit Partnern in den EU-Ländern behielten ihre Gültigkeit unabhängig davon, ob sie an der Währungsunion teilnahmen.

Der allgemeine Grundsatz des Rechts der Währung sichert, dass die Einführung einer neuen Währung die Geschäftsgrundlage nicht verändert und die Kontinuität von Verträgen nicht berührt.

3.6.4 Entwicklungshilfe

Industriestaaten: Das wirtschaftliche, kulturelle und soziale Leben wird vorrangig durch die industrielle Produktion geprägt. Charakteristisch sind hohe Konzentration des Kapitals, hochgradige Arbeitsteilung und Rationalisierung, hoher materieller Lebensstandard.

Es gibt keine weltweit verbindliche Liste von Entwicklungsländern. Allgemeine Kriterien stets im Vergleich zu den Industriestaaten sind:
- überwiegende landwirtschaftliche Produktion
  - ungünstige agrarsoziale Struktur bedingt durch Bodenzersplitterung und Latifundienwirtschaft,
  - geringe Hektarerträge,
- mangelnde Industrialisierung,
- niedrige Arbeitsproduktivität,
- Unterbeschäftigung,
- niedriges Pro-Kopf-Einkommen,
- Unterernährung,
- hohe Analphabetenquote,
- sprunghaftes Bevölkerungswachstum.

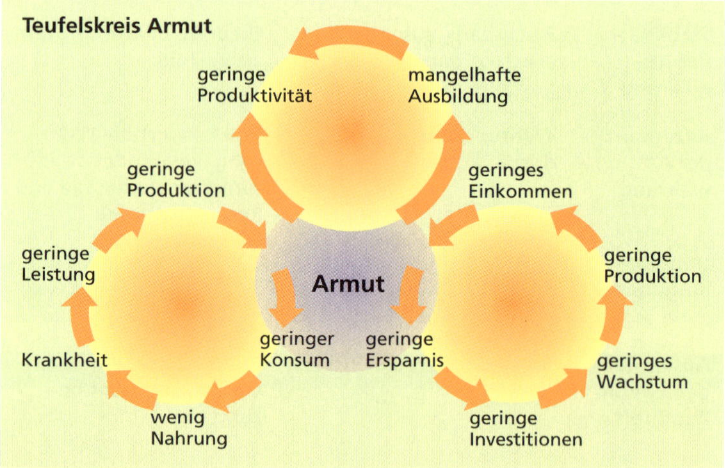

Entwicklungsländer: LDC = am wenigsten entwickelte Länder; MSAC = am schwerwiegendsten betroffene Länder

Entwicklungsländer sind Länder verschiedenster natürlicher Ausstattung, Kulturhöhe und Bevölkerungsdichte, die im Vergleich zu den Industriestaaten weniger weit entwickelt sind.
Bei einem Einkommen von 25% des Einkommens der Industriestaaten gilt ein Land als Entwicklungsland.

Für die Vereinten Nationen gilt das Pro-Kopf-Einkommen als Maßstab für die Einteilung in Entwicklungsländer und Industriestaaten.

Die Vereinten Nationen unterscheiden zwei Gruppen besonders betroffener Länder.

LDC (Least Developed Countries)
Hierzu gehören Länder bis zu 100 US-$ Bruttoinlandsprodukt pro Kopf und einem Anteil von ca 10 % der industriellen Produktion am Bruttoinlandsprodukt.
Länder der Sahelzone und einige asiatische Länder wie Afghanistan, Bangladesch, Jemen, Laos und Nepal vor allem LDC-Länder.
MSAC (most serionsly affected countries)
Diese Gruppe umfasst Länder, die am schwersten von Preissteigerungen auf dem Weltmarkt betroffen sind. Kennzeichnend ist eine hohe Auslandsverschuldung. Hierzu zählen Ägypten und Indien.

Entwicklungsländer, die einen relativ fortgeschrittenen Entwicklungsstand aufweisen, bezeichnet man als **Schwellenländer**.

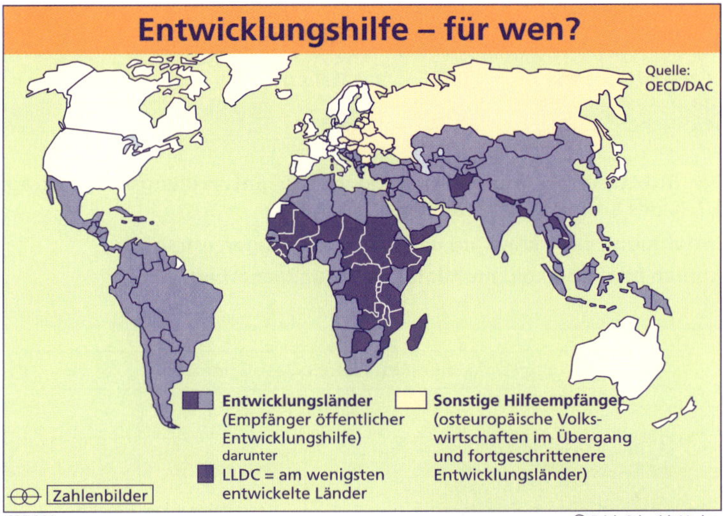

625 301 © Erich Schmidt Verlag

Weltweit arbeiten ca. 250 Millionen Kinder unter 14 Jahren unter Bedingungen, die ihrer Entwicklung schaden. Die Arbeitszeit beträgt zwischen 10 und 16 Stunden am Tag unter unmenschlichen und unzumutbaren Bedingungen. Bleibende gesundheitliche Schäden sind die Folge. Eine Möglichkeit dieser Kinderarbeit entgegenzuwirken, ist z. B. auf das „Rugmark“-Zeichen beim Teppichkauf zu achten, welches nur Teppichen verliehen wird, die nicht durch Kinder hergestellt werden.

Etwa 160 Länder nehmen Entwicklungshilfeleistungen in Anspruch.

Staatliche Entwicklungshilfe 2000 (in % des Bruttoinlandsprodukts)			
Land	**% des BIP**	**Land**	**% des BIP**
Dänemark	1,06	**Japan**	0,28
Niederlande	0,84	**Deutschland**	**0,27**
Schweden	0,80	**Australien**	0,27
Norwegen	0,80	**Portugal**	0,26
Belgien	0,36	**Kanada**	0,25
Schweiz	0,34	**Österreich**	0,23
Frankreich	0,32	**Spanien**	0,22
Großbritannien	0,32	**Italien**	0,13
Finnland	0,31	**USA**	**0,10**

Der **Richtwert** der Vereinten Nationen für **Entwicklungshilfe** beträgt 0,7 % des Bruttoinlandsprodukts.

Entwicklungshilfe kann auf verschiedenen Wegen erfolgen:

1.durch **bilaterale** und **multilaterale Zusammenarbeit**

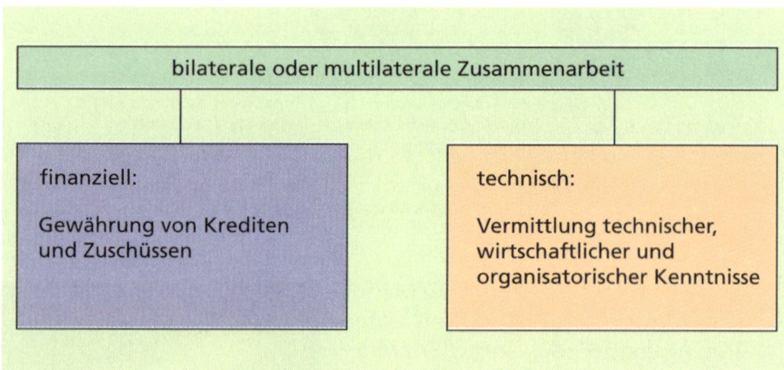

2. durch verbesserte **Austauschbedingungen**
   – Angleichung der Rohstoffpreise an die Preise der Industriegüter,
   – Stabilisierung der Exporterlöse durch Rohstoffabkommen.
3. Durch Erhöhung des *Anteils* der **Industrieproduktion** an der **Weltindustrieproduktion** auf etwa 25 %.

Unter **Entwicklungshilfe** versteht man die Gesamtheit der Maßnahmen zur Unterstützung und Förderung von Entwicklungsländern vonseiten der industrialisierten Länder.

Träger der Entwicklungshilfe in der Bundesrepublik Deutschland (Auswahl):
- Deutsche Finanzgesellschaft für Beteiligungen in Entwicklungslände rn GmbH (DEG)
- Deutscher Entwicklungsdienst (DED)

Gesellschaft für Technische Zusammenarbeit (GTZ)

evangel. Einrichtungen:
- Brot für die Welt
- Kirchlicher Entwicklungsdienst

kathol. Einrichtungen:
- Bischöfliches Hilfswerk Misereor
- Zentralstelle für Entwicklungshilfe

Die Entwicklungshilfe soll auf die Bekämpfung der *Ursachen* der Armut zielen. Sie soll Hilfe zur **Selbsthilfe** sein.

Träger der Entwicklungshilfe in der Bundesrepublik Deutschland sind der Bundesminister für wirtschaftliche Zusammenarbeit und zahlreiche öffentliche und private Einrichtungen.

Nationale Träger der Entwicklungshilfe leisten **bilaterale Hilfe**, im Rahmen der Vereinten Nationen wird **multilaterale Hilfe** geleistet.

Nettoleistungen der bilateralen öffentlichen deutschen Entwicklungshilfe 2000 (in Mio. €)

	Zuschüsse	Kredite und sonstige Kapitalleistungen
Europa	367,4	-89,9
Afrika	905,2	38,2
Amerika	385,6	-10,1
Asien	756,4	52,9
Ozeanien	6,0	-0,5
nichtaufteilbare Leistungen	505,2	-0,9
Leisungen insgesamt	2925,7	-10,4

Eine wichtige Rolle im Rahmen der Entwicklungshilfe nimmt die OECD ein. Die OECD (Organisation für wirtschaftliche Zusammenarbeit und Entwicklung, mit Sitz in Paris) ist 1961 aus der mit der Unterstützung des Marshallplanes betrauten Organisation für Europäische Wirtschaftliche Zusammenarbeit (OEEC) hervorgegangen.

Ziel der OECD ist es, durch wirtschaftliche Zusammenarbeit ihrer 30 Mitgliedstaaten und Dialog mit anderen Ländern einen Beitrag zur Entwicklung der Weltwirtschaft zu leisten. Hauptinstrumente der OECD bilden Prüfungen und gegenseitiger Austausch zur Konzipierung von Wirtschafts- und Sozialpolitiken, die darauf gerichtet sind, unter Wahrung der finanziellen Stabilität ein möglichst hohes und nachhaltiges Wachstums- und Beschäftigungsniveau sowie einen steigenden Lebensstandard zu erreichen. Im Zuge der fortschreitenden weltwirtschaftlichen Vernetzung erhält auch die OECD eine zunehmend globale Ausrichtung.

Der 1961 eingerichtete Ausschuss für Entwicklungshilfe (DAC) mit 22 Mitgliedern (einschließlich der EU-Kommission) koordiniert deren Entwicklungshilfe, die 95 % der öffentlichen Entwicklungshilfeleistungen der Industrieländer umfasst.

Gegenwärtige Schwerpunkte der OECD-Aktivitäten sind u. a. Finanzpolitik, Armutsbekämpfung, Erziehung und Bildung und Beschäftigung.

Zur **OECD** gehören 30 Länder. Ihr Sitz ist Paris. 200 Fachausschüsse arbeiten im Rahmen der OECD, ein Fachausschuss ist der **DAC** = Fachausschuss für Entwicklungshilfe.

3.7 Ökonomie und Ökologie

3.7.1 Ursachen der Umweltprobleme – Schwerpunkte der zukünftigen Entwicklung

In der Studie „Global 2000" wird für das Jahr 2050 eine **Weltbevölkerung** von 10 Mrd. Menschen prognostiziert.
Im Vergleich:
1820: 1 Mrd.;
1999: ca. 6 Mrd.

Ursachen der Umweltprobleme

Den Umweltproblemen liegen im Wesentlichen *entwicklungsbedingte, sozio-ökonomische* und *wirtschaftssystembezogene* Ursachen zugrunde.

entwicklungsbedingte Ursachen	• Bevölkerungswachstum • Verstädterung • Wirtschaftswachstum • umweltungünstiger technisch-wirtschaftlicher Wandel
sozioökonomische Ursachen	• Umwelt als öffentliches Gut (Kollektivgutproblem) • Entstehen von externen (Umwelt-)Kosten • umwelt-feindliches menschliches Verhalten – in unterentwickelten Staaten – in Staaten mit hohem (materiellen) Lebensstandard
wirtschaftssystembezogene Ursachen	• Planwirtschaft • Marktwirtschaft

Schwerpunkte der zukünftigen Entwicklung

Die Schwerpunkte der zukünftigen Entwicklung (*Megatrends*) werden auch als **Strategischer Stern** bezeichnet. Diese Entwicklungstendenzen betreffen gleichermaßen die volkswirtschaftliche Dimension, Betriebe und Unternehmen sowie die privaten Haushalte/Verbraucher.

Sowohl zwischen den einzelnen Entwicklungsschwerpunkten als auch zwischen den Subjekten bestehen wechselseitige Zusammenhänge.

Globalisierung heißt, die Probleme treten weltweit auf. Sie sind nicht nur regional begrenzt.

Andererseits hat die Globalisierung Vorteile für eine internationale Entwicklung von Technologien, Informationsvernetzung u. a. Im Weltwirtschaftssystem zeichnet sich ein Spannungsverhältnis zwischen den hoch entwickelten Industrieländern zusammen mit den aufstrebenden Schwellenländern und den zurückbleibenden Entwicklungsländern ab.

Das zweite Spannungsverhältnis der Weltwirtschaft liegt insbesondere zwischen den internationalen Entwicklungen und den nationalen Forderungen der Bevölkerung und der Politik. So zeichnet sich das internationale System durch eine fortschreitende wechselseitige Abhängigkeit (Interdependenz) aus. Andererseits fühlt sich die Bevölkerung von der stetig fortschreitenden Globalisierung bedroht (Arbeitsplatz, Einkommen, soziale Sicherheit, Umweltstandards) und fordert größere Absicherungen vom Staat. Der Staat muss auf beide Trends eingehen. Dieses ist nicht immer möglich, da die Handlungsfreiheit von Regierungen bezüglich nationaler Forderungen zum Teil durch die internationalen Abhängigkeiten eingeschränkt ist.

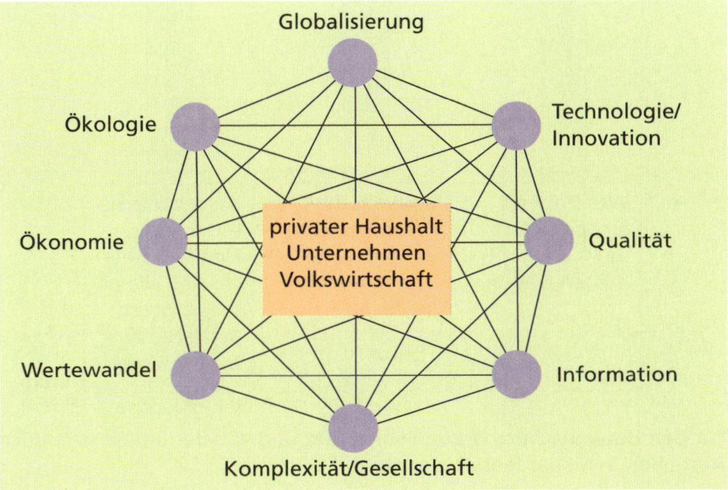

Eng verbunden mit der Globalisierung sind Prozesse der *Internationalisierung* und *Regionalisierung* (z. B. Herausbildung des europäischen Wirtschaftsraumes). In diesem Prozess spielen die Gewinnung, Speicherung, Verarbeitung, Vermittlung und Nutzung von Information und Wissen eine zentrale Rolle. Kein Wirtschafts-, Arbeits- und Lebensbereich ist davon ausgenommen. Nur schnelle und umfassende Information ermöglichen präzise und nachhaltige Veränderungen und Maßnahmen. Das betrifft in besonderem und zunehmendem Maße den **Umweltschutz.**
Dabei werden im Umweltschutz quantitative und qualitative Maßnahmen unterschieden. Die Quantität bezieht sich auf Ressourcenreduzierung bzw. umweltschonende Nutzung der natürlichen Rohstoffe. Qualität heißt z. B. Vermeidung von Störfällen durch gutes Umweltmanagement.
Bestandteil des Umweltschutzes und gleichzeitig Einflussgröße ist auch die Entwicklung **neuer Technologien** (Solarenergie, Windkraftenergie, schadstoffarme Autos).

Unternehmen können sich hinsichtlich der Funktionsfähigkeit ihres Umweltschutzes überprüfen lassen. Bei überzeugenden Umweltschutzleistungen erhalten sie das **Öko-Audit-Zertifikat.**

3.7.2 Umweltpolitik – Instrumente der Umweltpolitik

Ziele der staatlichen Umweltpolitik sind
- Sicherung der Lebensgrundlagen für künftige Generationen,
- Schutz der menschlichen Gesundheit und
- Schutz der natürlichen Umwelt.

Besonders für Jugendliche bietet das **Freiwillige Ökologische Jahr,** das von der Europäischen Gemeinschaft und dem Kinder- und Jugendplan des Bundes gefördert wird, aktive Betätigung im Rahmen des Umweltschutzes.

Die Umweltpolitik der Bundesrepublik Deutschland beruht auf drei Säulen.

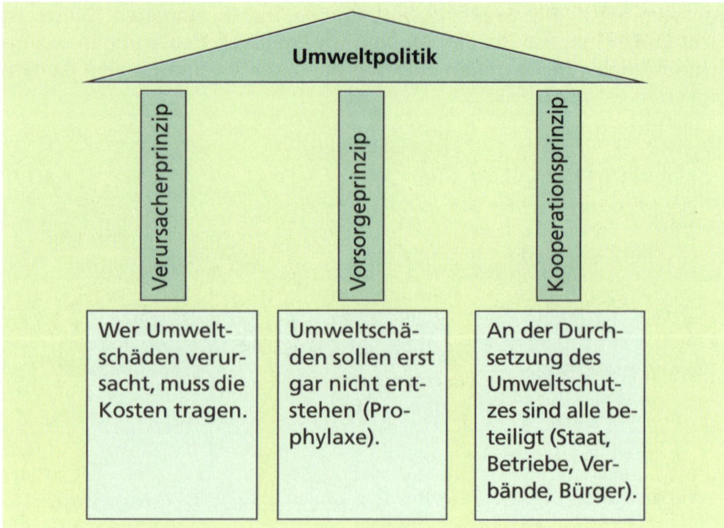

Für den **Umweltschutz** werden vom Staat und von der Industrie jährlich Ausgaben in Milliardenhöhe getätigt.

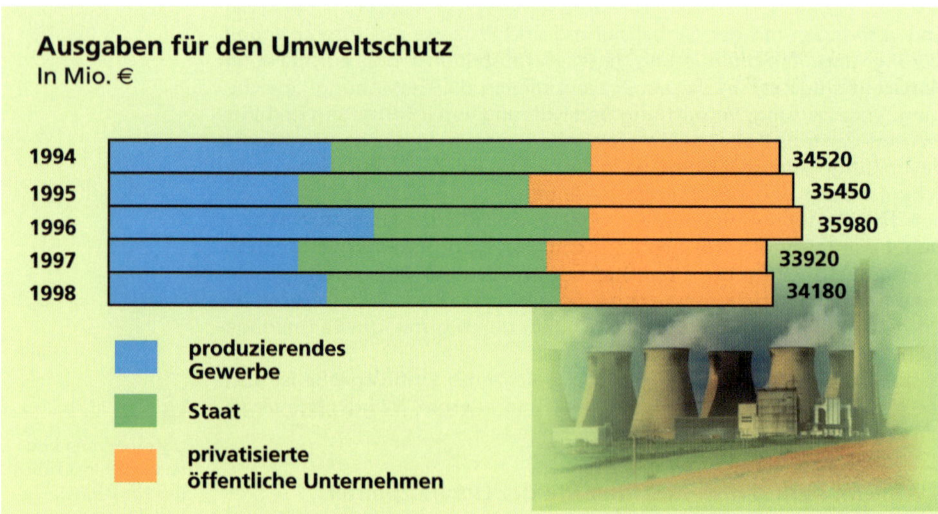

Den höchsten Anteil haben die Ausgaben für den **Gewässerschutz**, gefolgt von den Aufwendungen für die **Abfallbeseitigung**.

Zur Durchsetzung der Umweltpolitik stehen dem Staat verschiedene Instrumente zur Verfügung.

Instrumente der **Umweltpolitik** sind
- Vereinbarungen auf freiwilliger Basis,
- wirtschaftliche Anreize und Vereinbarungen und
- rechtliche Verbote und Gebote.

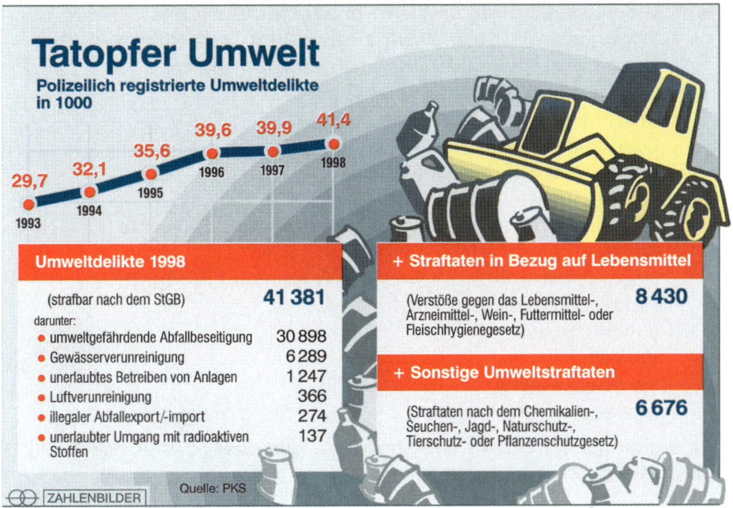

126 820 © Erich Schmidt Verlag

Grobe Verstöße gegen den Umweltschutz werden nach dem Strafgesetzbuch geahndet.

Das **Umweltbundesamt** ist der Mittler zwischen staatlicher Umweltpolitik und **Umweltforschung**.

© Erich Schmidt Verlag 126 140

In dem jährlichen *Bericht* des Bundesumweltamtes sind detaillierte Angaben zu ausgewählten Schwerpunkten der Umweltpolitik und zu den Forschungsergebnissen enthalten.

Ausgewählte Schwerpunkte des Umweltberichts des Umweltbundesamtes

- Umweltaufklärung und Umweltberichterstattung
- Informationstechnik, Umweltinformation und -dokumentation
- Umweltforschung und Demonstrationsverfahren
- Globaler und internationaler Umweltschutz
- Instrumente und Strategien
- Ökologische Wirkungen und Qualitätsziele
- Wirkungen auf den Menschen
- Wasser, Boden, Luft, Lärm
- Grundsatzfragen technischer Verfahren und Produkte
- Energie
- Umweltverträgliche Technik, Verfahren und Produkte
- Abfall- und Abwasserentsorgung
- Landwirtschaft
- Verkehr
- Stoffbewertung
- Bio- und Gentechnik

Auf regionaler Ebene werden **Umweltinformationssysteme** erarbeitet.

Für Berlin gibt es einen digitalen **Umweltatlas** und ein Umweltinformationssystem (UIS) online.

Internet-Adresse: www.stadtentwicklung.berlin.de/umwelt/umweltatlas/ Unter dieser Adresse sind aktuelle Umweltdaten abrufbar.

Für die lokalen Umweltprogramme ist das internationale Umweltprogramm **„Agenda 21"** die Grundlage. Im Juni 1992 kamen Staats- und Regierungschefs aus fast allen Ländern der Erde in Rio de Janeiro (Brasilien) zu einem Gipfeltreffen zusammen, auf dem die „Agenda 21" verabschiedet wurde. 178 Länder unterschrieben das Aktions- und Handelsprogramm, darunter auch die Bundesrepublik Deutschland. Ökologische, soziale und wirtschaftliche Probleme bedingen sich gegenseitig. Deshalb sind alle drei Bereiche in der Agenda enthalten.

Agenda heißt wörtlich übersetzt: Was zu tun ist. In vielen Ländern heißt es Termin- oder Arbeitsplan. Der Arbeitsplan für das 21. Jahrhundert.

3.7.3 Umweltschutz in den Unternehmen

Durch ein planmäßiges **Umweltmanagement** erfüllen die Unternehmen die Vorgaben des Gesetzgebers. Sie haben dadurch auch **Marketingvorteile** und **Kostenreduzierungen.**

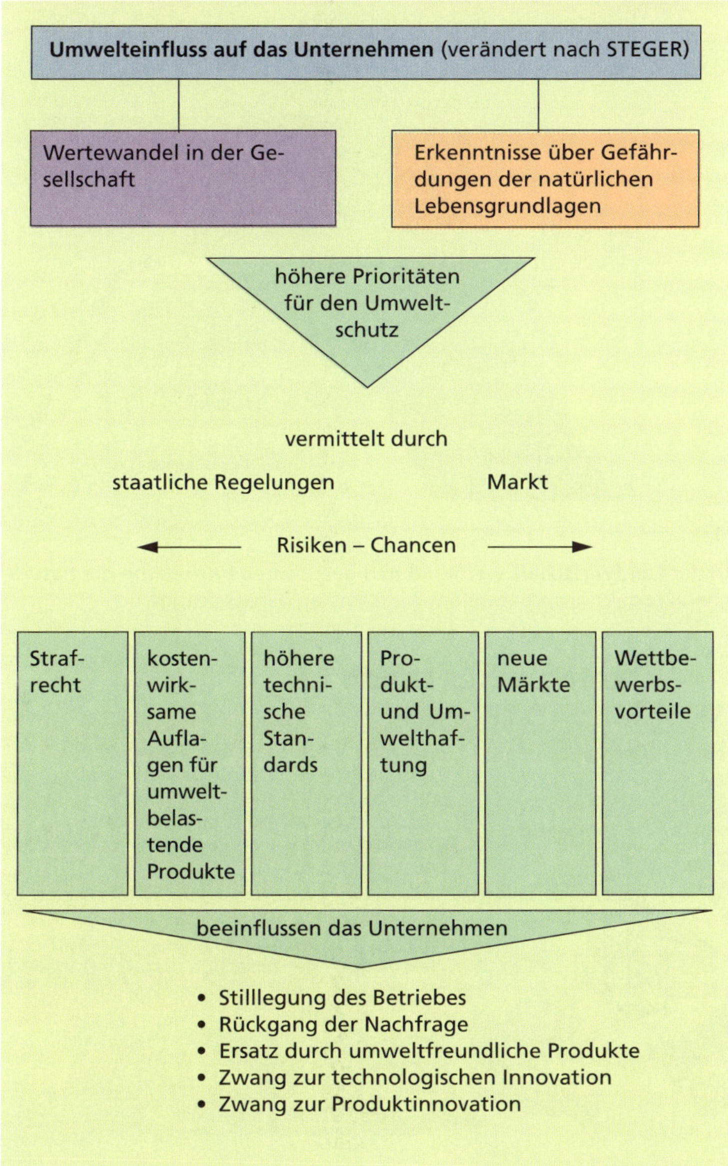

Der **Wertewandel** drückt sich vor allem im veränderten Verhalten der Unternehmer zum **Umweltschutz** aus. Während früher das Strafrecht (Bußgeld, Auflagen) in erster Linie zu Einschränkung von **Umweltdelikten** beitrug, erkennen heute zunehmend die Unternehmen den Umweltschutz als **Wettbewerbsvorteil.**

Die Deutsche Bahn AG veröffentlicht jährlich einen Umweltbericht. In diesem Bericht sind die Ergebnisse und weitere Maßnahmen zur Umsetzung des Umweltkonzeptes enthalten.
So sanken die Emissionen an Stickoxiden von 39 960 t 1994 auf 31 965 t im Jahr 2000.

Bei der betrieblichen Leistungserstellung ist der Umweltschutz als **Unternehmensstrategie** zu integrieren.

Die Deutsche Bahn AG bemüht sich mit ihrem **Umweltkonzept** die Anforderungen entsprechend den zentralen Regelungen zu erfüllen.

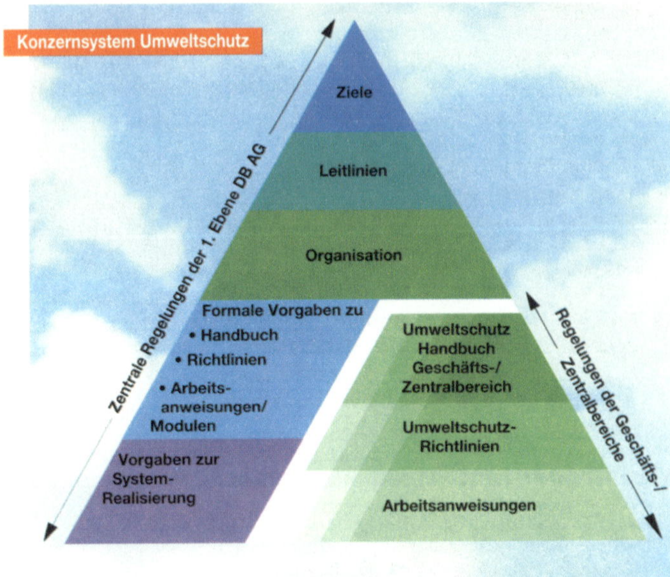

In der **Landwirtschaft** werden durch *geschlossene Kreisläufe* die *natürlichen* Produktionsprozesse am wirksamsten berücksichtigt.

Ökologischer Landbau

Merkmale
- geschlossener betrieblicher Nährstoffkreislauf
- Erhaltung der Bodenfruchtbarkeit ohne chemischen Pflanzenschutz und mineralische Düngemittel, Humuswirtschaft, geeignete Fruchtfolgen
- artgemäße Tierhaltung

Ziele
- Bodenschutz durch Humusbildung und Förderung des Bodenlebens, Reduzierung von Erosion
- Gewässerschutz durch geringere Belastung mit Nitrat o.Ä., keine Vergiftung mit Pflanzenschutzmitteln usw.
- naturbelassene, gesunde und schmackhafte Erzeugnisse
- Artenschutz durch Verzicht auf synthetisch-chemischen Pflanzenschutz u. starke Düngung
- Schonung der natürlichen Ressourcen

Staatliche Maßnahmen und Fördermittel sowie neue Forschungsergebnisse führen auch zur Gründung neuer Betriebe bzw. Schaffung neuer Arbeitsplätze. Außerdem erfolgt in vielen Fällen eine **Umstrukturierung** vor allem im Produktionsbereich. Es bildeten sich z. B. Firmen für die Installation von Windkraftanlagen oder in der modernen Abfallwirtschaft. In Großstädten werden mit Fördermitteln Aufträge an Firmen vergeben, die Maßnahmen zur Begrünung versiegelter Standorte verwirklichen, z. B. Hof-, Dach- und Fassadenbegrünung.

Innovative **Existenzgründungen** basieren auf der Anwendung von Hightech-Technologien und Know-how.
Versiegelung heißt, Böden werden z.B. durch Asphalt und Beton wasser- und luftundurchlässig.

Eine der modernsten **Deponien** ist die Magdeburger Deponie „Cracauer Anger". Durch die unmittelbare Nähe der Deponie zur Wohnbebauung wurde die Möglichkeit geschaffen, *schadstoffreiches Deponiegas* gezielt zur Verstromung und zur Fernwärmeerzeugung zu nutzen. Durch modernste **Technologie** wird so das Gas verbrannt und nicht wie früher in die Atmosphäre entlassen.

Die Deponie war in die 25. Bundesgartenschau integriert. Auch nach der Schließung der Ausstellung kann das gesamte Gelände genutzt werden. Auf der Deponie befinden sich u.a. Aussichtspunkte und eine Sommerrodelbahn.

3.7.4 Umweltschutz im privaten Haushalt – Verbraucherverhalten

Wie in der Volkswirtschaft und den Unternehmen sind auch in den privaten Haushalten die Prinzipien des Umweltschutzes zu verwirklichen.

Schwerpunkt in den privaten Haushalten ist die **Abfallvermeidung** sowie die Zuführung wiederverwendbarer Produkte bzw. und Anteile zur **Verwertung**. Hauptinstrument ist das Duale System Deutschland (DSD).

Voraussetzung für die Durchsetzung des DSD ist die getrennte Erfassung der **Haushaltsabfälle**.

So kann jeder einzelne Verbraucher zum **Rohstofflieferanten** werden.

Eine wesentliche Kennzahl des Dualen Systems (Verpackungsordnung) ist die **Mehrwegquote.** Der Mehrweganteil bei Getränken soll 72 % betra-

gen. Der Anteil sank von 73,55 % 1993 auf 70,1 % 2000. Laut Verpackungsabfallordnung tritt bei einer wiederholten Unterschreitung der Quotenvorgabe eine Pfandpflicht ein.
So führte die Unterschreitung der Mehrwegquote 2003 zur Einführung eines Pflichtpfandes auf Einweg-Getränkeverpackungen (auch Dosen) für Bier, Mineralwasser sowie kohlensäurehaltige Erfrischungsgetränke. Diese Maßnahme soll das Mehrwegsystem stärken und weitere Belastungen der Umwelt durch Verpackungsabfälle reduzieren.

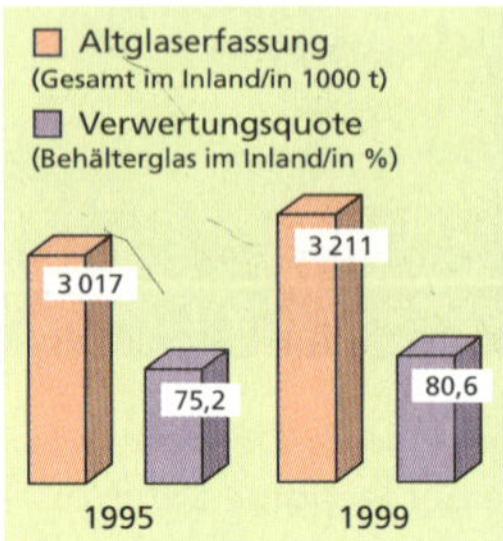

In Deutschland hat das duale System eine flächendeckende Containerdichte mit über 300 000 Glascontainern im gesamten Bundesgebiet bewirkt. Ebenso werden im dualen System erfasst Verpackungsmaterialien wie Plastik, Pappe, Papier und Metall. 2000 wurden in Deutschland 5,5 Mio t gebrauchte Verkaufspackungen gesammelt.

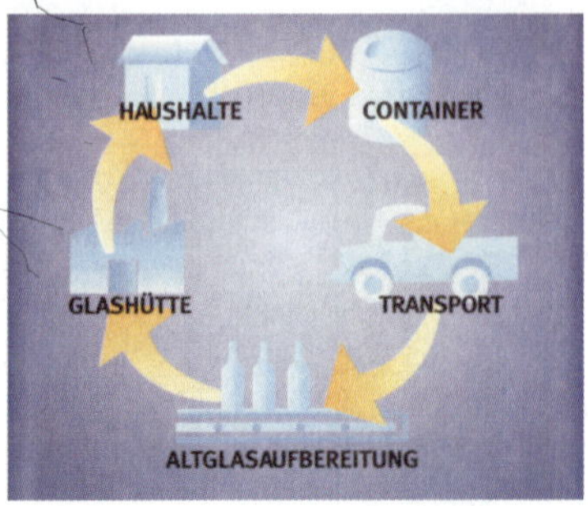

Einen hohen Anteil des Haushaltsmülls haben **Bioabfälle**. Bioabfälle werden getrennt erfasst und in Kompostierungsanlagen zu Kompost aufbereitet. Wichtig ist, dass keine Haushaltschemikalien, Batterien oder Schadstoffe im Biogut enthalten sind.

Für die Rückführung besonderer Abfälle werden auch **Gütesiegel** vergeben. Das Deutsche Institut für Gütesicherung und Kennzeichnung (RAL) vergibt so z. B. ein Siegel, das eine einwandfreie Beseitigung von Kühl- oder Gefrierschränken sicherstellt.

Umweltbewusstes Einkaufen wird durch Orientierungshilfen, wie das **Umweltzeichen** (Blauer Engel) begünstigt. Produkte mit dem **Blauen Umweltengel** sind z. B. schadstofffrei oder -arm oder nutzen Energie besonders umweltschonend.

ANHANG A

Register

Bildquellenverzeichnis

Baba, Sabine, Kleinmachnow: 133, 143; Bahro, Katrin, Berlin: 97; Bayer AG Leverkusen, Pharma Deutschland: 82; Berlin-Information: 8; Robert Bosch Hausgeräte GmbH, München: 100; Bundesministerium für Ernährung, Landwirtschaft und Forsten, Bonn: 146; Corel Photos: 12, 126, 127, 133, 142, 143, 189, 209; DGE-Ernährungskreis; ©: Deutsche Gesellschaft für Ernährung e.V., Frankfurt/M: 87; Deponie „Cracauer Anger", Magdeburg: 243; Europäische Zentralbank, Frankfurt am Main: 223; Fördergemeinschaft Gutes Licht, Frankfurt am Main: 15, 16, 17; Henkel-Werksarchiv: 104; Höffner Möbelgesellschaft mbH & Co KG, Berlin: 75, 76; Huster, Katja, Marburg: 222; Huster, Sonja, Berlin: 8, 28, 62, 145, 187, 244; Knüppel, Adelgund, Berlin: 16, 21, 36, 40, 97, 113, 121, 145, 149, 187, 220, 240, 242, 244; Meyer, Lothar, Potsdam: 16, 39; Miele Fotos, Gütersloh: 106, 107; Ministerium für Ernährung, Landwirtschaft und Forsten, Brandenburg: 8; Möller, Birgit, Berlin: 130; paetec Archiv: 231; Pozellanmanufaktur Seltmann Weiden, Erbendorf: 112; Siebert, Marianne, Berlin: 81, 86, 87, 89; Skandera, Andrea, Berlstedt: 74, 76, 77, 88, 91, 97, 100; Stadtplanungsamt Magdeburg, Magdeburg: 124; Volkswagen AG: 135, 142, 143, 144, 149, 167, 183; Weber Haus GmbH & Co. KG, Berlin: 12.

Wir danken dem Bundesministerium für Wirtschaft, der Redaktion „Guter Rat", der Gesellschaft für Glasrecycling und Abfallvermeidung mbH, Ravensburg für die Bereitstellung von Grafiken.

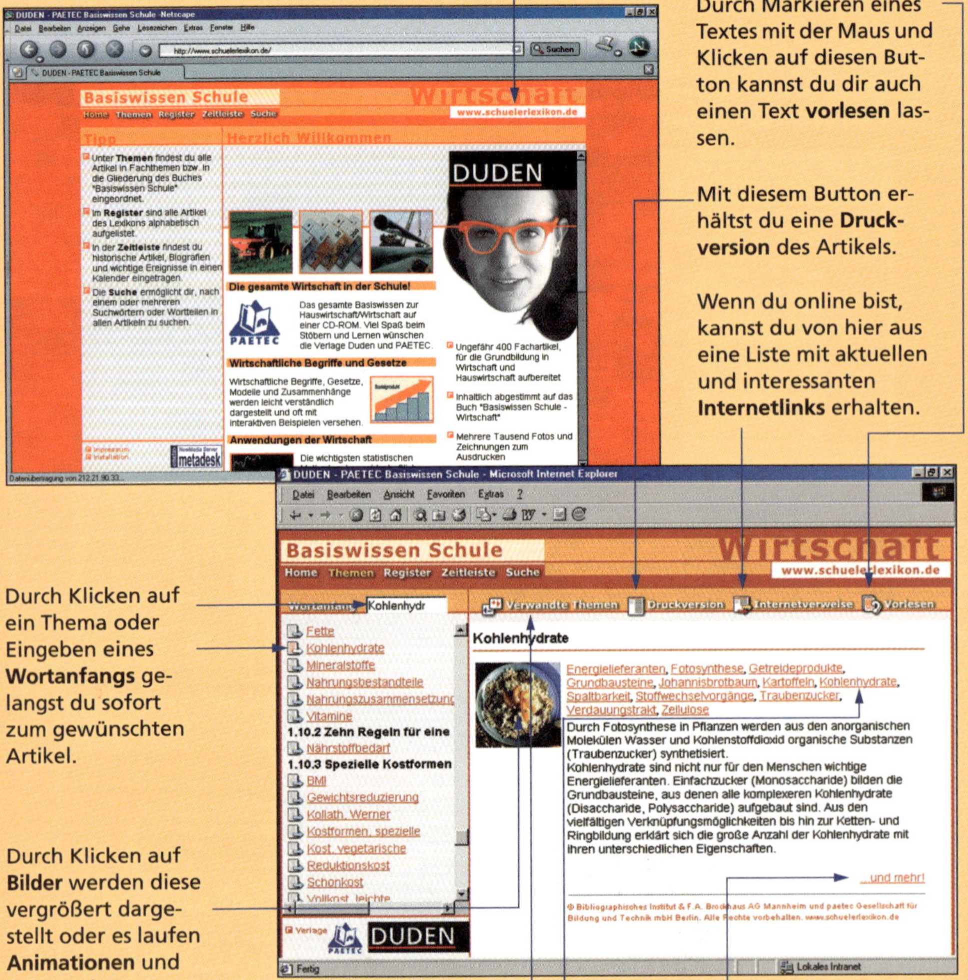

Durch Markieren eines Textes mit der Maus und Klicken auf diesen Button kannst du dir auch einen Text **vorlesen** lassen.

Mit diesem Button erhältst du eine **Druckversion** des Artikels.

Wenn du online bist, kannst du von hier aus eine Liste mit aktuellen und interessanten **Internetlinks** erhalten.

Durch Klicken auf ein Thema oder Eingeben eines **Wortanfangs** gelangst du sofort zum gewünschten Artikel.

Durch Klicken auf **Bilder** werden diese vergrößert dargestellt oder es laufen **Animationen** und **Videos** ab.

Die **verwandten Themen** listen alle Artikel auf, die einen inhaltlichen Bezug zu dem Artikel haben, den du gerade gelesen hast.

Von hier aus gelangst du zum **ausführlichen Artikel** mit Abbildungen, z.T. Animationen, Videos und interaktiven Berechnungsbeispielen.

Durch Klicken auf eines dieser **Suchwörter** springst du sofort an die entsprechende Stelle des ausführlichen Artikels.

QuickTime™ Macromedia FLASH ENABLED Mathcad 8 Microsoft Internet Explorer 5 Netscape